ESSAI

SUR LA VENTE

DE LA

CHOSE D'AUTRUI

PAR

Daniel de FOLLEVILLE

AVOCAT A LA COUR D'APPEL DE DOUAI,

PROFESSEUR DE CODE CIVIL A LA FACULTÉ DE DROIT.

*(Avec appendice contenant les travaux préparatoires de la loi du
12-19 mai 1871 et de la loi du 15 juin-5 juillet 1872 relatives
aux titres au porteur.)*

Extrait de la Revue pratique de Droit français
Tomes XXXII, XXXIII, XXXIV et XXXV.

PARIS
A. MARESCQ Aîné,
Libraire-Editeur,
17, RUE SOUFFLOT, 17.

PARIS
E. THORIN,
Libraire
7, RUE DE MÉDICIS, 7.

1874

34965

ESSAI

SUR LA

VENTE DE LA CHOSE D'AUTRUI.

Imprimé par Charles Noblet, 18, rue Soufflot.

ESSAI

SUR LA

VENTE DE LA CHOSE D'AUTRUI

PAR

DANIEL DE FOLLEVILLE,

Avocat à la cour d'appel de Douai et professeur de Code civil
à la Faculté de droit.

—

Extrait de la **Revue pratique de droit français,**
Tomes XXXII et XXXIII.

—

PARIS

A. MARESCQ AÎNÉ, LIBRAIRE-ÉDITEUR
17, RUE SOUFFLOT, 17

—

1872

ESSAI

SUR

LA VENTE DE LA CHOSE D'AUTRUI.

SOMMAIRE.

1. Difficultés soulevées à propos de la vente de la chose d'autrui. — 2. Texte de l'art. 1599 et de l'art. 2059. — 3. Exposition et division du sujet.

1. — La vente de la chose d'autrui a soulevé, dans la doctrine et dans la jurisprudence, les plus sérieuses difficultés d'interprétation : les auteurs ne paraissent s'accorder, ni sur les caractères qui la constituent, ni sur la portée de la nullité dont elle est frappée. Nous avons pensé qu'un examen nouveau de cette matière pourrait n'être point inutile.

2. — L'art. 1599 s'exprime de la manière suivante : « La vente de la chose d'autrui est nulle : elle peut donner lieu à des dommages-intérêts, lorsque l'acheteur a ignoré que la chose fût à autrui. » Il convient d'ajouter les alinéas 2 et 3 de l'art. 2059 : « Il y a stellionat, — lorsqu'on vend ou qu'on hypothèque un immeuble dont on sait n'être pas propriétaire ; — lorsqu'on présente, comme libres, des biens hypothéqués, ou que l'on déclare des hypothèques moindres que celles dont ces biens sont chargés. » L'art. 2059, al. 1, prononçait la contrainte par corps contre les auteurs d'un stellionat : mais la loi du 22 juillet 1867 est venue abolir cette disposition. Comparez, à propos du stellionat, M. Pont, sur l'art. 2059, § 2, *Petits contrats*, t. II, nos 768 à 787, p. 402.

3. — Nous grouperons les difficultés que soulève, dans notre droit actuel, la vente de la chose d'autrui, autour des

cinq divisions suivantes : 1° Origine et base rationnelle de la
nullité édictée par l'art 1599 ; — 2° quelles sont les ventes
qui tombent sous le coup de la prohibition consacrée par ce
texte, ou, en d'autres termes, dans quels cas s'applique
l'art. 1599 ; — 3° quel est le caractère et quels sont les
effets pratiques de la nullité qui s'attache à la vente de la
chose d'autrui ? — 4° sous quelles conditions l'acheteur de
la chose d'autrui peut-il réclamer des dommages-intérêts ?
— 5° quels sont les principes particuliers qui régissent la
vente de la chose d'autrui, lorsque cette vente a eu pour
objet un meuble? Ce dernier point nous amènera à combiner l'art. 1599 avec les art. 2279 et 2280. Comparez la loi des
12-19 mai 1871, qui déclare inaliénables les propriétés publiques ou privées saisies ou soustraites à Paris pendant la
durée de la Commune.

PARTIE PREMIÈRE.

*Origine et base rationnelle de la nullité qui frappe aujourd'hui
la vente de la chose d'autrui, par application de l'art. 1599.*

SOMMAIRE.

4. Exposition historique. — 5. Droit romain. — 6. Ancienne jurisprudence française. — 7. Principes nouveaux posés par le Code civil. — 8. Base
rationnelle de la nullité attachée par l'art. 1599 à la vente de la chose
d'autrui. — 9. Travaux préparatoires du Code civil. — 10. Texte de l'article 1599, d'après le projet primitif de la commission. — 11. Observations
du tribunal de Limoges. — 12. Discussion au conseil d'Etat. — 13. Observations du Tribunat. — 14. Rédaction définitive de l'art. 1599. —
15. Exposé des motifs par M. Portalis. — 16. Rapport du tribun Faure.
— 17. Discours de M. Grenier. — 18. Retour sur le fondement juridique
de l'art. 1599, et appréciation de la valeur théorique de cette disposition
légale.

4. — Le principe posé aujourd'hui par le Code civil, dans
l'art. 1599, était inconnu en droit romain et dans notre ancienne jurisprudence française.

5. — Sous l'empire du *droit romain* d'abord, la validité de
la vente de la chose d'autrui n'était point mise en doute : la
loi 28, au Digeste, *De contrahenda emptione* (lib. 18, tit. 1), dit

formellement : « Rem alienam distrahere quem posse, nulla dubitatio est : nam emptio est et venditio, sed res emptori auferri potest. » (Comp. l. 11, § 2, l. 47, lib. 19, tit. 1, Dig., *De actionibus empti et venditi*.) C'est qu'en effet, alors, le contrat de vente était considéré simplement comme un contrat productif d'obligations ; il n'était pas regardé comme un acte d'aliénation, opérant nécessairement un transport de la propriété ; le mot latin *vendere* ne signifie pas *aliéner*, mais seulement *s'obliger à fournir*.

La vente étant ainsi simplement productive d'obligations, le seul devoir du vendeur consistait à livrer à l'acheteur la possession de la chose : — *tradere ut rem emptori habere liceat*. La seule conséquence du non-accomplissement de ce devoir, c'étaient les dommages-intérêts que l'acheteur pouvait exiger, soit à raison des vices rédhibitoires qu'il avait découverts dans la chose, soit à raison de l'éviction qu'il avait subie à son occasion. Tant que ces principes ont été maintenus, la vente de la chose d'autrui a dû nécessairement être considérée comme valable : rien n'empêche, en effet, de contracter une obligation relativement à une chose qui ne nous appartient pas : la vente aurait été encore valable, alors même que l'obligation, résultant de ce contrat, aurait porté sur la translation de la propriété ; car le vendeur eût parfaitement pu atteindre le but de la convention, soit en achetant lui-même la chose du véritable propriétaire, soit en obtenant de ce dernier son adhésion à la vente. Ajoutez, au surplus, ce que dit M. Ch. Maynz, dans son *Cours de droit romain*, t. 2, § 284, observation 2, p. 226, et § 297, observation 1, p. 198 à 200 ; comp. M. Demangeat, t. 2, p. 314 et 315.

6. — Notre *ancienne jurisprudence française* admit également la validité de la vente de la chose d'autrui. Pothier, dans son *Traité du contrat de vente*, article préliminaire, n° 1, ne laisse aucun doute à cet égard (édit. Bugnet, t. 3, p. 1).

7. — Le Code civil a écarté cette doctrine beaucoup trop subtile : la vente a désormais pour résultat précis de transporter de plein droit la propriété de la chose vendue sur la tête de l'acheteur ; c'est par l'effet immédiat et instantané de la convention que cette transmission s'accomplit, aux termes des articles 711, 1138 et 1583 ; or, pour investir quelqu'un de

la propriété d'une chose, il faut être soi-même propriétaire : car nul ne peut transmettre à un autre un droit qu'il n'a pas lui-même : « *nemo plus juris* ad alium transferre potest quam quod ipse habet.* » La possibilité de vendre la chose appartenant à autrui n'était plus, dès lors, compatible avec le nouveau système adopté par nos lois, et l'art. 1599 la déclare, en effet, frappée d'une nullité dont nous aurons bientôt à apprécier le caractère et les conséquences pratiques.

8. — Pour le moment, nous devons insister sur la *base rationnelle* de cette nullité : à nos yeux, la vente de la chose d'autrui est à la fois nulle faute d'objet et faute de cause (art. 1126, 1131 et suiv.) : « Dans nos mœurs françaises, dit excellemment M. Mourlon (*Répétitions écrites*, t. 3, n° 515, p. 216), celui qui promet un prix comme acheteur, le promet pour devenir *immédiatement propriétaire de la chose qu'il achète*. Il considère comme l'équivalent du prix qu'il promet, non pas seulement l'obligation que le vendeur contracte de le mettre en possession de la chose vendue et de le garantir de toute éviction, mais encore *le transport instantané de la propriété*. Aussi, pour les praticiens, *vendre et acheter*, c'est *aliéner et acquérir* instantanément une chose moyennant un prix. Pour eux la vente est *un mode d'aliénation*. — Le législateur a considéré la vente comme elle est comprise dans la pratique; et, partant de cette idée que l'acheteur entend acquérir, en échange du prix qu'il promet, *un droit de propriété* à l'abri de tout danger d'éviction, il a déclaré nulle la vente qui ne donne pas à l'acheteur ce qu'il a entendu acquérir comme l'équivalent de son prix, c'est-à-dire *un droit de propriété* à l'abri de tout danger d'éviction. Ainsi la vente de la chose d'autrui est nulle, *parce que, l'acheteur n'ayant pas reçu l'équivalent de son prix, son obligation manque de cause.* » D'autre part, la vente devant essentiellement tendre à la transmission de la propriété de la chose vendue au profit de l'acheteur, le contrat doit être encore *nul faute d'objet*, toutes les fois que cette transmission ne peut pas être effectuée, ce qui arrive lorsque le vendeur n'est pas en réalité propriétaire de la chose.

Le législateur moderne s'est ému avec raison de la situation précaire faite à l'acheteur Romain, forcé de se contenter d'une possession incertaine, dont il *prévoyait* pouvoir être à chaque instant dépouillé, et dépourvu de tout droit d'action, tant qu'il ne pouvait pas se dire *juridiquement évincé* (l. 30, § 1, Dig. *De actionibus empti*). En droit romain, dit encore M. Mourlon (t. 3, n° 518, p. 217 et 218), celui qui avait « vendu de bonne foi la chose d'autrui, croyant qu'elle était à lui, ne pouvait être attaqué par l'acheteur, ni en résolution du contrat ni même en garantie, *tant que celui-ci n'était pas troublé dans sa possession.* Que vous ai-je promis? pouvait-il dire à l'acheteur : une possession paisible! Or, si personne ne vous trouble, de quoi vous plaignez-vous? — En droit français, au contraire, l'acheteur qui a la preuve qu'on lui a vendu la chose d'autrui peut, *quoique non troublé dans sa possession,* agir en nullité de la vente, même contre le vendeur de bonne foi. Je vous ai promis un prix, peut-il lui dire, pour acquérir la propriété de la chose que vous m'avez vendue; vous ne m'avez pas rendu propriétaire : donc mon obligation est nulle, faute de cause. — Ainsi, la vente de la chose d'autrui est nulle, en ce sens que l'acheteur, qui a la preuve qu'on lui a vendu la chose d'autrui, peut, quoique non troublé, demander la résolution du contrat, même contre le vendeur de bonne foi. »

9. — Pour saisir nettement, au reste, la pensée des rédacteurs du Code, il importe d'exposer les transformations successives qu'a subies le texte de l'art. 1599, avant d'être converti en loi, et les discussions auxquelles il a donné naissance.

10. — Le projet primitif de la commission contenait la formule suivante : « La vente de la chose d'autrui, et qualifiée telle dans le contrat, est nulle et n'est point obligatoire » (Fenet, t. 2, p. 336). Il était impossible d'exprimer plus formellement l'intention d'ôter toute espèce d'effet pratique à la vente de la chose d'autrui.

11. — Le tribunal de Limoges, consulté sur cette rédaction, répondit : « Cet article paraît peu utile à conserver; et si l'on estime qu'il doive être maintenu, on demande si la vente de la chose d'autrui, et qualifiée telle dans le contrat, n'oblige pas au moins le vendeur à la restitution du prix. » La formule du texte fut alors modifiée de la manière suivante : « La vente de la chose d'autrui, encore qu'elle soit *qualifiée telle* dans le contrat, est *nulle* et n'est *point obliga-*

toire. Cependant le vendeur sera toujours obligé à la *restitution du prix avec les intérêts* » (Fenet, t. 4, p. 24 et t. 14, p. 6). L'idée des rédacteurs du Code semble bien toujours être de maintenir la nullité radicale de toute vente portant sur la chose d'autrui, et de déclarer un tel acte insusceptible d'engendrer, soit un transport de propriété, soit même une obligation quelconque.

12. — La discussion s'engage ensuite au conseil d'Etat dans les termes suivants (Fenet, t. 14, p. 24) : « M. TREILHARD demande le retranchement de ces mots *qualifiée telle*, parce que l'esprit de l'article est de prononcer la nullité de la vente dans tous les cas. — M. TRONCHET dit que le droit romain valide ces sortes de ventes, pourvu qu'il soit prouvé que le vendeur n'ignorait pas que la chose ne lui appartenait pas. De cette condition naissaient des questions très-difficiles à résoudre. On a voulu les prévenir par ces mots: *qualifiée telle dans le contrat*. On a voulu également écarter les subtilités du droit romain ; car il est ridicule de vendre la chose d'autrui. — M. BERLIER dit que la vente de la chose d'autrui est indubitablement nulle, soit qu'on l'ait ou non *qualifiée telle*, et qu'ainsi le retranchement de ces mots est très-justement demandé, en ce que cette circonstance ne peut influer sur la validité ou l'invalidité du contrat. — Mais il est un point de vue ultérieur sous lequel la distinction devient utile et raisonnable ; c'est pour régler les suites de l'inexécution. — Si le vice a été énoncé, il suffira sans doute que le prix soit restitué à l'acheteur avec intérêts, car il y a eu faute commune, ou, en tout cas, celui-ci a sciemment couru la chance. — Mais si le vice n'a pas été énoncé, le vendeur qui a surpris la bonne foi de l'acquéreur lui doit des dommages-intérêts. — C'est ce que l'article devrait dire au lieu de ce qui y est exprimé. — M. DEFERMON observe qu'il peut arriver cependant qu'une mère tutrice, pour libérer ses mineurs de la manière la moins onéreuse, vende des propriétés qui lui sont communes avec eux, en leur réservant des propriétés plus utiles ; qu'alors il serait contre l'intérêt des mineurs de déclarer nulle une semblable vente. — M. TRONCHET répond que cette mère n'a point vendu la chose d'autrui, puisque sa qualité de tutrice lui donnait le droit de vendre les biens du mineur, en garantissant la vente. — Le consul CAMBACÉRÈS craint que le principe

qué la vente de la chose d'autrui est nulle n'embarrasse dans beaucoup de cas, s'il est posé d'une manière trop absolue. Cette raison détermine le consul à penser qu'il convient de laisser subsister la disposition du droit romain, pour l'hypothèse où la chose vendue n'a pas été annoncée dans le contrat comme appartenant à un tiers ; qu'ainsi l'article peut être adopté tel qu'il est rédigé.—M. TRONCHET dit que le propriétaire qui n'a point exprimé qu'il vendait la chose d'autrui doit être réputé n'avoir pas su cette circonstance ; mais celui qui l'a énoncée s'est soumis à des dommages-intérêts, quoique la vente soit nulle. — Le consul CAMBACÉRÈS demande s'il les doit, même lorsque la chose a péri. — M. TRONCHET répond que la perte de la chose ne change rien à l'engagement du vendeur ; car, dès le principe, il était dans l'impuissance de livrer la chose vendue ; or, c'est de cette impuissance qui rendait le contrat inexécutable, que naît l'obligation de payer des dommages-intérêts. — M. TREILHARD dit que, tant que la chose existe, il est absolument possible de la livrer, mais que cette possibilité cesse lorsque la chose périt, et qu'alors il faut se régler suivant les circonstances, ainsi qu'il est expliqué au titre *Des contrats et des obligations conventionnelles en général.* — L'article est adopté. »

13. — Lorsque la communication officieuse fut faite à la section de législation du Tribunat, une modification fut proposée à propos de l'art. 1599 : Ce texte, dit-on, à raison de sa rédaction, a présenté beaucoup de difficultés : « La section en approuve bien le principe, qui déroge à ceux du droit romain, d'après lesquels on pouvait vendre la chose d'autrui, même quoique le vendeur et l'acheteur le connussent ; en sorte que l'acheteur pourrait demander ou la chose, si elle était au pouvoir du vendeur, ou des dommages-intérêts, s'il ne pouvait la livrer. Mais néanmoins elle a pensé que la disposition de l'article ne devait pas avoir lieu, si l'acquéreur ignorait que la chose vendue n'appartenait pas à son vendeur ; et pour que la vente ne produise aucune sorte d'obligation, il faut qu'il soit prouvé que le vendeur et l'acheteur savaient également que la chose appartenait à autrui.— C'est dans ces vues que la section propose la rédaction suivante: *La vente de la chose d'autrui, encore qu'elle soit qualifiée telle dans le contrat, est nulle et n'est point obligatoire, sauf les dispositions relatives à*

la non-délivrance et à l'éviction en faveur de l'acquéreur de bonne foi : néanmoins, dans tous les cas, le vendeur sera tenu de la restitution du prix payé avec les intérêts.»

14. — Dans la conférence entre la section de législation du conseil d'Etat et celle du Tribunat, on convint, par voie de transaction, d'écarter la modification proposée par le Tribunat, ainsi que la disposition finale du projet primitif, qui portait : « Cependant le vendeur sera toujours obligé à la restitution du prix avec les intérêts.» En conséquence, l'art. 1599 fut définitivement rédigé de la manière suivante: «*La vente de la chose d'autrui est nulle : elle peut donner lieu à des dommages-intérêts, lorsque l'acheteur a ignoré que la chose fût à autrui.*» La nullité de la vente de la chose d'autrui a donc été prononcée par le législateur d'une manière générale (Fenet, t. 14, p. 94). Le projet primitif de la commission a été uniquement modifié dans le double but de supprimer des mots dont la présence paraissait inutile, et d'accorder à l'acheteur de bonne foi la faculté d'obtenir des dommages-intérêts. Au fond, la pensée du législateur paraît bien avoir toujours été de créer une nullité radicale, en déclarant que la vente de la chose d'autrui ne peut engendrer ni aliénation, ni obligation.

La démonstration victorieuse de cette affirmation ressort d'ailleurs manifestement de l'exposé des motifs, soit lors de la présentation du projet de loi au Corps législatif par M. Portalis, soit lors de la communication officielle au Tribunat par M. Faure, soit lors de la discussion devant le Corps législatif par le tribun Grenier.

15.— M. Portalis d'abord a dit textuellement : « On ne peut pas sciemment acheter ni vendre la chose d'autrui : nous avons écarté à cet égard *toutes les subtilités du droit romain.* L'acte par lequel nous disposons de ce qui ne nous appartient pas ne saurait être obligatoire si l'acquéreur a connu le vice de la chose vendue ; car, dès lors, cet acquéreur n'ignore pas qu'on ne peut céder, ni transporter à autrui un droit qu'on n'a pas soi-même, et il est *contre toute raison et contre tous principes* que deux parties puissent, avec connaissance de cause, disposer d'une propriété qui appartient à un tiers, *à l'insu duquel elles traitent* (1).» (Fenet, t. 14, p. 118.)

_____

(1) Quand l'acheteur a ignoré que la chose était à autrui, le vendeur,

16.— Le tribun Faure n'est pas moins explicite : «Quoique, dit-il, la chose vendue existe, il faut de plus en avoir la propriété ; la vente d'un objet quelconque est déclarée nulle par la nouvelle loi, dans le cas où il appartiendrait à tout autre qu'au vendeur. *Point de distinction, si le contrat porte ou non que c'est la chose d'autrui.* La loi romaine permettait de vendre ce dont on n'était pas le propriétaire, sauf à l'acheteur de restituer la chose quand le propriétaire la réclamait (l. 28, Dig. lib. 18, tit. 1, *De contrahenda emptione*). Le motif de la nouvelle loi est que l'on ne doit pas avoir le droit de vendre une chose, quand on n'a pas celui d'en transmettre la propriété. *La transmission de la propriété est l'objet de la vente.* C'est au propriétaire même à vendre la chose, si bon lui semble ; mais pour celui qui ne l'est pas, la seule obligation, dont l'exécution dépende de lui, consistant dans les dommages et intérêts, c'est *par une pure subtilité* qu'on l'appelle vendeur. Car, si le même jour où celui-ci vend le véritable propriétaire vendait, il faudrait donc dire qu'il y a deux ventes : ce qui serait absurde. Si l'acheteur de la chose d'autrui a payé le prix, le vendeur lui en doit la restitution avec les intérêts ; les frais se compensent avec eux lorsque l'acquéreur a joui de la chose.»

17.— Enfin, nous lisons dans le discours du tribun Grenier : « Suivant le droit romain, qui était généralement observé à ce sujet et qui avait force de loi, le vendeur et l'acquéreur pouvaient respectivement vendre et acheter la chose qu'ils auraient su ne pas appartenir au vendeur ; l'acquéreur avait le droit, ou de revendiquer la chose vendue, si elle venait au pouvoir du vendeur, ou, si celui-ci était dans l'impossibilité de la délivrer, l'acquéreur pouvait réclamer des dommages et intérêts à raison de l'excès de valeur de la chose vendue au-

---

même de bonne foi, peut être condamné à des dommages et intérêts. Mais l'acheteur qui n'ignore pas le vice de la vente et qui achète sciemment la chose d'autrui ne peut pas avoir droit à des dommages-intérêts ; il ne serait pas admis notamment à réclamer le remboursement des frais et loyaux coûts du contrat : Pau, 25 février 1868 (Dev. 1868, 2, 73). Comp. articles 1147, 1630, 1633, 1631 et 1635. Aj. MM. Aubry et Rau, 4e édition, t. IV, § 351, texte et notes 45 et 46, p. 351.

delà du prix de la vente (1). — Cette législation, qui, dans quelques cas, pouvait favoriser des vues immorales, a paru contraire au vrai principe de la vente. Son unique but doit être la transmission d'une propriété : or, la vente d'une chose qui n'appartient pas au vendeur, telle, par exemple, que celle qu'un fils ferait d'un immeuble appartenant à son père encore vivant, ne peut pas être le germe d'une transmission de propriété. — Il a donc paru plus conforme à la *nature des choses* et aux vues saines de *la morale d'annuler l'engagement comme vente*. Il ne pourra donner lieu qu'à *la seule restitution du prix ;* et dans le cas où il ne serait pas établi que l'acquéreur eût su que la chose était à autrui, l'acte ne produira *qu'un seul effet*, qui sera de donner lieu à des dommages et intérêts. Il n'aura pas pu acquérir la propriété, parce que son vendeur n'a point pu lui transmettre plus de droits qu'il n'en avait ; mais, ne devant pas être victime de sa bonne foi, il pourra réclamer des dommages et intérêts. — Au surplus, il est aisé de comprendre que cette disposition législative a principalement trait aux immeubles, et qu'on ne peut point l'appliquer aux objets qui font la matière des transactions commerciales, et qu'il est au pouvoir et dans l'intention du vendeur de se procurer.» Ces citations suffisent à montrer quelle a été la pensée des rédacteurs du Code, et nous aurons plus d'une fois l'occasion d'y renvoyer, lorsque nous essaierons de préciser la portée exacte et les conséquences pratiques de l'art. 1599.

18. — Nous nous bornerons ici à faire remarquer que le législateur semble avoir considéré la vente de la chose d'autrui non-seulement comme *nulle, faute d'objet* et *faute de cause* (voy. *supra,* n° 8), mais encore comme entachée d'immoralité et d'impossibilités pratiques (voy. *supra,* n° 17, les

(1) Pothier, dans son *Traité du contrat de vente,* n° 191 *in fine,* nous apprend que l'acheteur pouvait, malgré la connaissance qu'il avait eue de la non-existence d'un droit de propriété au profit du vendeur sur la chose à lui vendue, réclamer des dommages et intérêts, pourvu que les deux conditions suivantes fussent réunies : 1° il fallait que le contrat de vente contînt une stipulation expresse de garantie; en 2° lieu, il fallait que l'acheteur n'eût pas caché au vendeur, qui d'ailleurs l'ignorait, la cause de l'éviction qui avait eu lieu depuis le contrat.

observations du tribun Grenier). La vente de la chose d'autrui est *immorale*, en ce sens qu'elle contient une pensée d'u-
surpation de la part de celui qui, n'étant pas effectivement
propriétaire, s'arroge néanmoins le droit de disposer *actuellement* d'une chose, à l'insu de son véritable et légitime
maître. La vente de la chose d'autrui est de plus *impossible*
au point de vue pratique : car, d'une part, nul ne peut
transmettre à autrui plus de droits qu'il n'en a (L. 54 ff. *De
regulis juris;* art. 2125 et 2182 Cod. civ.; comp. art. 717 Cod.
proc. civ.); d'autre part, le propriétaire véritable ne peut
jamais être dépouillé de sa chose, sans son fait et par le seul
résultat d'une aliénation consentie par un tiers (L. 11 ff. *De
regulis juris*, lib. 50, tit. 17; art. 537, 544 et 545 Cod. civ.).
Ne pourrait-on pas soutenir dès lors que, dans la pensée au
moins des rédacteurs du Code, l'ordre public a été considéré
comme intéressé à la déclaration de nullité, qui atteint,
d'après l'art. 1599, tout acte de disposition portant sur la
chose d'autrui? Supposons, en effet, pour un instant, que
l'art. 1599, ce texte qui, d'après M. Bravard-Veyrières, constitue « une *erreur indigne du législateur* » (*Traité de droit
commercial*, t. 2, p. 416, dernier alinéa), n'eût pas été promulgué. Nous serions néanmoins conduits par les principes
les plus certains de notre droit actuel à déclarer la vente de
la chose d'autrui radicalement nulle, comme attentatoire à
l'ordre social et à l'inviolabilité de la propriété : comparez
les art. 6, 1133, 1172, 1600, 544, etc. Eh bien! l'art. 1599 a
été précisément introduit, à notre humble avis du moins,
pour affirmer davantage, s'il était possible, ces déductions
qui s'imposaient comme évidentes par elles-mêmes; ce texte
est l'expression, en matière de vente, de l'axiome général
de bon sens et de raison d'après lequel chacun ne peut disposer que des objets qui lui appartiennent en propre. En dernière analyse, pour apprécier la portée exacte de l'art. 1599,
il faut le rapprocher des règles fondamentales et d'ordre public, qui eussent suppléé peut-être avantageusement son
absence, et dont il n'est, au fond, que la manifeste confirmation. Ce point de départ est essentiel à poser au début de
la matière.

PARTIE DEUXIÈME.

Dans quels cas s'applique l'art. 1599 et quelles sont les ventes qui tombent sous le coup de la prohibition édictée par ce texte ?

SOMMAIRE

19. La vente de la chose d'autrui porte toujours, soit sur des meubles, soit sur des immeubles. — 20. Renvoi en ce qui concerne les ventes de meubles. — 21. Sens des expressions *vente de la chose d'autrui*, dans l'article 1599. — 22. Hypothèses diverses qui échappent à l'application de la nullité édictée par la loi. — 23. Conclusion. — 24. Hypothèses dans lesquelles l'application de l'art. 1599 soulève de vives controverses. — 25. *Quid* en matière commerciale ? — 26. Domaine de l'Etat. — 27. Exécution testamentaire. — 28. Futur époux. — 29. Des ventes consenties par l'héritier indigne de succéder, dans l'intervalle de l'ouverture de la succession à la déclaration judiciaire de son indignité. — 30. Suite. — 31. Des ventes consenties par l'héritier ou le propriétaire apparent. Distinctions à faire. — 32 à 49. Suite et fin.—50. Mention de la loi des 12-19 mai 1871, qui déclare inaliénables les propriétés publiques ou privées, saisies ou soustraites à Paris, pendant la durée de la Commune.

19. — Nous devons préciser, avant tout, quels sont les différents objets auxquels le contrat de vente peut valablement s'appliquer (art. 1598 à 1601). Or, tous les biens étant meubles ou immeubles, aux termes de l'art. 516, la vente de la chose d'autrui portera toujours, soit exclusivement sur des meubles, soit exclusivement sur des immeubles, soit à la fois sur ces deux espèces de biens.

20. — Nous ne nous occuperons actuellement, que d'une manière tout à fait incidente, de la vente de la chose d'autrui portant sur des meubles : car, la disposition de l'art. 1599 ne s'applique aux ventes de choses mobilières, même lorsqu'elles ont été déterminées dans leur individualité, qu'avec de nombreuses modifications qui résultent de l'application de la maxime : en *fait de meubles, la possession vaut titre.* Comp. art. 2279 et 2280. Nous consacrerons une division spéciale (la 5e et dernière partie de notre exposition) à l'examen de ce point particulier. Notre étude va donc porter ici surtout sur la vente de la chose d'autrui, en tant qu'elle aurait pour objet des biens immeubles.

21. — Que faut-il entendre d'abord par *vente de la chose d'autrui* dans le sens de l'art. 1599? Il résulte des travaux préparatoires que le législateur a eu spécialement en vue, dans la rédaction de l'art. 1599, le cas où quelqu'un voudrait vendre, en le présentant comme sien, un corps certain et déterminé, dont il ne serait pas en réalité propriétaire, par exemple l'immeuble A. C'est la vente faite *à l'insu* du véritable maître, et ayant pour objet et pour but de rendre l'acheteur actuellement propriétaire ou possesseur d'un corps certain appartenant à autrui, que les rédacteurs du Code ont voulu atteindre. Un tel contrat, en effet, est entaché d'une immoralité flagrante, et il est pratiquement impossible à réaliser. Voyez *supra*, n° 18. Ainsi (1), lorsque le copropriétaire d'une chose indivise vend à un tiers cette chose tout entière, la vente constitue, pour ce qui excède la part du communiste, une vente de la chose d'autrui : le contrat est valable pour la part indivise du vendeur; il est nul, et la nullité peut en être demandée, aux termes de l'art. 1599, pour la part des autres copropriétaires. Il y a plus : l'acquéreur, dans ce cas, pourrait même faire annuler la vente pour le tout, si la partie dont il se trouve privé était de telle conséquence pour lui, qu'il n'eût point consenti à acheter sans cette partie; telle est d'ailleurs la disposition formelle de l'art. 1636, lequel consacre une solution éminemment juste et équitable : « Si l'acquéreur, dit ce texte, n'est évincé que d'une partie de la chose, et qu'elle soit de telle conséquence, relativement au tout, que l'acquéreur n'eût point acheté sans la partie dont il a été évincé, il peut faire résilier la vente. » Voyez MM. Aubry et Rau, t. 4, § 351, texte et notes 57 à 58, p. 358; comparez, en sens divers, Bordeaux, 11 juin 1857

---

(1) L'on pourrait ici faire une triple classification : 1° Il y a des notes qui tombent, certainement et de l'aveu de tout le monde, comme ventes de la chose d'autrui, sous le coup de l'art. 1599 : voyez le n° 21; — 2° il y a, au contraire, des hypothèses qui échappent manifestement à l'application de la nullité édictée par la loi : voyez les n° 22 et 23; — 3° enfin, il y a des hypothèses en présence desquelles la controverse existe dans la doctrine et dans la jurisprudence : voyez les n° 24 à 49. — Comparez les *Codes annotés de Sirey*, sur l'art. 1599, n° 1 à 33, et le *Supplément*, publié en 1866, n° 1 à 12.

(D. P., 1859, 5, 389) et Bastia, 18 avril 1855 (D. P., 1855, 2, 305); aj. Codes Sirey annotés (Supplément), sur l'art. 1599, n°[s] 1 à 5. Il y aurait encore vente de la chose d'autrui de la part de celui qui, étant seulement usufruitier d'un immeuble, disposerait, au profit d'un tiers, de la nue-propriété de cet immeuble. De même nous voyons une vente de la chose d'autrui dans l'acte du mari qui dispose, au mépris des articles 1554 et 1560, de l'immeuble dotal appartenant à sa femme. Cass. 4 juillet 1849 (Dev. 1850, 1, 283; D. P. 1849, 1, 330).

22. — Mais il y a, au contraire, des hypothèses nombreuses dans lesquelles il est impossible de voir une vente de la chose d'autrui, et qui, par conséquent, échappent entièrement à l'application de l'art. 1599.

Ainsi, un cohéritier peut, avant le partage, vendre sa part éventuelle dans certains biens, par exemple dans les immeubles de la succession à lui dévolue pour portion. Voyez Nancy, 8 février 1833 (Foller) (D. P. 1855, 5, 464).

Ainsi encore, on peut vendre une chose dont on n'est pas propriétaire actuellement, mais sur laquelle on a un droit suspendu par une condition. La disposition de l'art. 1599 est absolument inapplicable à une pareille vente de la chose d'autrui, contractée sous la condition suspensive de l'acquisition ultérieure de cette chose par le vendeur. On ne pourrait pas, dès lors, considérer comme nul, aux termes de l'art. 1599, l'acte par lequel une personne, qui a précédemment vendu tous ses immeubles avec faculté de réméré (art. 1659 et suiv.), transmettrait à d'autres une partie de ces mêmes immeubles, en subrogeant, par l'acte de vente, les seconds acquéreurs dans le droit d'exercer le réméré.

On peut vendre également une chose sur laquelle l'on n'a qu'un droit résoluble (art. 2125). Celui, par exemple, qui vend à un tiers tout ou partie des biens qu'il a reçus en avancement d'hoirie, dispose véritablement de sa propre chose, nonobstant l'application ultérieure possible des art. 843 et suiv. Voyez, en effet, les art. 859, 860 et suiv.

Mais il faut aller plus loin encore : le contrat par lequel deux parties se seraient obligées, l'une à procurer la chose en traitant avec le propriétaire, l'autre à payer un prix, serait parfaitement valable. Sans doute une pareille convention ne

constituerait pas une vente dans le sens proprement dit de ce
mot : mais il y aurait là un contrat *innommé*, ne contenant
rien de contraire aux bonnes mœurs ou à l'ordre public, et
produisant une obligation de faire (1), susceptible de se résoudre en dommages-intérêts, pour le cas d'inexécution.

L'art. 1599 n'atteindrait même pas la convention analogue à la vente du droit romain : « La convention, dit
M. Mourlon, que les Romains appelaient *vente* serait valable
chez nous, non pas comme vente, mais comme contrat *sui
generis*. Je m'engage, moyennant une somme d'argent que
vous me promettez, à vous procurer la *possession paisible*
d'une chose que je crois mienne : la convention est valable,
en ce sens que vous avez contre moi une action pour vous
faire mettre en possession, et que vous pouvez réclamer des
dommages-intérêts, si je ne vous livre pas la chose, ou si,
vous l'ayant livrée, vous en êtes évincé. » Ce que le législateur réprouve, c'est le contrat immoral qui tendrait à déplacer immédiatement la propriété à l'insu du véritable propriétaire, et en quelque sorte malgré lui.

Nous irions volontiers jusqu'à admettre la validité de la
vente même de la chose appartenant à autrui, pour le cas où
le légitime propriétaire aurait eu connaissance du contrat au
moment de sa formation, et n'aurait élevé aucune espèce de
protestation contre cet engagement. La loi 60, en effet, au
Digeste (lib. 50, tit. 17), *De regulis juris*, nous dit : « Semper
qui non prohibet pro se intervenire, mandare creditur. Sed
et si quis ratum habuerit quod gestum est, obstringitur
mandati actione. » Nous reconnaissons toutefois que ce
seraient là les dernières limites de l'interprétation. Comparez,
sur un cas (2) analogue, M. Mourlon, cité par M. Leligois,
Rev. crit., t. 35, p. 26.

(1) Cette obligation consiste à obtenir, du véritable propriétaire, la ces-
sion de son bien. Si le propriétaire refuse, l'action en dommages-intérêts
prend aussitôt naissance : si au contraire il se prête à la combinaison pro-
jetée, la convention reçoit son exécution directe et complète. En tout cas,
le contrat ne porte pas atteinte à l'ordre public, et son exécution ne peut
pas nuire au légitime maître de la chose, puisque cette exécution ne peut
jamais avoir lieu, sans son adhésion préalable, d'après la pensée même des
parties.

(2) Il y a, dit M. Leligois (*Étude sur la vente de la chose d'autrui*, n° 11,

En tout cas, le contrat par lequel une personne, prenant la qualité de vendeur, consentirait à une autre personne la transmission d'un immeuble, en *se portant fort* de la ratification du véritable propriétaire de l'objet vendu, serait parfaitement valable. Voy. Cass. 8 janvier 1866 (Dev. 1866, 1, 99). Il y a là une convention d'une nature toute particulière, qui ne doit pas être confondue avec la vente de la chose d'autrui, et qui rentre dans les termes de l'art. 1120. Comparez toutefois l'art. 1130. Du reste nous voyons, dans le Recueil de Fenet (t. 5, p. 82 et 615), que les tribunaux d'Orléans et de Toulouse

t. XXXV *de la Revue critique*, p. 26 et 27, 1869), un dissentiment sérieux entre les auteurs « sur l'effet de la convention par laquelle une personne aurait, sans se porter fort, promis de procurer ou déclaré vendre une chose appartenant à un tiers que le contrat désigne. M. Mourlon enseigne que la vente est nulle comme elle le serait, de l'avis de tous les auteurs, si le contrat ne portait pas que la chose est à autrui. Toutefois, M. Mourlon admet un tempérament. S'il était, dit-il, démontré par certaines clauses de l'acte ou par d'autres circonstances, que celui qui a déclaré vendre la chose d'autrui a entendu par là s'engager, non pas à procurer à l'acheteur cette chose comme chose d'autrui, mais à l'en rendre propriétaire, après qu'il en aura lui-même acquis la propriété, en traitant avec le maître auquel elle appartient, les juges devraient maintenir la convention, non point comme vente, mais comme contrat innomé engendrant pour le vendeur, sous peine de payer des dommages et intérêts à l'acheteur, s'il ne l'accomplit point, l'obligation d'acquérir la chose et de la lui transmettre après l'avoir acquise. Ils ont, en effet, pour office de considérer la nature du contrat que les parties ont eu en vue, et le but qu'elles s'y sont proposé plutôt que le nom qu'elles lui ont donné..... Et comme, dans les contrats, il faut entendre les mots employés par les contractants dans le sens avec lequel le contrat peut valoir, plutôt que dans le sens avec lequel il serait nul (art. 1157), cette interprétation de la vente d'une chose, expressément déclarée vente de la chose d'autrui, devra être admise dans la plupart des cas... Je crois qu'en effet il n'y a pas à s'attacher aux mots qu'ont employés les parties contractantes; mais c'est à tort et sans aucun fondement que M. Mourlon présume de la part des parties l'intention de faire une convention prohibée par la loi. La loi civile, dit M. Portalis (Exposé des motifs du titre de la propriété), ne scrute pas les consciences. Les pensées ne sont pas de son ressort; à ses yeux, le bien est toujours prouvé, quand le mal ne l'est pas. L'interprétation rigoureuse, donnée par M. Mourlon, méconnaît ce principe fondamental et se concilie mal, soit avec l'art. 1157, soit avec les applications équitables que l'on s'accorde à faire de l'art. 1120. » Comparez M. Demolombe, *Traité des obligations*, t. 1, n°s 203 et suivants.

avaient formellement demandé, dans leurs observations sur l'art. 1599, que ce texte affirmât, en termes exprès, la validité de la clause par laquelle celui qui déclare vendre la chose d'autrui *se porte fort* pour le véritable propriétaire : il convient, dit le tribunal de Toulouse, « d'excepter le cas où le vendeur se sera porté fort de faire ratifier la vente par les propriétaires. » Les rédacteurs du Code n'ont point pensé qu'il fût nécessaire de formuler une disposition spéciale à cet égard, en présence de la disposition de droit commun des art. 1120 et suivants.

D'autre part, il faut poser en principe que la nullité édictée par l'art. 1599, ne s'applique, en général, qu'aux ventes de choses individuellement déterminées : mais la disposition de cet article est étrangère à la vente des choses *in genere*, ou à la vente de choses déterminées seulement quant à leur espèce : ainsi l'on peut vendre du blé que l'on n'a pas dans ses greniers, ou du vin que l'on ne possède point dans sa cave. Sans doute, le vendeur de genre, ou le vendeur d'une chose déterminée seulement quant à son espèce, s'oblige à opérer un transport de propriété en faveur de l'acheteur ; mais la chose vendue n'appartient alors, d'une manière déterminée, à personne : il n'y a donc pas vente de la chose d'autrui.

23. — De tout ceci il résulte que la véritable pensée du législateur a été de ne frapper de nullité, dans l'art. 1599, que la convention entachée d'immoralité, et d'ailleurs pratiquement inexécutable, par laquelle une personne voudrait opérer au profit d'une autre le transport actuel et immédiat de la propriété d'une chose appartenant à un tiers, à l'insu et sans le consentement de ce tiers. Telle est la convention qui seule rentre dans les prévisions de la loi; mais les rédacteurs du Code n'ont point entendu prohiber les obligations de faire, résolubles en dommages et intérêts pour le cas d'inexécution, qui viendraient se greffer sur la chose d'autrui et la prendre pour objet. Dès lors nous croyons pouvoir affirmer que toute cette partie de notre matière est dominée par le principe général d'interprétation qui suit : les tribunaux ont le droit et le devoir d'apprécier souverainement, en fait, la tendance et la portée des différentes conventions qui se rapportent, soit directement, soit indirectement, à la chose d'autrui, en brisant toutes celles qui se présentent comme des ventes ins-

tantanément translatives, et en validant, au contraire, celles
qui constituent des obligations morales et légales, eu égard
aux circonstances de chaque cause. Il résulte d'ailleurs de
l'exposé des motifs, comme des observations présentées, lors
de l'élaboration et de la discussion de l'art. 1599, que la question d'intention doit toujours être résolue, *ex æquo et bono*, en
écartant les vaines subtilités et la logique à outrance.

24. — Il y a toutefois certaines hypothèses, en présence
desquelles la jurisprudence et la doctrine ont dû nécessairement hésiter, et qui dès lors méritent un examen particulier,
à raison des graves controverses qu'elles ont soulevées.

25. — Nous rechercherons d'abord si l'art. 1599 du Code civil doit être appliqué en matière commerciale. — Il y a, sur ce
point, une controverse qui nous paraît tenir bien plutôt à une
confusion dans les mots, qu'à une divergence sérieuse de fond
entre les auteurs. Les uns, comme MM. Aubry et Rau, t. 4,
§ 351, texte et note 55, p. 357, déclarent l'art. 1599 inapplicable aux ventes commerciales, « lorsqu'il s'agit d'objets appartenant à un tiers, mais *qu'il est au pouvoir et dans l'intention
du vendeur de se procurer.* » Or, en pareil cas, la convention
relative à la chose d'autrui deviendrait valable même en
matière civile. D'autres interprètes partent de l'idée que toute
vente commerciale, sans exception, aurait pour objet des
choses considérées *in genere* ou des quantités. Telle paraît être
notamment la manière de voir de M. Alauzet (*Commentaire*,
t. 2, p. 107, n° 586) qui s'exprime ainsi : « Les auteurs du
Code civil ont voulu que la présomption, établie par l'article 1599 dans les ventes civiles, ne s'étendît pas aux ventes
commerciales...... Il eût été choquant de présumer que la
convention n'avait pas été sérieuse, en ce qui concerne les
marchandises, qui sont perpétuellement en vente, et qui
n'existent que pour être achetées et revendues.... » Cette
idée, qui semble, du reste, avoir été celle du tribun Grenier,
dans son discours au Corps législatif sur l'art. 1599 (Fenet,
t. 14, p. 192; voir aussi *suprà*, n° 17 *in fine*), nous paraît man-
quer d'exactitude. Sans doute, dès que la vente a pour objet,
non pas des corps certains ou des choses envisagées *individuellement*, mais des choses considérées *in genere*, il ne peut
plus être question d'appliquer l'art. 1599; mais cette règle
n'est en aucune façon spéciale aux matières commerciales;

elle est également exacte en matière civile : la circonstance
que l'acheteur a l'intention de consommer lui-même l'objet
acheté, ou qu'il a, au contraire, l'intention de le revendre,
importe peu. — D'autres commentateurs font intervenir, en
matière commerciale, la maxime « *en fait de meubles la possession vaut titre*, » consacrée aujourd'hui formellement par
l'art. 2279 du Code civil : « Le Code de commerce, dit M. Bé-
darride (n° 21), n'a nulle part abrogé la règle que la vente de
la chose d'autrui est nulle. Cependant on n'a jamais prétendu
l'appliquer aux ventes commerciales. Cette inapplicabilité résultait de la spécialité de l'art. 1599, lequel ne régit que les
ventes immobilières. On sait, en effet, que, même en droit
commun, en fait de meubles la possession valant titre, la
vente de la chose dont le vendeur ne serait pas propriétaire
serait valable, la revendication n'étant admise qu'en cas de
perte ou de vol ; or, les achats et ventes commerciaux n'auront jamais pour objet que des choses ou des valeurs mobilières, et la raison pour les placer sous l'empire de la disposition de l'art. 2279 était bien plus décisive encore : ce qui
était pure convenance en droit commun était, en commerce,
une invincible nécessité.... » Ici encore, nous ne voyons pas
de différence notable entre les matières civiles et les matières
commerciales. L'art. 2279 et l'art. 2280 rayonnent également
sur le droit commercial et sur le droit civil. Peut-être seulement est-il vrai de dire, qu'en fait, la nullité édictée par
l'art. 1599 sera plus rarement applicable aux ventes commerciales qu'elle ne l'est aux ventes civiles. Mais en dernière analyse, si nous nous plaçons dans l'hypothèse de la
vente d'un corps certain appartenant à autrui, avec la pensée, usurpatrice, nettement accusée chez les parties en
cause, d'arriver à un transport de propriété au profit de l'a-
cheteur, sans le consentement du véritable propriétaire de la
chose, les juges qui croiront devoir prononcer la nullité de
la vente en exécution de l'art. 1599, n'auront pas à distinguer,
suivant qu'il s'agira d'une vente commerciale ou d'une vente
civile. Nous pensons, avec MM. Bravard-Veyrières et Demangeat (*Traité de droit commercial*, t. 2, p. 416 *in fine*), que
l'art. 1599 gouverne, en théorie, exactement au même titre,
les relations commerciales et les relations civiles.

26.— Nous ne pouvons qu'approuver, du reste, un arrêt du

conseil d'Etat, du 30 juillet 1857 (Dev. 1858, 2, 597), lequel a textuellement décidé les deux points suivants : 1° lorsqu'un arrêt souverain, rendu entre l'acquéreur d'un terrain vendu par l'Etat, et un tiers, a reconnu que ce tiers était propriétaire exclusif du terrain vendu, la vente doit être déclarée nulle, comme ayant pour objet la chose d'autrui ; — 2° cette nullité n'entraîne, contre l'Etat, d'autre obligation que celle de restituer le prix à l'acheteur évincé, s'il est établi que celui-ci savait, à l'époque de la vente, que le terrain appartenait à un tiers.

27. — De même, nous nous rallions à la doctrine consacrée, en matière d'exécution testamentaire, par la cour de Douai, à la date du 27 décembre 1848 (Dev. 1849, 2, 163 ; D. P. 1849, 2, 393), dans les termes suivants : il faut considérer comme valable la promesse de vente d'un immeuble faite par l'exécuteur testamentaire, en vertu du pouvoir que lui confère le testament de vendre cet immeuble, pour en distribuer le prix à divers légataires. Du moins, en un tel cas, et lorsque les héritiers, non-seulement ne réclament pas contre cette vente, mais se réunissent tous, au contraire, pour s'approuver, l'acquéreur ne peut pas en demander la nullité, en prétendant que l'exécuteur testamentaire lui aurait vendu la chose d'autrui (art. 1026, 1031 et 1599).

28. — Nous pensons encore, avec la Cour de cassation, arrêt du 26 janvier 1847 (Dev. 1847, 1, 147 ; D. P. 1847, 1, 63), que la vente faite par le futur époux, dans l'intervalle du contrat de mariage à la célébration de l'union civile, de biens qu'il avait donnés à la future par ce contrat, est radicalement nulle.

29. — Nous arrivons ainsi à la question de savoir comment il faut apprécier la vente faite, par l'héritier indigne de succéder (art. 727), antérieurement à sa condamnation.

Un arrêt de la cour de Poitiers du 25 juin 1856 (D. P. 1856, 2, 193) décide que cette vente est valable, s'il y a eu bonne foi de la part, soit du vendeur, soit de l'acquéreur.

Quant à nous, nous serions porté à aller plus loin et nous pensons que, *hors le cas de fraude*, les ventes consenties par l'héritier coupable, les hypothèques et les servitudes qu'il a pu constituer dans le temps où son indignité n'avait pas encore été judiciairement proclamée, doivent être considérées comme valables au respect et au profit des tiers, et ne peuvent donner lieu qu'à une action en dommages et intérêts contre lui ; il faut donc écarter ici l'application de la maxime : *resoluto jure dantis, resolvitur et jus accipientis*. En effet, le principe général à poser, quant aux effets de l'indignité judiciairement déclarée, vis à vis des tiers qui sont ou ont été en relation d'affaires avec l'indigne, à propos des biens héréditaires, nous paraît être (1) celui-ci : *vis à vis des tiers*, la déclaration judiciaire de l'indignité anéantit bien la saisine pour l'avenir, mais en la laissant subsister *pour le passé*. En d'autres termes, dans ses rapports avec les tiers (2), celui qui a été exclu de la succession pour cause d'indignité doit être considéré néanmoins comme ayant été légalement investi des droits qu'il tenait de sa qualité d'héritier ou de successeur irrégulier, jusqu'au moment où son indignité a été déclarée. Nous tirons, en ce sens, argument du principe général de la personnalité des fautes et de l'art. 730 invoqué par analogie; ajoutez l'art. 958, par analogie également. Voyez enfin les autorités citées par M. Demolombe, *Traité des successions*, t. 1, n° 310.

30. — Faudrait-il cependant pousser l'application de ces principes jusqu'au point de maintenir l'aliénation totale des droits successifs, la vente du *jus hæreditarium* que l'indigne aurait, en fait, consentie ? Faudrait-il même valider la dona-

(1) Comparez notre *Programme sommaire* du cours de Code civil (2e examen), p. 42 à 45, n°s 145 à 153.

(2) Mais notre solution ne serait plus la même, quant aux effets de l'indignité, envisagés dans les rapports de l'héritier exclu *avec ceux qui ont provoqué et obtenu son exclusion*. L'héritier ou le successeur irrégulier, dont l'indignité a été déclarée en justice, doit être désormais considéré (en ce qui touche ses rapports avec les personnes qui, par suite de son exclusion, doivent succéder au défunt) comme n'ayant jamais eu aucun droit quelconque sur l'hérédité, ni sur les biens meubles et immeubles qui en dépendent : arg. de l'art. 1183. Il s'opère, à ce point de vue, une résolution rétroactive de la saisine. Bien plus, l'héritier exclu est légalement réputé n'avoir été, dans le passé, qu'un possesseur de mauvaise foi de l'hérédité : arg. art. 729, cbn. 138 et 549; l. 1, Cod. lib. 6, tit. 35, *De his quibus ut indignis auferuntur*. Cette proposition, une fois admise, engendre des conséquences importantes, énoncées dans notre *Programme sommaire* du cours de Code civil (2e examen), pag. 40 à 42, n°s 140 à 144.

tion entre-vifs ou le legs des biens héréditaires émanant de
l'indigne ? Cette double question est vivement controversée.
Nous pensons toutefois, pour notre part, qu'il convient d'admettre la validité de ces différents actes, en écartant ici l'application de l'art. 1599. Telle nous paraît être la conséquence
nécessaire du principe de la personnalité des fautes et du *caractère pénal* (1) dont est empreinte la résolution prononcée

(1) M. Demolombe (*Traité des successions*, t. I, nᵒˢ 311 à 314) proteste
toutefois contre cette idée, dans les termes suivants : « Nous n'admettons
pas, pour notre part, cette théorie : ce n'est pas certes que nous pensions
que tous les actes qui ont été faits par l'indigne, avant le jugement décla-
ratif de son indignité, doivent être annulés; mais nous ne pensons pas davantage qu'ils doivent être tous maintenus sans distinction ; et nous ne saurions adopter la thèse qui consiste à dire que la résolution qui atteint le
droit de l'indigne, ayant un caractère pénal, ne doit jamais, à raison même
de ce caractère, atteindre les droits par lui concédés à des tiers. Cette thèse,
en effet, ne nous paraît fondée ni sur les textes, ni sur les principes : —
De texte qui déclare que la résolution du titre de l'indigne n'aura pas pour
résultat de résoudre les droits de ses ayant-cause, il n'y en a aucun! L'article 958, que l'on invoque, est uniquement relatif à la révocation de la donation entre-vifs pour cause d'ingratitude; et nous avons déjà remarqué les
différences qui distinguent ce sujet d'avec le nôtre (*suprà*, nᵒ 279). Lorsque
autrefois Loyseau expliquait pourquoi les droits consentis par le donataire
ingrat n'étaient pas résolus, le savant auteur en donnait pour motif que cette
révocation *procède d'une cause depuis survenue....., et qu'elle consiste en quelque
action qui est volontaire* ; d'où il suit qu'elle ne s'opère pas *ex causa antiqua et
necessaria*, condition requise pour l'application de la maxime *resoluto jure
dantis*, etc.; mais il ne s'attachait pas au caractère *pénal* de cette révocation
(*du Déguerp*, VI, 3, 10 ; voy. toutefois Furgole, XI, 1, 141). Et d'ailleurs,
aux termes de l'art. 958, les aliénations consenties par le donataire ingrat
ne sont maintenues qu'autant qu'elles sont antérieures à l'inscription de
l'extrait de la demande en révocation, en marge de la transcription prescrite par l'art. 939; or, cette disposition est impossible à appliquer dans
notre matière; aussi arrive-t-il que l'on maintient les aliénations consenties
par l'indigne, lorsqu'elles sont antérieures, non pas seulement à la demande,
mais au jugement d'exclusion; c'est-à-dire que l'on dépasse de beaucoup
l'art. 958 lui-même! Si le législateur avait voulu appliquer, en matière
d'indignité, la disposition spéciale et exceptionnelle qu'il a décrétée en matière de révocation de donation, il n'aurait pas manqué sans doute d'en or-
ganiser aussi l'application; or, il n'en a rien fait; car nous ne saurions
regarder comme bien sérieux l'argument qui consiste à dire qu'en ne s'ex-
pliquant dans l'art. 729, sur l'effet rétroactif de la résolution du titre de

contre le successible indigne. Il ne faut pas, d'ailleurs, perdre de vue le principe fondamental qui doit ici nous servir de guide, à savoir que l'indigne, tant que son indignité n'avait

l'indigne, qu'en ce qui concerne les héritiers entre eux, la loi donne à entendre que cet effet ne s'applique pas vis à vis des tiers. — Le principe général est, en effet, que la résolution d'un droit remet les choses au même état que si le droit résolu n'avait jamais existé (art. 1183, 2125, 2177, 2182, etc.); et le législateur qui prononce une résolution n'a pas besoin d'en déduire, chaque fois, cette conséquence, parce qu'elle en découle d'elle-même tout naturellement En vain, l'on objecte ici, pour s'y soustraire, que la résolution du titre de l'indigne est pénale; nous avons déjà répondu que sans doute la loi, qui prononce l'exclusion de l'indigne, veut punir, dans un but d'ordre public et d'exemplarité, la faute qu'il a commise; mais finalement la loi ne fait, après tout, que réglementer l'ordre des successions légitimes; et elle décrète, non pas certes une peine véritable, mais seulement une exclusion civile et héréditaire. Nous croyons avoir démontré plus haut (n° 279) que l'indignité pourrait être prononcée contre les *héritiers* de l'indigne décédé; et les mêmes arguments qui ont établi cette démonstration prouvent également que ce n'est point le caractère pénal de la résolution du titre de l'indigne qui suffirait à protéger les tiers contre les effets de cette résolution. — Ce n'est pas davantage par le motif que l'indignité n'a pas lieu de plein droit qu'il faudrait décider que la résolution qu'elle produit n'est pas opposable aux tiers; car la rescision des contrats, par exemple, pour cause d'erreur ou de violence, n'a pas lieu non plus de plein droit (art. 1117); et elle n'en donne pas moins lieu, dès qu'elle est prononcée, à l'application de la maxime : *resoluto jure dantis, resolvitur jus accipientis.* — Le moyen qu'il convient d'invoquer, dans l'intérêt des tiers, doit se déduire, suivant nous, *de l'idée du mandat.* L'indigne a été, en effet, héritier légitime et véritable, héritier saisi, jusqu'au jugement qui a prononcé son exclusion; en conséquence, il est rationnel d'en conclure que la loi, en l'investissant de l'hérédité, a entendu lui conférer, à tout événement, vis à vis des tiers, le pouvoir de la gouverner *cum libera*, un pouvoir enfin d'administration dans le sens le plus étendu de ce mot. Or, on sait qu'en règle générale, les résolutions ne réagissent pas sur les actes d'administration, parce que ces actes sont la conséquence de la possession intermédiaire, c'est-à-dire d'un *fait*, que la résolution ne peut pas empêcher d'avoir existé. — En un mot, nous comparerons l'indigne à l'héritier qui, en cas d'absence d'un héritier plus proche, est appelé par la loi elle-même, aux termes de l'art. 136, à recueillir la succession à son défaut. Celui-là aussi est héritier; il est saisi tout aussi bien que l'indigne; mais le retour de l'absent opère la résolution de son titre (art. 137), de même que le jugement, qui déclare l'indignité, opère la résolution du titre de l'indigne Les deux situations nous parais-

pas été judiciairement reconnue et proclamée, était bien légitimement héritier; il était, à ce titre, régulièrement saisi
du patrimoine héréditaire considéré dans son universalité,

sent presque, de tout point, semblables; et nous croyons, en conséquence,
qu'elles doivent être gouvernées par les mêmes règles. — Nous appliquerons donc aux actes passés par l'indigne la même théorie que nous avons
présentée relativement aux actes passés par l'héritier plus éloigné, qui avait
recueilli la succession, en l'absence de l'héritier plus proche (voy. notre
t. II, nos 227, 240 et 253). — En conséquence, nous distinguerons également ici entre les actes nécessaires et les actes volontaires : — 1° Nous
maintiendrons les actes *nécessaires* ; les paiements faits de bonne foi à l'indigne par les débiteurs de la succession; les baux par lui passés; les juge-
ments rendus pour ou contre lui; même les transactions loyalement faites
(comp. notre t. II, nos 225-239); - 2° Parmi les actes *volontaires*, nous
maintiendrons également ceux qui pourront être considérés comme des actes
d'administration, en prenant ce mot dans son expression la plus vaste, pour
désigner le mandat de gouverner *cum libera* un ensemble de biens, un patrimoine; telles sont les aliénations à titre onéreux, les constitutions de
charges réelles, etc. (voy. notre t. II, nos 211-247). — Et encore faudra-
t-il que les tiers qui auront traité avec l'indigne n'aient commis, en cela, aucune faute. — Il en sera certainement ainsi, et les tiers acquéreurs ou
autres seront irréprochables, s'ils ont traité dans l'ignorance de la cause
d'indignité, lors même, en ce cas, que la demande aurait déjà été introduite
(arg. de l'art. 2005). — Mais on pourrait, suivant les circonstances, décider
qu'ils se sont eux-mêmes volontairement exposés aux effets de la résolution,
s'ils avaient traité depuis la demande, ou même avant la demande, mais
lorsque la cause d'indignité était notoire, et que les intéressés, à raison du
peu de temps qui s'était écoulé depuis l'ouverture de la succession, n'avaient
pas encore eu le temps de la proposer : sans doute, l'indigne est héritier
vis à vis des tiers, et ceux-ci n'ont pas eux-mêmes qualité pour lui opposer
son indignité. Mais le titre de l'indigne est résoluble; et lorsque les tiers
connaissent cette cause de résolution, il n'est pas juste qu'ils puissent impu-
nément se rendre complices de la précipitation avec laquelle l'indigne voudrait aliéner les biens héréditaires, pour se soustraire aux effets de la résolution qui le menace. — Le devoir des tiers, en pareil cas, est de s'abstenir,
ou du moins de ne traiter avec l'héritier indigne, qu'après avoir interpellé
ceux auxquels appartient l'action en indignité, sur le point de savoir s'ils
entendent l'exercer et faire résoudre le droit de l'indigne (argum. de l'article 1938). — Ce devoir de loyauté et de bonne foi nous paraît tellement
impérieux, que nous croyons même qu'il obligerait les débiteurs héréditaires, et que ceux-ci pourraient ne pas être valablement libérés, s'ils
avaient payé entre les mains de l'indigne, alors, par exemple, qu'il était à

comme de chacun des corps certains, meubles ou immeubles, qui en faisaient partie; dès lors, il avait qualité et mandat suffisant pour en disposer envers les tiers.

Nous ajouterons, en faveur du maintien, même des dispositions à titre gratuit consenties par l'indigne, legs ou donations, la considération suivante; « *Hœres et donatarius certant ambo de lucro captando, et in pari causa melior est conditio possidentis.*» Ajoutez, par analogie, l'art. 958. Voyez aussi, pour les transmissions de meubles, l'art. 2279.

Notre solution ne pourrait pas toutefois trouver sa place, si les aliénations, soit à titre onéreux, soit à titre gratuit, consenties par l'indigne, avaient été la conséquence d'un concert frauduleux qui se serait établi entre ce dernier et les tiers avec lesquels il aurait traité : — *Fraus omnia corrumpit.* Les parties intéressées pourraient alors demander en justice la révocation de ces actes : Arg. art. 1382, cbn. art. 958. Voy. MM. Aubry et Rau, troisième édition, t. 5, § 594 *in fine*, texte et note 11. Comparez Bordeaux, 1er décembre 1853 (Dev. 1854, 2, 225).

Il importe, du reste, d'observer, en terminant, que la question que nous venons d'étudier est, à raison du jeu des principes particuliers de l'indignité en matière de succession, indépendante de la question de savoir quelle valeur il faut reconnaître aux ventes consenties par l'héritier apparent. M. Demante (*cours analytique de Code civil*, t. 3, no 38 *bis*, IV, p. 50) en fait expressément la remarque : à raison du caractère pénal de l'exclusion subie par l'indigne, je ne distinguerai pas ici, dit l'éminent jurisconsulte, « comme je le fais à l'égard de l'héritier apparent, entre les aliénations à titre gratuit et les aliénations à titre onéreux, ni davantage entre l'aliénation des droits successifs et celle des objets héréditaires. Ma règle est que tout ayant-cause de l'indigne, si son

---

leur connaissance que la demande en indignité était formée; car ce ne serait pas là un paiement fait de bonne foi (art. 1240); du moins appartiendrait-il aux magistrats de le décider ainsi d'après les faits. — Mais nous ne pourrions pas considérer comme des actes d'administration, et dès lors nous annulerions : 1° l'aliénation des droits successifs, du *jus hereditarium*, que l'indigne aurait consentie; 2° la donation entre-vifs ou le legs de biens héréditaires qu'il aurait faits. » (Comp. *Traité de l'absence*, nos 248-254).

titre est antérieur à l'exclusion prononcée, doit, *à moins de fraude prouvée*, être maintenu dans son acquisition, et que l'effet de l'exclusion doit se borner alors à enlever à l'indigne lui-même le profit qu'il a retiré de l'aliénation, en l'obligeant à tenir compte de la valeur des biens aliénés.» Comparez M. Demolombe, *Traité des successions*, t. 1, n° 310, *in fine*. — Code civil de la Louisiane, art. 964 et 965 (Anthoine de Saint-Joseph, p. 41).

31. — Nous arrivons ainsi à la célèbre question de savoir si l'art. 1599 forme obstacle au maintien des *ventes* consenties par un *héritier apparent* (1) au profit d'un tiers acquéreur, soit de bonne foi, soit de mauvaise foi.

La difficulté peut d'abord se présenter dans l'hypothèse prévue par l'art. 136 du Code civil, au titre de l'*absence*, qui est ainsi conçu : « S'il s'ouvre une succession à laquelle soit appelé un individu dont l'existence n'est pas reconnue, elle sera dévolue exclusivement à ceux avec lesquels il aurait eu le droit de concourir, ou à ceux qui l'auraient recueillie à son défaut.»

Il peut arriver aussi qu'une personne, autre que l'héritier véritable, se soit mise en possession de l'hérédité, par suite du *silence* et de l'*inaction*, ou encore de l'*ignorance* du droit de ce véritable héritier.

Il importe d'écarter, avant tout, l'hypothèse où il s'agirait d'une vente proposée et acceptée *de mauvaise foi* par les parties contractantes : il n'est pas douteux qu'une semblable vente devrait être déclarée nulle par les tribunaux, soit en vertu de l'art. 1599, soit par application de l'art. 1382.

D'autre part, nous distinguerons deux sortes d'actes qui peuvent être passés par l'héritier apparent : d'abord les actes d'administration ; ensuite les actes d'aliénation proprement dite.

32. — En ce qui concerne les actes de *pure et large* administration, tels que les paiements faits ou reçus, les baux d'une durée normale et ordinaire, les transactions sérieuses

---

(1) Comparez, sur cette question, les savants et complets développements de M. Demolombe, *Traité de l'absence* (t. II des œuvres complètes), n°s 232 à 258 ; — aj. un excellent article publié en 1862, par M. Paul Joxon, dans la *Revue pratique de droit français*, t. XIV, pag. 378 à 397.

et intelligentes, les procès loyalement soutenus et engagés à propos, la jurisprudence et les auteurs semblent généralement s'accorder à reconnaître qu'ils doivent être maintenus : (voyez M. Demolombe, *Traité de l'absence*, nᵒˢ 234 à 240) ; et nous sommes, pour notre part, tout à fait de cet avis.

La grande raison de tout ceci, c'est la nécessité même des choses : la loi ne peut pas réagir utilement contre les faits définitivement accomplis ; elle se borne à les enregistrer, et à en régler les conséquences pratiques ; il faut bien que les patrimoines, comme les sociétés elles-mêmes, soient administrés ; eh bien ! le gouvernement de l'héritier apparent, c'est le gouvernement provisoire de la famille et des affaires ; l'on doit, dès lors, respecter tous les actes nécessaires et habiles de ce gouvernement. L'art. 1240 est d'ailleurs formel en ce sens, à propos des paiements reçus par l'héritier apparent : « Le paiement fait de bonne foi, dit ce texte, à celui qui est en possession de la créance, est valable, encore que le possesseur en soit, par la suite, évincé.» Cette disposition du Code civil nous fournit un puissant argument d'analogie en faveur du maintien des autres actes de même nature.

33.— J'assimilerai complétement aux actes de pure administration les aliénations de *meubles corporels* : si donc l'héritier apparent a vendu un ameublement de salon, des chevaux, des glaces, du linge, etc., l'acquéreur de bonne foi en deviendra immédiatement propriétaire. Trois motifs surtout sont habituellement mis en avant :

1ᵒ En fait de meubles, la possession vaut titre : voy. les art. 1141 et 2279 ;

2ᵒ L'on applique les articles 1382 et 1383, et l'on soutient que l'héritier véritable a commis, vis à vis des tiers, en ne se faisant pas connaître plus tôt, une faute dont il leur doit la réparation ; or, cette réparation, pour être adéquate au préjudice causé, consiste précisément à ne pas les troubler (1)

---

(1) Pour le développement de cette proposition, voyez M. Paul Jozon (*Des aliénations consenties par l'héritier apparent*, nᵒˢ 10, 11 et 12), dans la *Revue pratique*, t. XIV, p. 384 à 387 ; comparez notre traité de la *possession des meubles* et de la revendication des titres au porteur perdus ou volés, nᵒˢ 61 à 64, avec les notes.

dans leur possession paisible des meubles aliénés par l'héritier apparent, durant son gouvernement intérimaire ;

3° Ces aliénations de meubles, d'ailleurs, auront le plus souvent été des actes de sagesse et de prudence, dont la légitimité peut être appuyée sur l'idée d'un mandat (1) tacite et légal, résultant des termes implicites de l'art. 136 du Code civil.

34. — Nous validerons même souvent les aliénations de *meubles incorporels* (2), tels que des rentes ou des créances. Le transfert des rentes et le transport des créances peuvent, en effet, suivant les circonstances, être, eux aussi, des actes de bonne et sage administration. Les rentes peuvent baisser, une créance peut être compromise par l'insolvabilité croissante du débiteur, et il est utile de céder des titres d'un recouvrement difficile. L'héritier véritable n'a vraiment pas, dans tous ces cas, de sérieux motifs de se plaindre. Nous maintiendrons donc les aliénations de meubles incorporels, toutes les fois qu'il sera démontré, par l'examen des circonstances, que le transport effectué était un acte loyal et raisonnable ; alors la simple bonne foi de l'acheteur (3) le mettra à l'abri de toute action en revendication intentée par l'héritier véritable.

(1) La loi elle-même prescrit dans certains cas la vente des meubles aux administrateurs du bien d'autrui, par exemple au tuteur, au moment de son entrée en fonctions : voyez l'art. 452 du Code civil. Dès lors l'héritier véritable n'est point admis à se plaindre de semblables actes.

(2) Nous supposons, bien entendu, l'absence de toute pensée frauduleuse, soit chez le vendeur, soit chez l'acheteur ; *fraus omnis corrumpit.* — Nous devons, toutefois, reconnaître que la Cour de cassation se prononce en général contre la validité des ventes des meubles incorporels faites par le propriétaire apparent : Cass. 4 mai 1836 (Dev. 1836, 1, 353 à 366); Cass. 11 mai 1839 (Dev. 1839, 1, 169); Metz, 10 janvier 1867 (D. P. 1867, 2, 14 et 15); Besançon, 2 juin 1864 (D. P. 1864, 2, 61). Ces deux derniers arrêts, celui de la cour de Metz et celui de la cour de Besançon, ont, du reste, une portée très-générale, et affirment le principe que la bonne foi n'est jamais une cause de transmission de la propriété, et que l'existence d'un mandat tacite ne peut pas être invoquée à l'appui du maintien d'une aliénation consentie par un non-propriétaire. Voy. l'art. 1988.

(3) Cependant un arrêt de la Cour de cassation, en date du 14 août 1840, (Dev. 1840, 1, 753), a annulé la vente d'un meuble incorporel, consentie par l'héritier apparent, en se fondant uniquement sur l'art. 1599, aux

35. — Mais la question vraiment difficile consiste à savoir si les aliénations à titre onéreux, les ventes des immeubles héréditaires, faites par l'héritier apparent, doivent être maintenues, ou si, au contraire, l'héritier véritable peut évincer les tiers acquéreurs de ces biens.

Il importe, du reste, à ce point de vue ainsi restreint, de distinguer deux (1) hypothèses :

1° Le possesseur ou le propriétaire apparent peut avoir aliéné à titre onéreux, par voie de vente ou d'échange, un objet certain et déterminé, telle ferme, telle maison;

2° L'aliénation a pu porter sur l'universalité de l'hérédité, sur le *jus hereditarium* lui-même, en tout ou en partie.

36. — Supposons d'abord que le propriétaire apparent (2) ait aliéné à titre onéreux, ait vendu, par exemple, un corps certain, la maison *a* ou le fonds *b* : quel va être le sort (3) d'un semblable contrat?

Nous écarterons l'hypothèse d'une aliénation ou vente forcée, dans les termes des art. 2204 et suivants du Code civil. L'expropriation, obtenue contre le propriétaire apparent à la requête des créanciers de la succession, sera toujours

termes duquel la vente de la chose d'autrui est nulle. Mais M. Demolombe (*Traité de l'absence*, n° 252) proteste avec raison contre cette inconséquence de la jurisprudence, qui valide les ventes d'immeubles faites par l'héritier apparent, et qui semble reculer devant les cessions de créances. M. Demolombe indique toutes les autorités en sens divers.

(1) Comparez M. Demolombe, *Traité de l'absence*, n°. 240, et M. Jozon, n° 1, *Revue pratique*, t. XIV, p. 378 et 379.

(2) La cour de Besançon (arrêt du 2 juin 1864, D. P. 1864, 2, 61) a été saisie d'une espèce singulière : il ne s'agissait pas d'un tiers ayant appréhendé par usurpation la qualité d'héritier et de propriétaire, en l'absence et à l'insu de l'héritier véritable. C'était l'héritier lui-même du degré le plus proche qui, par une fausse interprétation des art. 753 et suivants du Code civil, supposant que le droit de représentation s'étendait à la ligne collatérale, avait effectivement admis un collatéral d'un degré inférieur à partager avec lui les biens attribués à sa ligne par l'art. 733.

(3) Nous laisserons de côté la question de savoir quand et par qui les fruits et revenus de l'immeuble aliéné doivent être restitués à l'héritier véritable, qui évince le propriétaire apparent. Cette difficulté ne rentre pas, en effet, directement dans l'étude de l'art. 1599, et elle ne pourrait que compliquer l'examen du sort des ventes consenties par l'héritier apparent.

F. 3

obligatoire pour le véritable héritier : il faut bien, en effet, respecter les actes que les créanciers de bonne foi ont été contraints de passer avec un possesseur désigné par la loi, ou imposés par les faits, comme contradicteur nécessaire. — D'autre part, la poursuite en expropriation n'est autre chose qu'un moyen, pour les créanciers, d'obtenir le paiement de ce qui leur est dû ; or, l'art. 1240 décide formellement que le paiement fait de bonne foi à celui qui est en possession de la créance est valable, encore que le possesseur en soit par la suite évincé. — Enfin les ventes sur expropriation forcée entraînent toujours des frais considérables ; comparez les art. 673 et suivants du Code de procédure civile ; il ne faut pas que l'adjudicataire puisse être inquiété par un propriétaire véritable, qui est au moins en faute de ne pas s'être plus tôt fait connaître : *jura vigilantibus succurrunt.*

37.— Restent donc les *ventes volontaires* et amiables. Nous nous placerons en face du fait suivant : Pierre est mort le 1er janvier 1871, en laissant pour héritier légitime *Primus*, son cousin germain. Mais celui-ci, soit par négligence, soit par ignorance, ne prend pas possession de la succession. Dans cette situation, *Secundus*, parent d'un degré plus éloigné, persuadé qu'il est le seul héritier direct de Pierre, accepte la succession, s'en empare, et vend à *Tertius* une maison, et à *Quartus* une ferme. La livraison a été opérée, et le prix a été payé. Le 1er janvier 1872, *Primus*, l'héritier véritable, sort de son inaction, et fait reconnaître judiciairement sa qualité préférable ; puis il intente une action en revendication contre les tiers acquéreurs des immeubles héréditaires : devra-t-il triompher dans son action ?

Cette question est très-vivement controversée.

Nous n'entreprendrons pas de développer ici ceux des éléments de la discussion qui ont été puisés soit dans la tradition romaine, soit dans notre ancienne jurisprudence française. L'on peut consulter, sur ce point, M. Merlin (*Questions de droit*, vo *Héritier*), qui se prononce en faveur de la validité de l'aliénation, et Toullier (add. au t. 9), qui combat avec force cette opinion. Voyez aussi M. Demolombe (*Traité de l'absence*, nos 242 et 243). Au reste, comme le fait très-bien remarquer M. Jozon (no 2), les jurisconsultes romains et nos anciens jurisconsultes français ne nous fournissent que des décisions vagues et contradictoires. Dès lors, dans l'état d'incertitudes où se trouvait, sous l'empire des législations antérieures, la question que nous allons traiter, c'est surtout au droit nouveau qu'il faut en demander la solution ; et, comme nous allons le voir, la lutte est encore loin d'être terminée, même sous l'empire du Code civil.

38. — Il y a d'abord un système qui prononce, dans tous les cas, la nullité des aliénations d'immeubles faites par l'héritier apparent :

1 Une personne, dit-on, ne peut pas transmettre à autrui plus de droits qu'elle n'en a elle-même (l. 54 ff. *De regulis juris ;* art. 2125 et 2182 du Code civil) : aussi la vente de la chose d'autrui est-elle nulle, aux termes des art. 1599 du Code civil et 717 du Code de procédure civile ; — d'autre part, la loi 11, au Digeste, *De regulis juris*, et les art. 537, 544 et 545 du Code civil nous apprennent qu'un propriétaire ne peut jamais être dépouillé de sa chose sans son fait et à raison de la vente consentie par un tiers : or, le propriétaire véritable triomphant dans son instance en pétition d'hérédité ou en revendication, il est victorieusement démontré que le détenteur apparent n'avait aucun droit légitime de propriété sur les biens qu'il a cédés ; donc les tiers n'ont point pu acquérir, du chef de ce dernier, une propriété qu'il n'avait pas lui-même : aussi l'art. 137, en matière d'absence, ne manque-t-il pas de réserver le recours et les actions de l'héritier véritable, pendant tout le laps de temps requis pour l'accomplissement de la prescription.

2° Si l'on objecte, aux partisans de ce système, l'intérêt que méritent la bonne foi et l'erreur invincible du tiers acquéreur, ils répondent aussitôt que le Code a formellement prévu cette hypothèse même, où quelqu'un a acheté un immeuble *a non domino quem dominum esse putabat*. Voici alors la double faveur accordée au tiers acquéreur : 1° il fait les fruits siens (art. 549 et 550) ; 2° la durée de la prescription est abrégée pour lui : cette prescription, au lieu de s'accomplir seulement par trente ans (art. 2262), se réalise par le délai de dix ou vingt ans seulement (art. 2265). Mais aucun texte n'investit le possesseur de la propriété immédiate et irrévocable : c'eût été dépasser le but et violer le grand principe qui défend que l'on puisse être dépouillé de son droit sans y avoir consenti : *Quod meum est, sine meo facto, non potest desinere esse meum.*

3° L'ordre social exige que le droit de propriété reste toujours inviolable et toujours respecté ; autrement les immixtions, imprudentes ou malhonnêtes, engendreraient le bouleversement des fortunes et deviendraient la source des plus dangereuses collisions ; donc, encore à ce point de vue, il faut déclarer nulles, dans tous les cas, les ventes d'immeubles consenties par l'héritier apparent.

4° Voyez d'ailleurs à quelles divergences infinies aboutissent les systèmes qui méconnaissent le principe fondamental ci-dessus affirmé : — L'un ne maintient la vente que dans l'intérêt de l'héritier apparent (1), vendeur de bonne foi ; — l'autre exige tout ensemble et la bonne foi de l'héritier apparent vendeur, et la bonne foi du tiers acquéreur (2) ; — un troisième, enfin, se contente de la bonne foi du tiers acquéreur (3). — Tout ceci montre bien qu'en dehors du système de la nullité, l'on ne rencontre aucun principe certain qui puisse servir de guide aux défenseurs des opinions dissidentes. Comparez, en ce sens, M. Demolombe, *Absence*, n° 244, et M. Jozon, *Revue pratique*, t. 14, p. 380, n° 3.

39. — Pourtant la jurisprudence de la Cour de cassation a rejeté constamment cette doctrine, et elle maintient les aliénations à titre onéreux, échanges ou ventes, consenties par le propriétaire apparent, dans tous les cas où le tiers · acquéreur peut invoquer sa bonne foi et une erreur excusable.

Il importe de bien préciser les motifs qui ont été mis en avant, à l'appui de cette théorie si favorable aux acquéreurs inconscients du bien d'autrui.

40. — On invoque d'abord l'erreur invincible du tiers acquéreur placé en face d'un propriétaire apparent, à la légitimité des droits duquel tout le monde croyait, et l'on dit : *error communis facit jus.* Mais cet argument n'est pas très-so-

_____

(1) Voyez, pour le développement de ce système, M. Demolombe, *Traité de l'absence* (t. 11 des œuvres complètes), n° 245.

(2) Voyez M. Demolombe, *Absence*, n° 246.

(3) Comparez M. Demolombe, *Absence*, nos 247 et suivants ; — M. Paul Jozon (*Des aliénations consenties par l'héritier apparent*), nos 3, 4 et suivants, *Revue pratique*, t. XIV, p. 380.

lide : « Malheureusement, dit M. Jozon, n° 5 (*Revue pratique*, t. 14, p. 381), cette maxime romaine n'a jamais été formulée dans nos lois; on ne l'y trouve, ni posée en principe, ni même consacrée dans quelques cas particuliers, par une application précise.»

41.— Mais, ajoute-t-on, la bonne foi du tiers acquéreur est cependant complète, irréprochable. — Nous répondons que la bonne foi a des effets limités par la loi et ne peut jamais conférer par elle-même la propriété : comparez les art. 711, 712, 555, 549, 550 et 2265. Voyez aussi M. Demolombe, *Traité de l'absence*, n° 247, *in principio*. Ajoutez Besançon, 2 juin 1860 (D. P. 1861, 2, 61).

42. — L'on a encore mis en avant l'art. 1240 du Code civil, lequel valide formellement les paiements faits entre les mains du simple possesseur ou propriétaire apparent de la créance : or, dit-on, si le propriétaire apparent a qualité pour toucher les créances héréditaires, pourquoi ne lui serait-il pas permis également d'aliéner les immeubles? — Nous ne saisissons pas l'analogie que l'on affirme exister entre les deux situations : recevoir un paiement, c'est un acte d'administration, et il faut bien que les débiteurs se libèrent et sachent à qui s'adresser. Au contraire, quand il s'agit d'achats, les tiers peuvent très-bien se dispenser d'acheter, et la vente est, par essence, un acte d'aliénation et de disposition.

43.— D'autres jurisconsultes se sont appuyés sur les principes fondamentaux de la saisine héréditaire, qui leur paraissent écarter l'application de l'art. 1599, dans notre espèce, et mettre hors de cause la maxime : *nemo plus juris ad alium transferre potest, quam quod ipse habet*. Nous nous sommes, nous-même, rallié à cette doctrine, dans notre *Essai sur la possession des meubles et la revendication des titres au porteur perdus ou volés*, p. 80 à 81, note 2 : « Nous n'admettons pas, sur l'art. 724, disions-nous, que l'héritier le plus proche ait seul le privilège de la saisine, sous la condition résolutoire de sa renonciation. L'examen approfondi des textes et surtout de la tradition historique nous a conduits, au contraire, à penser que *l'héritier n'est définitivement saisi que sous la condition suspensive de son acceptation*. Au jour de la mort d'une personne, tous ses successibles se trouvent simultanément, en vertu de la souveraineté de la loi, investis de l'aptitude à recueillir l'hérédité : cette saisine collective ne cesse qu'au moment où l'héritier du degré le plus proche s'est prononcé et a fixé, par son acceptation, le droit jusque-là vague et général. L'adhésion d'un successible *individualise* la saisine et anéantit rétroactivement, au point de vue juridique (art. 777), la vocation collective des autres intéressés. Mais c'est là une fiction de la loi, et, comme toutes les fictions, elle ne peut rien contre les faits accomplis. Les successibles, en vertu de la saisine générale qui a plané sur leur tête à une certaine époque, ont eu qualité pour conférer, sans tomber sous le coup de l'art. 1599, des droits aux tiers, et il n'appartient pas au parent, qui a trop attendu, pour ses intérêts, à prendre parti, de supprimer en quelque sorte la vie de l'hérédité jusqu'au moment de sa demande, en cherchant à réagir contre des actes désormais consommés au profit d'acquéreurs de bonne foi. On voit donc comment le principe de la saisine collective à l'égard des tiers permet de valider les aliénations à titre onéreux, soit mobilières, soit même immobilières, portant sur un objet certain et déterminé, qui ont été faites par le possesseur d'une hérédité au profit de tiers acquéreurs persuadés de la légitimité de son titre et auxquels, par conséquent, on ne peut reprocher aucune faute engageant leur responsabilité au point de vue de la restitution. Cass. 16 janvier 1813, de Rastignac (Dev. 1813, 1, 97). — Toutefois, après mûre réflexion, nous reconnaissons volontiers que cet argument n'est pas ici d'un grand poids : en effet, comme le fait très-bien remarquer M. Jozon (n° 6 *in fine*), même en admettant « que l'héritier apparent eût un droit quelconque sur la succession, ce ne pourrait être en tout cas qu'un droit résoluble, et résolu en effet, dans l'hypothèse que nous avons supposée, par la réclamation du véritable héritier. Dès lors il n'aurait pu transférer aux tiers acheteurs des immeubles un droit plus étendu que le sien (art. 2182), et ce droit devrait céder devant la revendication du véritable héritier. — Ajoutons que cet argument ne s'applique pas aux successeurs qui n'ont pas la saisine, notamment aux successeurs irréguliers, sans qu'on puisse faire valoir aucun motif rationnel de décider autrement que quand il s'agit d'héritiers légitimes.» Comparez M. Demolombe, *Traité de l'absence*, n°ˢ 217 et 218.

11. — MM. Aubry et Rau (§ 351, texte et note 30) admet-

tent également que l'art. 1599 ne forme pas obstacle au maintien des ventes consenties par un héritier apparent au profit
d'un acquéreur de bonne foi, et ils argumentent par *à fortiori*
des termes de l'art. 132 du Code civil, ainsi conçu : « Si
l'absent reparaît, ou si son existence est prouvée, même après
l'envoi définitif, *il recouvrera ses biens dans l'état où ils se trouveront*, le prix de ceux qui auraient été aliénés, ou les biens
provenant de l'emploi qui aurait été fait du prix de ses biens
vendus. » Voyez, pour le développement de cet argument,
le § 616, texte n° 5 avec les notes. — Cette manière de raisonner est assurément probante pour le cas où la succession se
serait ouverte après l'envoi définitif ; mais elle perd toute importance dans le cas d'une succession échue durant la période
de la présomption d'absence ; elle s'évanouit enfin complétement en présence de toutes les hypothèses qui ne se ratta-
chent, ni de près ni de loin, à la théorie toute particulière de
l'absence. Comparez M. Demolombe, t. 2, n° 233. Ce n'est
donc point l'art. 132 qui peut nous donner la solution de la
question générale qui nous occupe.

45. — M. Jozon (*Revue pratique*, t. 14, p. 385 à 391, n°ˢ 10 à
23), argumente, d'une manière fort ingénieuse, des art. 1382
et 1383 du Code civil, pour soutenir que l'héritier véritable a
commis vis à vis des tiers, en ne se faisant pas connaître à
temps, une faute grave dont il leur doit la réparation : or,
cette réparation, pour être adéquate au préjudice causé, doit
précisément consister à ne pas les troubler dans leur possession paisible des biens aliénés par l'héritier apparent, durant
son gouvernement intérimaire. La dissertation de M. Jozon,
en ce sens, mérite d'être lue en détail, et elle est en même
temps fort habile et fort intéressante. — Toutefois, nous devons avouer qu'elle ne nous a pas convaincu : cette expropriation, pour cause de faute, infligée à l'héritier véritable ne
nous paraît pas découler nécessairement des art. 1382 et 1383.
Les tiers acquéreurs, eux aussi, ne sont pas absolument à
l'abri de tout reproche : ils devaient exiger des renseignements plus précis sur les origines de la propriété, au lieu de
suivre entièrement la foi du propriétaire apparent. Et puis,
toutes ces considérations, de nature si diverse, présentées
par les auteurs, n'ébranlent nullement le principe fondamental de l'inviolabilité du droit de propriété : *quod meum est,*

sine meo facto, non potest desinere esse meum. » Enfin, l'objection, tirée par M. Jozon, des art. 1382 et 1383, ne tombe-t-elle pas d'elle-même, en présence de l'art. 1599, lequel déclare nulle et non avenue toute vente portant sur la chose d'autrui?

46. — Pourtant la jurisprudence persiste à valider les aliénations d'immeubles consenties par un propriétaire apparent. Voyez les diverses autorités citées par M. Demolombe, *Traité de l'absence*, n° 219, et par M. Jozon (*Revue pratique*, t. 11, p. 390, n° 16, *in fine* et notes 1 à 2) ; ajoutez les *Codes annotés* de Sirey, supplément publié en 1866, art. 1599, n°° 10 et 11. Il importe donc d'assigner une base juridique à cette doctrine : or, son véritable fondement nous paraît se rencontrer, avant tout, dans des nécessités impérieuses d'ordre public, dans l'intérêt social de la libre circulation des biens et de la stabilité des fortunes; nous ajouterons cette considération, qu'il importe à l'héritier véritable lui-même que le patrimoine, par lui mal à propos déserté, puisse être sérieusement administré et gouverné.

47. — Toutefois, il importe d'ajouter à ces motifs généraux des raisons puisées dans les principes essentiels du droit civil et dans les textes du Code : or, il y a d'abord une hypothèse dans laquelle la base de la doctrine maintenue par la Cour suprême est assez facile à poser ; nous voulons parler du cas où l'action de l'héritier véritable, dirigée contre le tiers acquéreur, aurait pour résultat d'ouvrir à ce tiers acquéreur, contre l'héritier apparent de bonne foi, un recours en garantie qui constituerait ce dernier en perte. Nous prenons l'exemple suivant : Pierre, héritier apparent, a vendu, moyennant vingt mille francs, un immeuble faisant partie de la succession; Jacques, l'héritier véritable, après avoir triomphé dans son action en pétition d'hérédité, veut évincer le tiers acquéreur ; celui-ci se retourne alors contre Pierre, son vendeur, et l'actionnant en garantie, lui réclame d'une part la restitution du prix principal de vingt mille francs, et en outre cinquante mille francs de dommages et intérêts, par application de l'art. 1633. Comparez les art. 1630, 1631 et 1633. Le résultat de l'éviction serait donc ici d'imposer à l'héritier apparent un déficit de cinquante mille francs, par suite du recours en garantie exercé contre lui : or, d'après le droit commun, l'héritier apparent, quand il est de bonne foi, ne

peut être tenu que *quatenus* (1) *locupletior factus est* : il ne doit pas être appauvri. L'art. 1380 nous dit, en effet, d'une manière formelle : « Si celui qui a reçu (une chose) de bonne foi, a vendu (cette) chose, il ne doit restituer que le prix de la vente. » Donc le tiers acquéreur ne pourra pas, dans notre espèce, être évincé par le propriétaire véritable, parce que cette éviction, en dernière analyse, constituerait illégalement en perte l'héritier apparent. Ce sera ici la bonne foi du propriétaire apparent vendeur qui protégera le tiers acquéreur. Celui-ci sera alors maintenu en possession, comme il l'était en droit romain (l. 25, § 17, Digeste, liv. 5, tit. 3, *De hæreditatis petitione*), par l'effet d'une exception tirée *ex persona venditoris*.

48. — Mais le moyen indirect tiré de la bonne foi de l'héritier apparent vendeur, et de la protection qui lui est due en conséquence, va nous échapper dans une foule de cas, et notamment dans les deux hypothèses suivantes :

1° Si l'héritier apparent vendeur a introduit, dans le contrat de vente, une stipulation de non-garantie (art. 1627);

2° Si, à l'inverse, il s'est expressément chargé lui-même du

---

(1) La situation du propriétaire apparent de bonne foi a toujours vivement préoccupé les législateurs des différents pays. En remontant « jusqu'au droit romain, dit M. Jozon (*Revue pratique*, t. XIV, p. 387, nᵒˢ 13 et 14), nous trouvons qu'Adrien fit rendre le sénatus-consulte Juventien pour défendre que l'héritier apparent fût tenu de restituer plus que le montant de ce dont il s'était enrichi par la prise de possession de la succession. — Voici maintenant la conséquence de ce principe, qui avait passé dans notre ancien droit, et qui doit être. suivant la généralité des auteurs, encore appliqué aujourd'hui (voyez aussi, en ce sens, cass. 20 janvier 1841) (Dev. 1841, 1, 231), et Caen, 26 février 1847 (D. P. 1847, 2, 136). Puisque, d'une part, l'héritier apparent ne doit restituer que ce qu'il a reçu; puisque, d'autre part, la revendication contre les tiers acheteurs, si elle triomphait, aurait pour résultat indirect de l'obliger à payer des dommages-intérêts plus considérables que le prix des immeubles, c'est à dire que ce qu'il a reçu, la revendication est impossible, et l'héritier véritable ne pourra que réclamer à l'héritier apparent ce prix, s'il l'a touché, ou l'action tendant à l'obtenir, s'il est encore dû. — Cette conséquence est formellement consacrée par l'art. 1380, dont nous allons nous servir pour démontrer que la disposition du sénatus-consulte Juventien est toujours en vigueur dans notre droit.... »

péril de l'éviction et des dommages et intérêts éventuellement dus (art. 1626 à 1629).

Pour protéger le tiers acquéreur dans ces deux cas, nous
ne voyons qu'un moyen vraiment juridique : nous commen-
cerons par reconnaître que la vente d'un immeuble héréditaire, consentie par le propriétaire apparent, constitue réellement, en principe, une vente de la chose d'autrui, tombant
sous l'application de l'art. 1599. Mais, en même temps, nous
soutiendrons, avec M. Demolombe (*Traité de l'absence*, nᵒˢ 250
et 251), que ce propriétaire apparent a nécessairement puisé,
dans sa situation même, le mandat (1) et les pouvoirs suffi-

(1) M. Jozon (*Revue pratique*, t. XIV, p. 383, nᵒˢ 8 et 9) s'élève avec
force contre ce qu'il appelle « cette manière de raisonner avec une opinion
préconçue, et de chercher, non pas la décision à donner à une question, mais
les motifs plus ou moins présentables, par lesquels on pourra justifier une
décision adoptée à l'avance. C'est là un renversement de toutes les notions
d'ordre et de méthode que nous sommes habitués à respecter dans une étude
consciencieuse, où l'on passe par l'examen pour aboutir à la solution, et
non par la solution pour aboutir à l'examen. » Voyez également un arrêt
de la cour de Metz du 10 janvier 1867 (D. P., 1867, 2, 11 et 15). Mais
l'on peut répondre que la présomption de mandat tacite peut être fortement appuyée sur les nécessités les plus impérieuses d'intérêt public et
d'intérêt privé, auxquelles il n'est permis à personne de se dérober ; et, à
vrai dire, M. Jozon, qui accorde aux art. 1382 et 1383 l'énergie *virtuelle*
d'engendrer une *expropriation* pour l'héritier véritable resté inactif en présence de la succession qui lui était déférée, ne pourrait-il pas à bon droit,
lui aussi, être accusé de prendre comme point de départ une opinion préconçue? — La vérité nous paraît être que si, en thèse générale, on doit
admettre la validité du mandat tacite, sous l'empire du Code civil, il n'y a
pas lieu d'y apporter une exception, en ce qui concerne les *aliénations*. Sans
doute, l'art. 1988, al. 2, exige alors un mandat *exprès* : mais cette expression est employée, non pas pour exclure le mandat tacite, dont le législateur ne paraît nullement se préoccuper dans cet article, mais uniquement
par opposition au mandat conçu en *termes généraux*, dont il est question dans
l'alinéa précédent : les expressions de *mandat exprès* sont donc ici synonymes
de *mandat spécial*. C'est ainsi, du reste, que les auteurs paraissent généralement entendre le deuxième alinéa de l'art. 1388 : voyez Dalloz, *Jurisprudence générale*, vᵒ *Mandat*, nᵒˢ 77 et suivants, et les autorités qui y sont
citées; ajoutez M. Domenget, *Traité du mandat, de la commission et de la
gestion d'affaires*, t. I, nᵒ 166. — Les principes généraux du droit, d'ailleurs, ne s'opposent nullement à ce que le mandat de vendre puisse être
donné tacitement, pourvu d'ailleurs que le consentement du mandant ne soit

sants à l'effet d'aller, au besoin, jusqu'à l'aliénation. Cela est si vrai, que de tout temps les ventes faites par l'héritier apparent pour le paiement des dettes héréditaires ont été maintenues. Voyez la loi 20, § 2, Digeste (liv. 5, tit. 3), *De hæreditatis petitione*; Lebrun, *Traité des successions*, liv. 3, chap. 4, n° 57; M. Toullier, t. 7, n° 31, p. 46, note 1. C'est qu'en effet, l'héritier apparent a forcément été, durant son gouvernement intérimaire, le représentant légal de l'héritier véritable, son mandataire ou procureur *omnium bonorum cum libera potestate*, c'est-à-dire avec l'entière liberté de faire ce qui pourrait être expédient et utile pour la succession. Comparez M. Demolombe, *Traité de l'absence*, n°s 256 à 258, avec les autorités auxquelles il renvoie.

Un axiome de raison et de bon sens dit : « *qui veut la fin veut les moyens.* » Eh bien! ne peut-on pas répondre au propriétaire véritable : Vous avez déserté votre bien, vous avez laissé un propriétaire apparent prendre possession de la succession qui vous était déférée; vous êtes censé, par là même, lui avoir conféré tacitement et virtuellement le mandat d'administrer cette succession, et d'en faire, à son gré, le règlement et la

pas équivoque, et ressorte clairement de son attitude. En dernière analyse, M. Jozon se serait, peut-être, placé sur un terrain plus solide, en commençant par établir, en fait, que la négligence de l'héritier véritable ne peut jamais être interprétée dans le sens d'un mandat tacite s'étendant jusqu'à comprendre l'éventualité d'une vente, et plus généralement d'une aliénation : or, cette démonstration ne nous est point fournie par l'éminent jurisconsulte, aux numéros 8 et 9 de son Étude (*Revue pratique*, t. XIV, p. 383 et 384); et, dès lors, nous pouvons invoquer, à l'appui de l'idée de mandat, qui forme la base de notre théorie, les textes si nombreux qui, dans des cas analogues à l'hypothèse dont nous nous occupons, imposent au véritable propriétaire l'obligation de respecter les aliénations consenties par les administrateurs intérimaires de ses biens. Le véritable propriétaire est obligé notamment de maintenir les ventes faites par les envoyés en possession définitive de ses biens en cas d'absence (art. 132), par le curateur à une succession vacante (art. 790), par le mandataire dont le mandat a été révoqué sans que les tiers aient encore pu avoir connaissance de cette révocation (art. 2005, 2008, 2009), par l'héritier d'un dépositaire qui a cru faussement son auteur propriétaire de la chose déposée (art. 1935). Sans doute, chacune de ces décisions légales se justifie par des raisons particulières : mais leur extension aux ventes consenties par l'héritier apparent peut être liquidation; or, si plusieurs personnes se présentent pour appréhender l'hérédité, si, en tout cas, il y a des créanciers à payer, il faudra bien vendre certains immeubles, soit pour partager utilement l'actif, soit pour payer les dettes échues; donc, il est nécessaire que le propriétaire apparent puisse aller jusqu'à l'aliénation; d'autant plus que cette aliénation sera fort souvent un acte de justice et de raison.

Refuser d'ailleurs ce droit à l'héritier apparent, ce serait se placer gratuitement dans une situation sans issue : car le législateur n'a déterminé nulle part les autorisations à solliciter et les formalités à remplir pour réaliser les aliénations reconnues indispensables : dès lors, comme les tiers, eux, ne pourraient pas savoir si la cause de l'aliénation est ou n'est pas nécessaire et légitime, il en résulterait qu'en pratique il serait toujours très-difficile, pour ne pas dire impossible d'aliéner, faute de pouvoir trouver un acquéreur : et cette situation intolérable se prolongerait ainsi durant trente ans ! Telle n'a pas pu être la pensée, la volonté de la loi.

La présomption de mandat affermit donc, d'une façon iné-

---

appuyée à la fois sur l'analogie la plus manifeste, sur l'opinion de Pothier, enfin sur les exigences pratiques les plus solidement démontrées : voyez M. Demolombe, *Traité de l'absence*, n°s 249 et 250, avec les autorités auxquelles il renvoie ou qu'il cite même textuellement. Sans doute, il serait préférable que le législateur eût pris la peine d'édicter un texte précis pour régler le sort des ventes consenties par l'héritier apparent : mais, en l'absence de textes, le devoir du jurisconsulte et du juge est de remonter aux principes généraux du droit et d'en déduire des conséquences appropriées aux nécessités du temps et du pays : or, si nous ne nous trompons, les divers arguments exposés aux n°s 40 à 48 de ce travail, combinés ensemble et dominés par l'idée de mandat, nous conduisent à donner une base légale à la solution maintenue constamment par la Cour de cassation; nous acceptons donc, en résumé, la démonstration fort habile présentée par M. Jozon, mais sans la séparer de l'idée de mandat, qui nous paraît être le couronnement de la théorie. — Bien entendu, nous considérons comme valables les constitutions de droits réels, tels que servitudes, hypothèques, etc., procédant du fait du propriétaire apparent et s'adressant à des tiers de bonne foi : puisque l'héritier véritable est, d'après le système de la jurisprudence, obligé de respecter les aliénations *totales* de corps certains, à plus forte raison doit-il respecter les aliénations partielles créant de simples démembrements de la propriété : il aurait seulement un recours contre l'héritier apparent.

oraulable, les aliénations consenties même par l'héritier apparent : il a pu valablement transmettre, au nom d'un autre,
la propriété d'un autre : et nous pouvons dès lors nous rallier à la doctrine de la Cour suprême, à laquelle, du reste, la
victoire paraît devoir définitivement rester. Sa solution est,
en effet, une véritable nécessité dans la pratique des affaires.

49. — Supposons maintenant (voy. *supra*, n° 35), que le
possesseur ou le propriétaire apparent ait aliéné l'universalité
des biens héréditaires, ou une quote-part de cette universalité : en un mot, la transmission par voie de vente a porté
sur le droit héréditaire lui-même, sur le *jus hæreditarium*.
Cette vente est-elle valable ou est-elle nulle?

M. Jozon, n° 24 (*Revue pratique*, t. 14, p. 394), assimile à la
vente d'un bien particulier dépendant de la succession la
vente de la succession en bloc, et il déclare l'une et l'autre
aliénation valables au respect du propriétaire véritable : « Les
auteurs, dit-il, qui soutiennent la validité de l'aliénation des
immeubles, et la jurisprudence qui les suit dans cette voie,
hésitent quand il s'agit de cette aliénation du droit héréditaire lui-même, et n'osent la déclarer valable. (Voyez notamment M. Demolombe, t. 2, n° 235); cass. 20 août 1833 (Dev.,
1833, 1, 737, D. P., 1833, 1, 307); Agen, 19 janvier 1812
(D. P., 1813, 2, 175). Nous ne voyons cependant aucun motif
de traiter différemment ces deux cas, au moins en droit. Car,
en fait, il est certain que les juges exigeront toujours de
l'acheteur de l'hérédité entière une vigilance plus grande, vu
l'importance de l'affaire, que de l'acheteur d'une pièce de
terre ou d'une maison, et qu'ils le déclareront plus difficile-
ment exempt de faute. — Mais s'il parvient à justifier qu'il
a pris toutes les informations voulues, et qu'aucune n'a été
de nature à lui inspirer des doutes, qu'il n'a dès lors traité
qu'après avoir épuisé tous les moyens propres à l'éclairer
sur la qualité de son cocontractant, la revendication de l'héritier véritable devra être écartée; il ne restera de recours à
cet héritier que contre l'héritier apparent, pour le prix. »

Nous déciderons au contraire, avec la jurisprudence, qu'une
semblable aliénation, portant sur l'*universalité du droit héréditaire*, doit être considérée comme radicalement nulle; et
ici, nous n'avons aucune distinction à faire entre l'aliénation

à titre onéreux et l'aliénation à titre gratuit (1), non plus qu'entre l'aliénation des meubles et l'aliénation des immeubles. En effet, l'art. 2279 ne s'applique pas, on le sait, aux transmissions d'universalités mobilières : les tiers acquéreurs, même de bonne foi, seront donc soumis à toutes les conséquences de la pétition d'hérédité.

Ne tombons-nous pas toutefois dans une contradiction flagrante, en admettant ainsi la nullité de l'aliénation portant sur l'universalité de la succession, après avoir affirmé précédemment la validité de l'aliénation à titre onéreux qui a pour objet des corps certains? Nous ne le croyons pas, quel que soit d'ailleurs le point de départ que l'on veuille choisir. S'arrête-t-on à l'idée de mandat légal? l'on peut répondre alors avec M. Demolombe (t. 2, n° 253) : « *La vente de l'hérédité* doit être annulée, parce qu'on ne peut pas y appliquer la théorie du mandat, même le plus étendu, parce que le procureur, même *cum libera administratione*, dépasse ses pouvoirs et n'administre plus, lorsqu'il abdique au contraire son rôle, lorsqu'il résigne son mandat, en livrant à un autre l'universalité même qui faisait l'objet de sa gestion. » Comparez M. Demolombe (t. 2, n°s 254 à 258). Nous ajouterons encore deux autres observations : 1° l'acquéreur de l'hérédité, succédant ainsi à l'universalité des biens, ou du moins à une quote-part de cette universalité, se trouve, à raison de la nature même de l'objet sur lequel a porté le con-

(1) Lorsque le propriétaire apparent a aliéné à titre gratuit un *corps certain* faisant partie de l'hérédité, la question de savoir quelle est la valeur d'une semblable aliénation *à titre gratuit* doit être résolue par une distinction entre les meubles et les immeubles. Sans doute, le mandat, si général qu'on le suppose, la procuration même *omnium bonorum* ne comprend pas la faculté de faire des libéralités : argument *à fortiori* de l'art. 933; comparez M. Demolombe, t. II, n° 251. Mais néanmoins, les donations de meubles corporels seront protégées par l'art. 2279, et les tiers acquéreurs de bonne foi pourront s'abriter derrière la maxime qu'en fait de meubles la possession vaut titre. Nous déclarerons nulles, au contraire, les donations d'immeubles ou les cessions de créance à titre gratuit. La saisine de l'article 724 ne peut pas aller jusqu'à permettre aux successibles de dissiper l'actif héréditaire, sans faire au moins entrer un équivalent dans la succession. Il y a lieu d'appliquer d'ailleurs ici la règle qui accorde la préférence à celui qui *certat de damno vitando*, sur celui qui *certat de lucro captando*.

trat, entièrement substitué, vis à vis des tiers, à son auteur immédiat qui, d'après l'art. 1696, n'est tenu de lui garantir que sa qualité d'héritier : *tanquam vicem hæredis gerit*, dit avec raison Voët (*De hæreditatis petitione*, n° 10) ; et c'est précisément à cause de cela que les Romains accordaient contre cet acquéreur l'action *utile* en pétition d'hérédité. Or, son auteur, s'il avait conservé la possession des biens, serait à bon droit évincé par l'héritier véritable : donc lui aussi, comme ayant-cause, et à raison de sa substitution dans le patrimoine, doit être soumis aux conséquences de la pétition d'hérédité. — 2° L'aliénation *à titre universel* consentie, dans l'espèce, par le successible héritier apparent, a constitué un attentat à la saisine collective et au droit égal de tous : nul ne peut avoir qualité pour disposer de la succession dans son ensemble, avant d'avoir accepté cette succession, après la renonciation régulière de l'héritier le plus proche.

Nous ferons remarquer, du reste, que les questions, objet de notre examen actuel, se présentent le plus souvent au cas *d'absence* de l'héritier véritable. Eh bien! les tiers acquéreurs ont alors un moyen très-simple de se mettre à couvert de tout recours ultérieur : ils n'ont qu'à exiger, préalablement à toute acquisition, l'obtention d'une autorisation judiciaire, dans les termes des articles 112 et suivants du Code civil. S'ils n'ont pas pris leurs précautions, ils sont en faute, et ils doivent subir les conséquences de leur négligence. Consultez, sur ces divers points, trois arrêts de la Cour de cassation du 10 janvier 1843 (Dev., 1843, 1, 97) ; Besançon, 18 juin 1864 (Dev., 1865, 2, 102) ; comparez notre essai sur la *possession des meubles*, p. 80 à 81, n° 63 avec la note ; aj. Paris, 28 janvier 1848 (Dev., 1848, 2, 159). Nous indiquerons enfin un arrêt de la cour de Colmar du 18 janvier 1850 (Dev., 1851, 2, 533 ; D. P., 1851, 2, 161). Cet arrêt, placé en face d'une erreur de droit fort grave, a donné la solution suivante : sans doute, les aliénations consenties de bonne foi par l'héritier apparent au profit de tiers également de bonne foi sont, en principe, valables, et ne peuvent pas être attaquées par l'héritier véritable : mais, lorsque après la mort d'un enfant naturel décédé sans postérité et ne laissant ni père ni mère, des parents de ceux-ci, se croyant, par erreur de droit, appelés à la succession de l'enfant naturel, se sont mis en possession de ses biens, ils ne sont pas des *héritiers apparents* dans le sens de la loi : dès lors, la vente par eux consentie d'un immeuble de la succession est radicalement nulle, aux termes de l'art. 1599. En conséquence, les juges doivent alors ordonner la restitution de l'immeuble, par le tiers acquéreur, à l'héritier véritable, sur la demande qui en est faite par celui-ci : ils ne peuvent pas se borner à condamner les vendeurs à rembourser la valeur de l'immeuble.

50.— Il nous reste, pour terminer cette partie du sujet, à mentionner la nouvelle loi, toute de circonstance, des 12-10 mai 1871, qui déclare inaliénables les propriétés publiques ou privées, saisies ou soustraites à Paris pendant la durée de la Commune, depuis le 18 mars 1871 (D. P. 1871, 4, 52 et 53). L'art. 1er de cette loi est ainsi conçu : « Sont déclarés inaliénables, *jusqu'à leur retour aux mains du propriétaire*, tous biens *meubles et immeubles* de l'État, du département de la Seine, de la ville de Paris et des communes suburbaines, des établissements publics, des églises, des fabriques, des sociétés civiles, commerciales ou savantes, des corporations, des communautés, des particuliers, qui auraient été soustraits, saisis, mis sous séquestre, ou détenus d'une manière quelconque, depuis le 18 mars 1871, au nom et par les ordres d'un prétendu comité central, comité de salut public, d'une soi-disant commune de Paris, ou de tout autre pouvoir insurrectionnel, par leurs agents, par toute personne s'autorisant de ces ordres, ou par tout individu ayant agi, même sans ordres, à la faveur de la sédition. » L'art. 2 ajoute : Les aliénations, frappées de nullité par l'art. 1er, ne pourront pas, pour les *immeubles*, servir de base à la prescription de dix ou vingt ans, et, pour *les meubles*, donner lieu à l'application des art. 2279 et 2280 du Code civil.— Les biens aliénés en violation de la présente loi pourront être revendiqués, sans aucune condition d'indemnité et contre tous les détenteurs, pendant *trente ans*, à partir de la cessation officiellement (1 constatée de l'insurrection de Paris.» Les art. 3 et suivants de la nouvelle loi édictent des sanctions pénales qui complètent

(1) La date de la cessation de l'insurrection de Paris a été fixée au 7 juin 1871, époque du rétablissement de la justice dans le département de la Seine, d'après un avis inséré au *Journal officiel* du 8 juillet.

les mesures de répression et qui sont d'ailleurs étrangères à notre sujet actuel.

La loi des 12-19 mai 1871, dans ses art. 1 et 2, étend d'une part transitoirement la portée des art. 1598, 1599 et suivants, en écartant d'autre part les tempéraments qui résultent de l'application pratique des art. 2265, 2279 et 2280.

Notre éminent collègue de la faculté de droit de Caen et ancien maître, M. Bertauld, député du Calvados, précise, au reste, très-nettement, dans son rapport présenté au nom de la commission le 6 mai 1871 (*Journal officiel* du 7 mai), le but et la sphère d'application de la nouvelle loi : « La loi, dit-il, dont le gouvernement a pris l'initiative, dans le but de défendre la propriété publique et la propriété privée, contre l'agression, aussi odieuse que brutale, dont Paris est le théâtre et la principale victime, répond à l'un des plus pressants besoins, non pas seulement de l'ordre matériel, mais encore de l'ordre moral. La conscience publique la réclamait aussi impérieusement que l'intérêt de la sécurité de chacun et de tous. — Les richesses de toute nature, accumulées et centralisées dans le siège privilégié que les préférences de la politique, des sciences, des arts, du commerce et de l'industrie ont, comme d'un commun accord, choisi, sont devenues, par une surprise sans précédents, la proie de passions et de convoitises qu'aucun sentiment de moralité ne réfrène. Des aventuriers sans nom, et le plus souvent sans patrie, livrent au pillage et à la dévastation tout ce que la nation, le département de la Seine, la grande Cité et les particuliers ont de plus cher. La religion comme l'Etat, la fortune publique comme la fortune privée, n'ont pas d'établissements, de monuments et d'asiles qui soient à l'abri des ravages qu'entreprennent les cupidités déchaînées et surexcitées. Eglises, temples, communautés, palais, musées, bibliothèques, collections de tous genres, souvenirs nationaux et domestiques, rien n'est épargné ; la spoliation et le vol de biens de toute origine vont alimenter un commerce dans lequel la vileté du prix de vente sera tout profit pour les acheteurs, sans être une cause d'appauvrissement, en restant au contraire une abondante source de gain pour les vendeurs, *puisqu'ils vendront la chose d'autrui*, qui ne leur aura coûté que la peine de l'envahir et de se l'approprier. — C'est ce honteux mais lucratif trafic qu'il est urgent d'arrêter, en lui enlevant toutes ses conditions de succès et de prospérité. — L'art. 2 du projet de loi frappe d'inaliénabilité et place hors du commerce tous les biens meubles et immeubles sur lesquels l'insurrection aura exercé pour son compte, ou laissé exercer, par la complicité de son inertie, une mainmise, et cette inaliénabilité durera, vis-à-vis des spoliateurs et de leurs ayant-cause, tant que les objets dont on aura voulu déplacer la propriété ne seront pas rentrés aux mains du propriétaire spolié, que ce propriétaire soit l'État, le département, la ville, un établissement public, une société de droit ou de fait, une corporation ou un simple particulier. — Le propriétaire, dans la pensée de la loi, c'est la personnalité collective ou individuelle qui possède à titre de propriétaire, au moment de la spoliation, le bien dont une usurpation criminelle a essayé de s'emparer. — La loi n'admet pas, et aucune loi ne saurait admettre, que les spoliateurs, pour se dispenser de la nécessité de la restitution, quand cette restitution sera possible, ou de la nécessité de la réparation pécuniaire de leurs méfaits, puissent contester la légitimité du titre de la possession ou la qualité des possesseurs. Les usurpateurs restitueront aux dépossédés une possession conquise par violence ou par abus, ou les indemniseront, tous droits réservés à l'égard des tiers. La rapine et le vol ne pourront point s'abriter derrière des questions qui doivent leur demeurer étrangères. — L'inaliénabilité, écrite dans la loi, serait illusoire et presque une lettre morte, si elle n'avait d'effets que contre les spoliateurs et leurs représentants à titre universel. Elle ne sera efficace qu'à la condition d'être opposable aux représentants à titre particulier, aux ayant-cause à titre gratuit ou onéreux, aux donataires ou acheteurs même de bonne foi. — Si l'exception de bonne foi pouvait paralyser le titre des spoliés, comme la bonne foi doit toujours être présumée (art. 1116, al. 2) et que la preuve est imposée à ceux qui veulent démentir cette présomption, les spéculations de mauvais aloi, que nous voulons empêcher, auraient trop de chances de réussite ; si la nullité des aliénations et sous-aliénations était subordonnée à la nécessité d'établir que les contractants ont connu les vices des titres en vertu desquels les transmissions devaient s'opérer, le droit du propriétaire serait trop compromis. — Votre commission a tenu grand compte d'une distinction que le projet de loi a peut-être négligée. — *Les aliénations d'immeubles ne seront pas seulement null comme portant sur la chose d'autrui;* elles ne pourront pas servir de fondement à la *prescription* que la croyance à l'existence d'un titre légitime fait abréger, c'est-à-dire à la prescription décennale ou vicennale de l'art. 2265 Cod. civ. — Les aliénations *mobilières ne seront pas protégées par les art. 2279 et 2280 du même Code.* Le donataire et l'acheteur ne pourront pas se prévaloir de ce qu'il ne serait pas juridiquement démontré qu'ils ont connu la provenance de l'objet donné ou acheté, pour repousser d'une manière absolue, par une prescription de trois ans, la revendication du propriétaire, ou pour soumettre cette revendication, quand elle serait faite avant le laps de trois ans, à la condition qu'ils recevraient le prix par eux payé. — L'action en revendication menacera les spoliateurs et leurs représentants pendant une période de trente ans, que les causes d'interruption et de suspension de droit commun pourront prolonger encore. Pourquoi, en effet, garantir des négociations si peu dignes de faveur, et, à vrai dire, si suspectes, des raisons d'alarme qui doivent les décourager? Vainement objecterait-on que le commerce, et spécialement le commerce des objets d'art, souffrira de ces suspicions et des précautions qu'elles entraîneront. L'objection s'adresserait au principe même de la loi, et non pas seulement à l'une de ses dispositions. L'acheteur honnête, qui voudra traiter en sécurité, ne traitera qu'avec des vendeurs dont la moralité ou la solvabilité le rassurera. — Voilà l'économie de la loi pour les sanctions du droit civil. » — La suite du rapport de l'honorable M. Bertauld est consacrée à l'exposition des sanctions énergiques, empruntées, par la loi des 12-19 mai 1871, au droit pénal. Nous n'avons point à nous occuper des diverses dispositions à ce relatives, dans un travail dont l'objet exclusif est d'étudier les conséquences civiles attachées à la vente de la chose d'autrui. Nous passons donc immédiatement à l'examen de la troisième partie de notre sujet.

PARTIE TROISIÈME

QUEL EST LE CARACTÈRE ET QUELS SONT LES EFFETS PRATIQUES DE LA
NULLITÉ QUI S'ATTACHE, AUX TERMES DE L'ART. 1599, A LA VENTE DE
LA CHOSE D'AUTRUI ?

SOMMAIRE.

51. Exposition. — 52. Système de la nullité relative. — 53. Adoption du
système de la nullité radicale et d'ordre public. — 54. Conséquences de l'a-
doption de l'un ou de l'autre système; divergences doctrinales et pratiques.
— 55. Suite. — 56. Suite. — 57. Suite. — 58. Suite. — 59 et 60. Division
adoptée quant aux effets pratiques de la nullité édictée par l'art, 1599, al. 1.
— 61. CHAPITRE PREMIER ; — *première hypothèse :* l'acheteur et le vendeur
étaient tous les deux de bonne foi. — Base de la nullité de la vente de la chose
d'autrui dans ce cas. — 62. Effets pratiques ; division. — 63. *Section première.* — Par quelles personnes peut être invoquée la nullité édictée par l'art.
1599, al. 1 ? — Exposition. — 64 à 66. § 1, Situation du véritable propriétaire. — 67 à 74. § 2, Situation de l'acheteur de bonne foi de la
chose d'autrui. — 75 à 81. § 3, Situation du vendeur de bonne foi de
la chose d'autrui. — 82 à 84. *Section deuxième.* — Par quel délai se prescrit
la nullité édictée par l'art. 1599, al. 1 ? — 85 à 88. *Section troisième.* — La
nullité, dont la vente de la chose d'autrui est affectée, est-elle susceptible
de se couvrir, par application de l'art. 1338, à l'aide de confirmations ou de
ratifications ultérieures ? — 89 à 91. *Section quatrième.* — *Quid*, en cas de
confusion ou de consolidation ? — 92. CHAPITRE DEUXIÈME; — *seconde hypothèse;*
l'acheteur et le vendeur n'ont pas été tous les deux simultanément de bonne
foi, au moment de la vente originaire, portant sur la chose d'autrui : l'un
des deux contractants (tantôt le vendeur, tantôt l'acheteur) connaissait le
vice de la vente. — 93. Exposition des effets
juridiques de la nullité ; division. — 94. *Section première.* — Par quelles
personnes peut être invoquée la nullité? — 95. § 1. Situation du véritable
propriétaire. — 96. § 2. Situation de l'acheteur. — 97. Renvoi en ce qui
concerne l'acheteur de bonne foi. — 98 à 101. Position particulière de

l'acheteur de mauvaise foi. — 105 et 106, § 3. Situation du vendeur, soit de
bonne foi, soit de mauvaise foi. — 107 et 108. *Section deuxième*. — Retour
à la question de savoir par quel délai se prescrit la nullité édictée par l'art.
1599, al. 1. — 109. *Section troisième*. — Renvoi pour la question des confirmations ou ratifications postérieures à la vente de la chose d'autrui. — 110.
Section quatrième. — *Quid*, en cas de consolidation ? — Renvoi. — 111.
CHAPITRE TROISIÈME ; — *troisième hypothèse* : l'acheteur et le vendeur étaient
tous deux de mauvaise foi au moment du contrat ; ils savaient également
que la chose vendue appartenait à un tiers ; et ils connaissaient le vice de la
vente. — Fondement juridique de la nullité dans ce cas. — 112. L'acheteur
de mauvaise foi peut-il stipuler des dommages et intérêts, pour le cas d'é-
viction ? — 113. Distinctions présentées par quelques auteurs ; réfutation,
— 114. Adoption du système qui considère une semblable clause comme
nulle dans tous les cas. — 115. Exposition des effets juridiques de la nullité
qui atteint la vente de la chose d'autrui, au cas où les deux parties étaient
de mauvaise foi au moment de la conclusion du contrat ; division. — 116.
Section première. — Qui peut invoquer la nullité ? Énumération — 117, § 1.
Position du véritable propriétaire ; renvoi. — 118, § 2. Position de l'acheteur ; renvoi. — 119, § 3. Position du vendeur ; renvoi. — 120. Examen de
la question de savoir si le vendeur de mauvaise foi peut, en présence d'un
acheteur également éclairé sur les vices de la vente, stipuler que, par application de l'art. 1629 *in fine*, il ne sera pas tenu de restituer le prix de
vente ; — solution affirmative, mais avec quelques réserves. — 121. *Section
deuxième*. — Renvoi, quant au délai de la prescription de la nullité. — 122.
Section troisième. — Renvoi, quant à la détermination de l'influence des
confirmations ou ratifications postérieures à la vente de la chose d'autrui. —
123. Renvoi, quant aux conséquences des confusions ou consolidations éventuelles. — 124. Observation particulière sur l'application du pouvoir discrétionnaire des tribunaux. — 125. Résumé et conclusion générale des
développements fournis, dans la *partie troisième*, à propos du caractère et
des effets pratiques de la nullité que l'art. 1599, al. 1, attache à toute vente
de la chose d'autrui. — Transition pour passer à la question spéciale des
dommages-intérêts.

51. Nous touchons ici à la partie vraiment délicate et difficile du sujet. Il importe de déterminer, avant tout, quel est
le véritable caractère de la nullité édictée par l'art. 1599.

Or, nous trouvons déjà, au point de départ, les plus regret-
tables divergences dans la doctrine et dans la jurisprudence ;
deux systèmes principaux se trouvent en présence, à propos
de la solution qu'il convient de donner à cette question fondamentale.

52. Le premier système consiste à soutenir que la vente de
la chose d'autrui est frappée par l'art. 1599, d'une *nullité sim-*

plement relative. Les partisans de cette doctrine semblent invoquer surtout deux arguments, l'un de texte, l'autre tiré du but même de la loi :

1° Quant aux textes, l'art. 1599, al. 2, décide que, si la vente de la chose d'autrui est nulle, elle peut néanmoins « donner lieu à des dommages et intérêts lorsque l'acheteur a ignoré que la chose fût à autrui » : or, dit-on, ces dommages et intérêts sont dus par le vendeur à titre de *garantie,* et leur *quantùm* est déterminé par application des art. 1630 à 1634; ces dommages-intérêts sont ceux que la loi attache *à l'inexécution d'une convention* (art. 1146, 1147 et 1148 à 1150); donc la vente de la chose d'autrui ne peut être considérée que comme affectée d'une simple nullité relative. Si, en effet, la convention était radicalement nulle, comment pourrait-on expliquer que le législateur y ait attaché les effets d'une convention valable, mais inexécutée ?

2° Quel est, d'ailleurs, le but de l'art. 1599? — Ce texte n'a point évidemment été édicté dans l'intérêt du véritable propriétaire de la chose vendue; car, quoi qu'il arrive, la vente de la chose d'autrui ne peut apporter aucun préjudice aux droits du propriétaire, qui conserve son action en revendication contre tout possesseur (L. 28 ff. *De contrahenda emptione,* lib. XVIII, tit. I.; art. 544 et 1165 Cod. civ.; aj. art. 1382); — L'art. 1599 n'a pas dû, d'autre part, être promulgué dans l'intérêt du *vendeur ;* car, de deux choses l'une : ou bien il sait qu'il vend la chose d'autrui, et alors, *conscius fraudis,* il ne mérite aucune espèce d'égards ; ou bien il est de bonne foi ; et encore, dans ce cas même, il est au moins en faute de n'avoir pas mieux connu la vraie situation de sa fortune : *jura vigilantibus prosunt.* — Dès lors, il faut décider que l'art. 1599 a dû être édicté exclusivement dans l'intérêt de l'acheteur, lequel est tout à fait digne de la sollicitude du législateur, dans le cas où il est de bonne foi, et qui, même dans l'hypothèse où il est de mauvaise foi, doit bénéficier du principe que nul ne doit s'enrichir aux dépens d'autrui.

53. Nous préférons toutefois nous rallier au second système, et décider que la vente de la chose d'autrui est, en vertu de l'art. 1599, légalement inexistante et frappée d'une nullité radicale, à laquelle l'ordre public n'est point étranger : comp. Caen, 12 février 1840 (Dev. 1840-2-309 et 310). Nous

invoquerons à la fois les travaux préparatoires, les textes du Code, les principes généraux du droit, l'intérêt social et les nécessités pratiques :

1° Il résulte des travaux préparatoires et des différentes observations que nous avons rapportées plus haut, n°s 10 à 17, que la pensée du législateur a été de proclamer une nullité radicale, fondée sur la *nature des choses*, et sur les vues saines de la *morale*. Le projet primitif de l'art. 1599 déclarait même formellement que la vente de la chose d'autrui est *nulle* et n'est *point obligatoire*. Or, toutes les modifications qui ont été ultérieurement apportées au texte originaire, n'ont eu pour but exclusif que d'ajouter, ou de changer certaines mentions accessoires et de détail; mais aucune controverse n'a jamais été soulevée à propos du caractère absolu de la nullité : donc, ce caractère s'impose encore aujourd'hui, dans l'interprétation de l'art. 1599 du Code civil;

2° Les partisans du système contraire nous objectent le *texte* même de l'art. 1599, al. 2, lequel permet à l'acheteur de bonne foi de réclamer des dommages-intérêts au vendeur : or, disent-ils, si la convention devait être considérée comme *à priori* non avenue, comment pourrait-on expliquer que la loi y attache certains des effets d'une convention valable, mais inexécutée? — Nous répondons que l'art. 1599, al. 2, ne suppose pas nécessairement la validité *relative* du contrat de vente portant sur la chose d'autrui : si l'acheteur *de bonne foi* est autorisé à réclamer des dommages-intérêts, c'est uniquement par application de l'art. 1382, aux termes duquel, « Tout fait quelconque de l'homme, qui cause à autrui un dommage (1), oblige celui par la faute duquel il est arrivé, à le réparer. » Celui, au contraire, qui achète *sciemment* la chose d'autrui, ne peut pas avoir droit à des dommages et intérêts, par application de la maxime, *volenti non fit injuria*. Il ne peut que réclamer la restitution du prix qu'il a indûment payé, à l'aide

(1) MM. Aubry et Rau (*Cours de droit civil français*, quatrième édition, t. IV, § 351, texte et note 45), objectent que l'art. 1382, étant *étranger aux fautes contractuelles*, ne peut pas être envisagé comme constituant la base juridique de l'art. 1599, al. 2. — Mais cette objection ne saurait nous arrêter : nous soutenons, en effet, que la vente de la chose d'autrui ne peut pas constituer, aux termes de l'art. 1599, al. 1, un contrat légalement valable. Dès lors, en pareil cas, nous nous trouvons en présence d'un pur fait, tombant, par conséquent, sous le coup des art. 1382 et 1383.

d'une sorte de *condictio causa data, causa non secuta :* comparez l'article 1029. Il ne serait pas admis notamment à obtenir
le remboursement des frais et loyaux-coûts du contrat : Pau,
25 février 1868 (Dev. 1868-2-73). — Dès lors l'art. 1599,
al. 2, ne peut pas être invoqué contre notre théorie;

3° Les principes généraux du droit viennent, du reste, singulièrement à l'appui de notre manière de voir : la vente,
dans notre droit actuel (art. 1582, 1583, 1591 et 1592), suppose nécessairement une chose objet du contrat, un prix, et
une cause au paiement de ce prix, laquelle cause consiste
dans un transport de propriété réalisé au profit de l'acheteur, enfin le consentement réciproque des parties engendrant l'existence de ces différents éléments : or, dans la vente
de la *chose d'autrui,* nous trouvons tout à la fois le défaut
d'objet, le défaut de cause, et l'impossibilité pratique du déplacement actuel et immédiat de la propriété : donc le contrat est vicié dans son essence, et il est atteint d'une nullité
primordiale et radicale;

4° L'intérêt social lui-même exige impérieusement qu'il en
soit ainsi : la vente de la chose d'autrui renferme en soi une
pensée immorale d'usurpation sur les droits du légitime propriétaire, et une sorte de défi, adressé par une convoitise
blâmable à des prérogatives perpétuelles et exclusives : or, si
nous supposions, pour un instant, l'art. 1599 absent de nos
codes, les art. 6, 1131, 1133 et 1172 suffiraient à nous faire
prononcer la nullité radicale et absolue d'une semblable convention, qui constitue un véritable attentat : il est impossible
d'admettre que l'art. 1599, promulgué précisément pour affirmer avec plus d'énergie encore la nullité d'ordre public
découlant de la vente de la chose d'autrui, ait eu précisément
pour résultat pratique d'en amoindrir les effets et d'en atténuer la portée : donc, encore à ce point de vue, il faut considérer comme non avenue et légalement inexistante la vente
de la chose d'autrui;

5° Enfin, nous préoccupant des nécessités pratiques les
mieux constatées, nous ferons remarquer, avec la cour de
Caen (arrêt du 12 février 1840, Dev. 1840-2-309 et 310), que
l'on ne saurait se relâcher de la rigueur du droit à cet égard,
qu'en faisant un retour aux principes de la législation romaine, que les rédacteurs du Code civil ont précisément

voulu proscrire, et en rouvrant une nouvelle carrière à toutes les subtilités scolastiques dont ils ont cherché à débarrasser notre législation moderne.

54. Les divergences que nous venons de signaler, quant au point de départ à admettre et au caractère de la nullité édictée par l'art. 1599, ont abouti dans la pratique à des difficultés inextricables et à des controverses sans nombre, soit sur la question de savoir par quelles *personnes* la nullité peut être invoquée, soit quant au délai de la *prescription*, soit quant aux effets des confirmations ou *ratifications* éventuelles, soit enfin quant aux conséquences de la *réunion sur la même tête de la qualité de vendeur* de la chose d'autrui, et *de véritable propriétaire* de cette chose, par suite d'achat, de donation, de succession, en un mot, en vertu d'un titre, universel ou particulier. Il faut, du reste, reconnaître que les conséquences, ordinairement si carrées et si nettes (1), de l'admission

_____

(1) En droit commun, la distinction des nullités absolues et des nullités relatives est féconde en conséquences pratiques. Il faut, en effet, se bien garder de confondre les contrats simplement annulables, avec les contrats nuls, d'une manière proprement dite, ou inexistants. Il importe, suivant l'observation faite dans les travaux préparatoires, « de ne pas mêler le cas où il n'y a pas de contrat du tout, et celui où il y a un contrat, mais susceptible d'être cassé. » Ainsi, par exemple, une vente a été consentie par une personne absolument incapable de donner une adhésion éclairée à l'acte, parce qu'elle était sous le coup d'une attaque d'apoplexie ; ou encore le contrat porte sur une chose physiquement inexistante, ou bien il repose sur une cause fausse : dans tous ces cas, le jurisconsulte ne dit pas que le contrat est vicié : il dit qu'il n'existe pas du tout, qu'il y a une nullité d'inexistence : ce prétendu contrat n'est qu'un mythe, une vaine apparence sans réalité. Le contrat annulable, au contraire, est celui qui, réellement formé, a une existence, à lui propre, existence, il est vrai, entachée d'un vice, mais d'un vice qui, aux yeux du législateur, n'empêche pas le contrat de valoir, tant que l'annulation n'en a pas été judiciairement prononcée. Dans les deux cas, sans doute, les tribunaux doivent intervenir, à raison du principe que nul ne peut se faire justice à lui-même : mais les deux recours diffèrent, à la fois dans leur but et dans leurs résultats pratiques. S'agit-il d'une nullité d'inexistence, ou de l'une de ces nullités absolues qui engagent l'ordre public ou les bonnes mœurs? Les parties intéressées demandent uniquement à la justice une constatation toute matérielle des faits allégués, et le tribunal n'aura qu'à proclamer, dans son jugement, que le fait indiqué existe, ou n'existe pas, et à déduire les conséquences juridiques nécessaires de l'une ou de l'autre affirmation, sans avoir la faculté d'user d'aucun pouvoir discrétionnaire. S'agit-il d'une simple annulabilité, et d'un vice uniquement relatif ? Les parties sollicitent du tribunal une intervention effective et discrétionnaire ; le tribunal a la mission de briser ou de maintenir, d'annuler ou de valider l'acte dont il s'agit. — Les nullités proprement dites peuvent être invoquées par toute personne intéressée, — en tout temps (comp. art. 2262), — et sans

primordiale du caractère *relatif* ou absolu de la nullité, semblent ne pas se dérouler ici d'une manière normale, parce que parfois le jeu des principes de la vente s'y oppose.

55. Nous disons d'abord qu'il y a controverse, quant à la détermination des *personnes qui ont qualité* pour se prévaloir de la nullité édictée par l'art. 1599.

D'après M. Troplong (*Traité de la vente*, n° 238), la vente de la chose d'autrui ne serait nulle que dans l'intérêt de l'acheteur, qui pourrait seul invoquer la nullité édictée par l'art. 1599. — M. Duvergier (t. Ier, n° 220) reconnaît, lui aussi, que l'action en nullité appartient à l'acheteur; mais, de plus, il l'accorde également au vendeur, dans le cas où il est prouvé que ce dernier était de bonne foi au moment du contrat. — MM. Aubry et Rau (t. IV, § 351, texte n° 3, notes 44 et 48), enseignent que la nullité peut être invoquée, non-seulement par l'acheteur, non-seulement par le vendeur de bonne foi, mais encore par le vendeur de mauvaise foi, jusqu'au moment de la délivrance ; mais le vendeur, soit de bonne, soit de mauvaise foi, ne pourrait pas, au contraire, après avoir effectué la délivrance, demander l'annulation de la vente et la restitution de la chose : comparez M. Marcadé, sur l'article 1599, n° 2. — M. Leligois (Étude sur la vente de la chose d'autrui, n° 6, *Revue critique*, t. XXXV, p. 21), reconnaît le droit d'invoquer l'art. 1599 à l'acheteur, et au vendeur, de bonne ou de mauvaise foi, soit avant, soit même après la délivrance de la chose, à cause du caractère absolu de la nullité qui atteint la vente de la chose d'autrui.

56. Il y a encore controverse à propos de la détermination

qu'aucune ratification ou confirmation puisse venir, dans les termes de l'art. 1338, créer une fin de non-recevoir : on ne ratifie pas le néant. — Les simples annulabilités, au contraire, ne peuvent être proposées, en général du moins, que par certaines personnes limitativement désignées (art. 1125), pendant un certain temps, qui n'excède pas habituellement dix ans (art. 1304), et qui peut même être beaucoup plus court ; — enfin, un contrat, seulement annulable, peut être confirmé ; et le vice qui l'atteint peut être définitivement purgé par des ratifications expresses ou tacites (art. 1338), par la confusion ou la consolidation (art. 1300 et 1301). En tout cas, le contrat annulable, bien qu'entaché d'un certain vice, subsiste et produit tous ses effets civils, tant qu'il n'a pas été cassé par la décision d'un tribunal compétent. Ce sont précisément ces règles générales, dont nous allons avoir à étudier l'extension plus ou moins complète à la matière des ventes portant sur la chose d'autrui.

du *délai* par lequel doit se *prescrire* l'action en nullité autorisée par l'art. 1599. — Cette action dure dix ans seulement, par application de l'art. 1304, d'après M. Troplong (*Vente*, t. Ier, n° 239), et M. Duvergier (t. Ier, n° 221); ajoutez Cass., 23 janvier 1832 (Dev. 1832-1-666 et 667). — MM. Aubry et Rau (t. IV, p. 356 et 357, § 351, texte n° 3, notes 51 et 52) admettent la même solution, mais en faisant observer que la prescription de dix ans, établie par l'art. 1304, ne peut, dans l'espèce, commencer à courir que du jour où le vendeur est devenu propriétaire de la chose, ou du jour auquel le véritable propriétaire aurait ratifié la vente, mais jamais du jour même du contrat. — M. Marcadé, sur l'art. 1599, n° 3, et M. Leligois (*Revue critique*, t. XXXV, p. 22, n° 7), soutiennent, au contraire, que la nullité de la vente de la chose d'autrui ne peut se couvrir que par la prescription extinctive ou libératoire de trente ans, conformément à l'art. 2262. Toutefois, il faut ajouter, avec MM. Aubry et Rau (t. IV, p. 357, § 351, texte et note 53), que la nullité de la vente de la chose d'autrui se couvre également par l'usucapion de dix à vingt ans, accomplie au profit du tiers acquéreur avec juste titre et bonne foi (art. 2265). Mais, dans ce cas, l'ancien propriétaire est toujours autorisé à réclamer du vendeur, une indemnité égale à la valeur de l'immeuble, dont il se trouve dépouillé par son fait ; et ce, avec de plus amples dommages et intérêts, si ce dernier a été de mauvaise foi.

57. Il y a, de même, une controverse fort vive entre les auteurs sur la question de savoir si la nullité de la vente de la chose d'autrui peut être couverte par des confirmations ou ratifications ultérieures, soit expresses, soit tacites, émanant des ayant-droit légitimes, dans les termes de l'art. 1338. M. Troplong (*Vente*, t. Ier, n° 237) enseigne que la vente de la chose d'autrui peut être utilement ratifiée. — M. Duvergier (t. Ier, n° 219) adopte la même opinion et semble de plus aller jusqu'à soutenir que la ratification du véritable propriétaire pourrait valablement intervenir, soit avant toute demande en nullité formée en justice, soit même au cours de l'instance. — Mais cette opinion est vivement combattue par M. Marcadé, sur l'art. 1599, n° 5 *in fine* et n° 6, premier alinéa ; cet éminent jurisconsulte ne considère la ratification comme valable, qu'autant qu'elle se produit *avant* l'introduction en justice de

toute demande en nullité, soit à la requête du vendeur, soit à la requête de l'acheteur. La plupart des arrêts se prononcent dans le même sens : voyez notamment Agen, 13 juin 1866 (Dev. 1866-2-339 et 340 avec la note) ; comparez M. Leligois (*Revue critique*, t. XXXV, p. 17, note 1). — MM. Aubry et Rau (t. IV, p. 355 *in fine*, § 351, texte n° 3, note 49), et M. Leligois (*Rev. crit.*, t. XXXV, p. 22 et 23, n° 8) repoussent toute idée de ratification ; comparez, dans le même sens, les observations de M. Devilleneuve, à propos d'un arrêt de la cour d'Agen du 17 décembre 1851 (Dev. 1852-2-392).

58. Il y a, enfin, des divergences à signaler, dans la doctrine et dans la jurisprudence, quant à la solution à adopter à propos des conséquences pratiques de la *réunion sur la même tête de la qualité de vendeur* de la chose d'autrui, et de *véritable propriétaire* de cette chose, par suite d'achat, de donation, de succession, en un mot en vertu d'un titre, universel ou par-culier. — M. Troplong (*Vente*, t. Ier, n° 236), estime que si, *avant que la nullité* de la vente ait été *demandée*, la propriété vient à se consolider sur la tête du vendeur, soit parce qu'il a acheté la chose, soit parce qu'il en hérite du véritable propriétaire, la vente se trouve validée. — M. Duvergier (t. Ier, n° 219) adopte la même solution, mais en la généralisant. Il n'admet pas qu'il y ait lieu de distinguer entre la consolida-tion qui *précède* et celle même qui ne ferait que *suivre* la for-mation d'une demande en nullité fondée sur l'art. 1599. — Mais cette doctrine est fortement attaquée par M. Marcadé, sur l'art. 1599, n° 5, lequel admet, sans doute, que la vente de la chose d'autrui devient valable (1), du moment que les

(1) La plupart des arrêts se prononcent dans le même sens que M. Marcadé, et consacrent la doctrine suivant laquelle la nullité de la vente de la chose d'autrui doit être considérée comme immédiatement couverte, soit par la ratification du véritable propriétaire, soit par la circonstance que le vendeur serait ultérieurement devenu le légitime maître de la chose vendue, par voie de succession, d'achat, de transaction, ou autrement : Riom, 28 avril 1827 (Dev. 1829-2-79) ; cass., 23 janvier 1832 (Dev. 1832-1-666) ; cass. 23 juillet 1835 (Dev. 1836-1-70) ; Amiens, 13 août 1810 (Dev. 1812-2-429) ; Agen, 17 décembre 1851 (Dev. 1852-2-392) ; cass., 20 février 1855 (Dev. 1855-1-590) ; cass., 11 février 1837 (Dev. 1837-1-890) ; Agen, 13 juin 1866 (Dev. 1866-2-339.) Nous considérons toutefois, pour notre part, comme inexacte en théorie la doctrine d'après laquelle la nullité de la vente de la chose d'autrui se trouverait, indépen-damment de tout consentement de l'acheteur, et même contre sa volonté, couverte, de plein droit, par la ratification du véritable propriétaire, ou par

deux qualités de vendeur et de propriétaire se réunissent sur la même tête, mais avec cette restriction toutefois que l'acheteur resterait libre de faire encore déclarer la nullité, si son action avait précédé cet événement. — Enfin, MM. Aubry et Rau (t. IV, § 351, texte n° 3, note 49, p. 355 et 356) soutiennent que la nullité de la vente de la chose d'autrui n'est jamais couverte par la circonstance que le vendeur serait ultérieurement devenu, comme successeur particulier, ou même comme successeur universel, propriétaire de la chose vendue. Voyez, dans le même sens, M. Devilleneuve (Observations, Dev. 1852, 2-392), et M. Leligois (*Revue critique*, t. XXXV, p. 23, n° 8 *in fine*).

59. Cette exposition nous amène naturellement à l'examen des *effets pratiques* qui s'attachent à la nullité, suivant nous, (voyez *suprà* n° 53), radicale et absolue, prononcée par l'art. 1599 contre toute vente de la chose d'autrui. Nous rencontrerons ici des difficultés considérables et des controverses sérieuses, (voyez *suprà*, n°ˢ 54 à 58), se rapportant surtout aux quatre points que voici :

1° Par quelles personnes peut être invoquée la nullité édictée par l'art. 1599 ?

2° Par quel délai se prescrit cette action en nullité ? Comparez les art. 1304, 2262 et 2265.

3° La nullité de la vente de la chose d'autrui est-elle de nature à se couvrir et à s'éteindre par la ratification ou la confirmation que le véritable propriétaire aurait donnée, ultérieurement, à la vente (art. 1338) ?

4° *Quid* du cas où le vendeur serait ultérieurement devenu, soit comme successeur particulier, soit même comme successeur universel du maître légitime, propriétaire de la chose vendue ? Comparez les art. 1300 et 1301.

60. Pour mettre plus de clarté dans nos développements, et en même temps pour pouvoir envisager, sous toutes ses faces, la pensée du législateur, nous nous placerons successive-

---

la circonstance que le vendeur serait devenu, postérieurement au contrat, légitime maître de la chose vendue. Voyez, pour le développement de cette proposition, *infrà* n°ˢ 85-88 et 89 à 91. Mais l'unanimité de la jurisprudence en sens contraire s'explique aisément par cette considération toute de fait que la demande en nullité formée par un acheteur, qui n'a plus cependant aucune éviction à redouter, se présente habituellement devant les tribunaux sous un jour très-défavorable. Comp. M. Acollas, t. III, p. 267, note 1.

ment, avec l'art. 1599 lui-même, en présence de trois hypothèses distinctes, à propos de chacune desquelles nous cher-
cherons à résoudre les quatre questions posées au numéro
précédent (n° 59), quant aux conséquences de la nullité de la
vente de la chose d'autrui :

A. Nous supposerons d'abord l'acheteur et le vendeur également de bonne foi, et ayant traité dans l'ignorance complète de cette circonstance que la chose vendue appartenait
à un tiers;

B. Nous supposerons ensuite la bonne foi existant seulement chez l'une ou l'autre des parties, la circonstance que la
chose vendue appartenait à autrui étant ignorée de l'un seulement des contractants, tantôt le vendeur, tantôt l'acheteur;
nous aurons alors à signaler quelques particularités quant à
l'application des principes juridiques;

C. Nous supposerons enfin les deux parties de mauvaise
foi, le vendeur et l'acheteur sachant également que la chose,
à propos de laquelle ils traitaient, appartenait, en réalité,
à un tiers. Nous constaterons encore ici l'existence de quelques règles spéciales.

Sans doute, cette division en trois chapitres nous amènera
parfois à tomber dans des redites inévitables ; mais elle nous
permettra d'éviter la confusion des détails, en plaçant en
regard de chaque hypothèse, à la fois les principes qui lui
sont communs avec les autres combinaisons pratiques et les
règles qui lui sont propres et spéciales.

CHAPITRE PREMIER

A. — Première hypothèse. — *L'acheteur et le vendeur étaient
tous deux également de bonne foi ; ils ont traité dans l'ignorance commune de cette circonstance que la chose vendue appartenait à un tiers.*

61. Notre point de départ (voyez *supra* n° 53), c'est la nullité
absolue du contrat : cette nullité repose, dans l'hypothèse
actuellement prévue, sur trois motifs :

1° Il y a *défaut d'objet* et *erreur* commune des parties sur

une situation *substantielle* indispensable à connaître : les deux
parties ont, en effet, ignoré la circonstance que la chose appartenait à un tiers (art. 1110, 1126, 1128 et suiv.) ;

2° Il y a *défaut de cause* pour l'acheteur, lequel n'obtient
pas, en échange de son argent, le transport de propriété sur
lequel il comptait (art. 1131 et 1133);

3° Il y a *impossibilité* pratique et légale d'*exécuter* le contrat
et d'arriver à un déplacement du domaine légitime : voyez,
en effet, les articles 537, 544 et 545 du Code civil, l'art. 717
du Code de procédure civile et les lois 11 et 54, au Digeste
(liv. L, tit. 17, *de Regulis juris*. Comparez art. 2125 et 2182
C. civ.).

Mais on ne peut pas dire que la convention passée entre
les contractants soit, en outre, entachée d'immoralité, à raison d'une pensée illégitime d'usurpation : car nous supposons actuellement le vendeur et l'acheteur également de
bonne foi ; il n'y a donc, dans le concours de leurs volontés,
aucun sous-entendu illicite.

62. Ceci posé, nous arrivons aux *conséquences pratiques* que
cette situation va engendrer, en nous plaçant successivement
aux quatre points de vue différents indiqués *suprà* n° 59.

SECTION PREMIÈRE.

*Par quelles personnes peut être invoquée la nullité édictée par
l'article 1599 ?*

63. Dans toute vente de la chose d'autrui, trois personnes,
atteintes plus ou moins directement dans leurs intérêts, se
trouvent toujours, par la force même des choses, en présence :

1° Le véritable propriétaire, aux droits duquel la vente
consentie jette une sorte de défi;

2° L'acheteur de cette chose appartenant à autrui;

3° Le vendeur de la chose.

§ 1.

Situation du véritable propriétaire.

64. Il est évident que la vente de la chose d'autrui ne doit
pas causer un préjudice quelconque aux droits du légitime

maître de cette chose : arg. des art. 537, 544, 545 et 1165 du Code civil; aj. la loi 28 Dig. *de Contrahenda emptione*, liv. XVIII tit. 1.

De là résultent deux conséquences certaines :

1° Le véritable propriétaire peut invoquer la nullité édicté par l'art. 1599;

2° Il n'a même pas besoin, au fond, de se prévaloir des principes déposés dans l'art. 1599; il peut, en se retranchant derrière l'art. 1165, faire observer que, d'une part, la vente intervenue est pour lui *res inter alios acta*, que, d'autre part, cette vente ne peut pas ébranler son droit de propriété (art. 544), que, dès lors, il a conservé son action en revendication contre tout possesseur de la chose qui lui appartient. Et, en effet, il est certain que, nonobstant la vente de sa chose, le véritable propriétaire (que le fait d'autrui ne saurait atteindre) conserve intacte son action en revendication, jusqu'à l'accomplissement entier des délais de la prescription acquisitive au profit du tiers détenteur : comparez les art. 2262 et 2265. Le véritable propriétaire pouvait toujours revendiquer sa chose *adversus quemcumque possessorem*, même sous l'empire du droit romain qui admettait cependant la validité de la vente de la chose d'autrui. Voyez la loi 28 *in fine* ff. *de Contrahenda emptione*.

65. Nous sommes ainsi naturellement amené à étudier la question de savoir quelle serait la position du véritable propriétaire, vis-à-vis de celui qui a indûment vendu un objet lui appartenant, dans le cas où il ne pourrait plus, soit à raison de la prescription accomplie, soit pour toute autre cause, être réintégré dans sa propriété. La Cour de cassation, par un arrêt du 20 juillet 1852 (Dev. 1852, 1,680 ; D. P. 1852, 1,247 et 248), a décidé avec raison, que le véritable propriétaire pourrait alors obtenir, contre le vendeur de la chose d'autrui, une condamnation à restituer à titre de dommages et intérêts, non-seulement la valeur de cette chose au jour de la vente, mais encore la plus-value par elle acquise au jour de la restitution : ces deux éléments constituent en effet, par leur réunion, la représentation exacte de la chose dont la restitution en nature est devenue impossible, par suite de circonstances extrinsèques. Il est bien entendu, du reste, que le vendeur de la chose d'autrui peut, lui aussi, se trouver exonéré de toute espèce de responsabilité et de toute action récursoire

V.   5

de la part du véritable propriétaire, par l'accomplissement de la prescription trentenaire, dans les termes de l'art. 2262.

66. Nous mentionnerons encore un arrêt de la Cour de cassation du 6 décembre 1854(Dev. 1855, 1,268 à 270; D. P. 1855, 1,19 et 20), lequel décide que l'action, formée par un héritier contre son cohéritier à fin de réintégration des valeurs héréditaires qui lui ont été vendues par un autre héritier, n'est pas une action en rapport, mais une demande en nullité de la vente de la chose d'autrui. Par suite l'héritier demandeur, alors qu'il est tenu à la garantie des faits de son cohéritier vendeur, comme lui ayant succédé, n'est pas recevable dans sa demande en réintégration des choses indûment vendues.

§ 2.

Situation de l'acheteur de bonne foi de la chose d'autrui.

67. La doctrine et la jurisprudence indiquent cinq effets principaux, comme de nature à découler nécessairement de toute vente de la chose d'autrui, au profit de l'acheteur qui a traité dans l'ignorance complète de cette circonstance que la chose à lui vendue appartenait à un tiers.

68. I. L'acheteur de bonne foi puise d'abord, dans l'acte de vente, un juste titre lui permettant de prescrire par dix ou vingt ans, aux termes des art. 2265 et 2266, la propriété de la chose à lui transmise. Par conséquent, comme le fait remarquer M. Troplong (*Vente*, n° 235), l'acheteur de bonne foi peut intenter l'*action Publicienne* contre toute personne qui, pendant le cours de la prescription, se mettrait en possession de la chose sans titre, ou en vertu d'un titre plus mauvais que celui de l'acheteur. Mais, à égalité de titres, le juge devrait se prononcer en faveur du possesseur actuel par application de la maxime : *In pari causâ, melior est causa possidentis*. Comparez MM. Aubry et Rau, t. II, § 218, texte n° 3, note 45.

69. Cette affirmation nous paraît très-contestable, et nous aurions volontiers admis que la vente de la chose d'autrui ne peut pas former un juste titre susceptible de servir de fondement à l'usucapion par dix ou vingt ans, ce qui placerait l'acheteur de la chose d'autrui, malgré sa bonne foi, dans la situation d'un usurpateur, au profit duquel la prescription ne peut s'accomplir que par trente ans aux termes de l'art. 2262.

Cette opinion pourrait être solidement appuyée à la fois sur les textes, sur les principes et sur l'intérêt social :

1° Sur les *textes :* l'art. 2267 n'admet pas que le titre, nul par défaut de forme, puisse servir de base à la prescription de dix ou vingt ans : or le titre, contenant l'expression d'une vente de la chose d'autrui, manque non-seulement des conditions de forme, mais encore et surtout des conditions de fond essentielles à l'existence d'un juste titre : c'est un fantôme, c'est une vaine apparence, c'est un mythe sans réalité : donc, à ce premier point de vue, l'art. 2265, avec la prescription abrégée qu'il consacre, doit être écarté, à moins toutefois, (ce qui nous paraîtrait fort difficile à admettre), que l'on n'en vînt à considérer le *titre* simplement *putatif* comme suffisant pour légitimer l'application de l'usucapion décennale ou vicennale : comparez MM. Aubry et Rau, t. II, §§ 218, p. 380 texte n° 1, notes 19 à 23, et t. IV, §§ 351, texte et notes 51 et 52, p. 356 ;

2° Au point de vue des *principes*, nous avons admis, *suprà* n° 53, que la vente de la chose d'autrui est radicalement nulle, non avenue et inexistante, parce qu'elle manque d'objet et de cause, parce qu'elle est immorale, parce qu'enfin elle est pratiquement inexécutable : or si, en effet, la vente de la chose d'autrui est considérée par la loi comme manquant de plusieurs des éléments essentiels à la formation d'un contrat de vente, il est évidemment impossible d'admettre qu'elle puisse servir de base à la prescription par dix et vingt ans ;

3° Quels seraient d'ailleurs les motifs d'intérêt public ou d'intérêt privé qui militeraient en faveur d'une semblable abréviation des délais ordinaires de l'usucapion? Au point de vue social, la vente de la chose d'autrui est un acte immoral (art. 1599), absolument de même que les pactes sur succession future (art. 701, 1130 et 1600), quoique pour d'autres raisons : au point de vue privé, l'intérêt du véritable propriétaire est certainement plus digne d'être pris en considération, que l'intérêt plus ou moins avouable de tiers qui se sont un jour abouchés pour passer un contrat d'aliénation dont le but, conscient ou inconscient, était d'arriver à une spoliation manifeste et inique. En tout cas et en nous plaçant dans la situation la plus favorable pour ces tiers, c'est-à-dire en supposant leur bonne foi réciproque, ils n'en ont pas moins commis une faute grave, en traitant ainsi légèrement de la transmission d'une chose dont ils n'avaient point le droit de disposer. Sans doute, le véritable propriétaire, lui aussi, est en faute de n'avoir pas mieux surveillé ses affaires et d'avoir laissé, par sa négligence et son abstention, se consommer un acte d'aliénation qui va devenir une source de lésion pour des tiers de bonne foi. Mais, en définitive, en présence de fautes à peu près égales et de même ordre, la préférence devrait, il nous semble, être accordée aux droits du véritable propriétaire : dès lors nous eussions aimé à voir celui-ci placé sous le coup seulement de la prescription trentenaire, par application de l'art. 2262.

Pourtant, nous éprouvons la plus grande hésitation à proposer nettement cette théorie, non pas sans doute parce qu'elle est nouvelle et contraire au sentiment unanime de jurisconsultes éminents qui ont, en leur faveur, la double autorité de la science et de l'expérience (car alors nous rappellerions la parole si connue, *amicus Plato, sed magis amica veritas*), mais parce que son admission aboutirait, en dernière analyse, à effacer entièrement du Code civil l'art. 2265 et à le rendre d'une application pratique impossible. Il faut donc ici, de toute nécessité, ou bien sacrifier les principes posés par l'art. 1599 dans l'une de leurs conséquences, à notre avis, directe, ou bien renoncer à trouver une hypothèse, en matière de vente du moins, susceptible de rentrer dans la sphère d'action des art. 2265 et 2266. Peut-être vaut-il mieux, en effet, en revenir à la doctrine généralement admise, en regrettant une inconséquence plus imputable au législateur lui-même qu'aux commentateurs du Code civil.

70. II. L'acheteur de bonne foi puise, en second lieu, dans les art. 549 et 550 du Code civil, la faculté de faire siens tous les fruits naturels ou industriels perçus, et tous les fruits civils échus ou effectivement recueillis soit par lui-même, soit en son nom, tant qu'il n'a pas connu les vices de son titre ; comparez les art. 583 à 586.

71. III. L'acheteur de bonne foi, évincé de la chose par suite d'une action en revendication dirigée contre lui par le véritable propriétaire, peut, en vertu de l'art. 1599 2° et par une faveur spéciale accordée à son ignorance, en fait, des vices de la vente, réclamer des dommages et intérêts au vendeur de la

chose d'autrui, quand même celui-ci aurait été de bonne foi au moment du contrat ; car l'art. 1599 ne distingue pas entre le vendeur de bonne foi et le vendeur de mauvaise foi : or, *ubi lex non distinguit, nec nos distinguere debemus ;* donc, etc. Comparez MM. Aubry et Rau, t. IV, § 351, texte et note 15, pag. 351.

Quant aux règles relatives à la manière dont ces dommages et intérêts sont arbitrés, nous verrons bientôt (dans la quatrième partie de notre travail), que la responsabilité du vendeur est plus ou moins étroite, sous le contrôle et l'appréciation discrétionnaire des tribunaux, suivant qu'il a été de bonne foi ou de mauvaise foi à l'époque du contrat de vente : la raison, du reste, et le bon sens indiquaient suffisamment que la question de bonne ou de mauvaise foi chez le vendeur, indifférente au point de vue du principe même de l'indemnité, doit retrouver tout son empire et entraîner des distinctions pratiques importantes quant à la détermination de la *quotité* de cette indemnité.

Les dommages et intérêts sont habituellement basés, d'une part sur le préjudice effectif que l'éviction cause à l'acheteur de bonne foi (*damnum emergens*), d'autre part sur l'intérêt que cet acheteur aurait eu à conserver la chose (*lucrum cessans*) : comparez, au reste, les art. 1149, 1150 et 1151. Quant à la restitution du prix principal de la vente, elle rentre plutôt sous l'application des principes du paiement fait sans cause : elle découle de l'exercice d'une sorte de *condictio causa data, causa non secuta,* et elle ne nous paraît pas se rattacher, même indirectement, à la théorie des dommages et intérêts. Il en est autrement du remboursement des frais et loyaux-coûts du contrat : ce chef de réclamation, de la part de l'acheteur, se réfère de la manière la plus manifeste à la théorie des dommages et intérêts et à l'appréciation discrétionnaire de l'indemnité due, sur un taux plus ou moins élevé, suivant les circonstances de chaque cause ; aussi, nous ne pouvons qu'approuver un arrêt de la cour de Pau, du 26 février 1868 (Dev. 1868, 2, 73 et 74), lequel décide avec raison que celui qui achète sciemment la chose d'autrui, ne peut pas avoir droit à des dommages et intérêts, et, par suite, ne doit pas être admis notamment à réclamer le remboursement des frais et loyaux-coûts de son contrat.

72. Mais nous devons protester par anticipation (voyez de

plus *infrà* la partie quatrième de notre travail), contre la
théorie qui consiste à indiquer, comme fondement de l'art.
1599 al. 2, l'idée d'une garantie qui serait due par le vendeur
de la chose d'autrui à l'acheteur de bonne foi victime d'une
éviction ultérieure. Notre éminent collègue de la faculté de
droit de Bruxelles, M. Arntz (cours de *Droit civil français*, t. II,
n° 951, pag. 402), s'exprime notamment de la manière suivante : « Si, par suite d'une action revendicatoire du propriétaire, l'acheteur est évincé de la chose, il a le *recours en garantie*
contre le vendeur, qui doit lui payer les dommages et intérêts déterminés par les articles 1630 à 1634. Ces dommages et
intérêts sont ceux que la loi attache à l'*inexécution d'une convention* » (articles 1146, 1147, 1148, 1150). MM. Aubry et Rau,
t. IV, pag., 354, § 351, texte n° 3, note 45, *semblent* adopter un
point de vue analogue ; car les éminents magistrats insistent
sur cette idée que l'art. 1382 ne peut pas être invoqué ici,
« parce qu'il est étranger aux fautes contractuelles. »

Nous pensons au contraire que les dommages et intérêts,
dus à l'acheteur de bonne foi évincé par le véritable propriétaire trouvent leur fondement dans l'obligation générale imposée à tout homme par les art. 1382 et 1383, de réparer le
préjudice causé par son fait ou par sa faute. Nous ne saurions
ici être arrêté par l'objection de MM. Aubry et Rau consistant
à soutenir que l'art. 1382, étant étranger aux fautes contractuelles, ne peut pas être envisagé comme constituant la base
juridique de l'art. 1599 al. 2 ; car précisément nous avons
essayé d'établir, *suprà* n° 53, que la vente de la chose d'autrui ne peut pas, aux termes de l'art. 1599 al. 1er, former l'objet d'un contrat légalement valable. Dès lors, en pareil cas,
nous nous trouvons en présence d'un pur fait, dépouillé de
toute espèce de caractère contractuel, et susceptible, par conséquent, de rentrer dans la sphère d'application des art. 1382
et 1383. Pourquoi, d'ailleurs, si le fondement véritable de
l'art. 1599 al. 2 se rencontrait dans l'idée de garantie, cette
distinction que fait le texte entre l'acheteur de bonne foi et
celui qui a acquis sciemment la chose d'autrui, le premier
ayant seul le droit de réclamer des dommages et intérêts?
Est-ce que les principes de la garantie (art. 1626 et suiv.) imposaient une distinction théorique de ce genre? Il ne nous paraît pas qu'il en soit ainsi. Au contraire, avec notre doctrine,

la distinction légale s'explique parfaitement : car l'acheteur de mauvaise foi, qui a acquis sciemment la chose d'autrui, n'a point subi de préjudice, puisqu'il était éclairé sur la vraie situation et qu'il a dû abaisser, en conséquence, le prix de vente : *volenti non fit injuria*. Il a, de son plein gré, couru certains risques : la vente a été, jusqu'à un certain point, aléatoire (1) (art. 1104 al. 2). Nous ajouterons que l'acheteur de mauvaise foi de la chose d'autrui ne mérite aucune espèce d'intérêt ; aussi ne fera-t-il pas même les fruits siens, les art. 549 et 550 lui refusant ce droit ; aussi ne pourra-t-il pas invoquer l'art. 2265. Il peut seulement demander la nullité (2) de la vente, puisque l'art. 1599 al. 1er est général et ne distingue pas : le Code civil ne tient compte de la question de bonne ou de mauvaise foi chez l'acheteur qu'au point de vue de la réclamation des dommages et intérêts (art. 1599 al. 2).

73. IV. L'acheteur de bonne foi de la chose d'autrui peut, dans le cas où il n'aurait pas encore payé son prix, repousser l'action en paiement dirigée contre lui par le vendeur, au moyen de l'*exception* (3) de nullité de la vente. Bien entendu, il faut pour cela qu'il soit dès à présent bien établi que la chose vendue appartenait en réalité à autrui. Un simple trouble ou la crainte d'un trouble apporté à sa possession autoriserait seulement l'acheteur à *suspendre* le paiement de son prix ou à demander caution, par application de l'art. 1653. Comparez MM. Aubry et Rau, t. IV, pag. 354, texte n° 3, note 44.

74. V. L'acheteur de bonne foi peut aussi, quoiqu'il ait été mis en possession et qu'il n'ait encore éprouvé aucun trouble, demander, par voie d'*action principale* (4), l'annulation de la

---

(1) C'est même sans doute ce caractère *aléatoire* que mettraient en avant les partisans de l'idée de garantie, pour expliquer la restriction de l'art. 1599, al. 2. Mais cette conclusion nous paraît un peu forcée et en tout cas sa base pourrait bien s'évanouir, en présence d'un grand nombre d'hypothèses pratiques. Comparez, d'ailleurs, l'art. 1629.

(2) L'acheteur, soit de bonne foi, soit même de mauvaise foi, peut aussi demander la simple restitution du prix de vente, en vertu de la *condictio causa data, causa non secuta*, et parce qu'il est désormais démontré que son paiement a été effectué sans cause.

(3) L'exception de nullité de la vente de la chose d'autrui peut être également invoquée par l'acheteur, même de mauvaise foi. Voyez, pour le développement de cette proposition, *infrà*, n° 104.

(4) L'action principale en nullité de la vente de la chose d'autrui peut être

vente et la restitution du prix avec ses accessoires; et cela, quand même le vendeur aurait été de bonne foi. Il existe, sous ce rapport, une différence pratique fort importante entre le droit français actuel et le droit romain : car, sous l'empire de la législation romaine et d'après la loi 30, § 1er, Dig. (liv. XIX, tit. I.), *De actionibus empti et venditi*, l'acheteur, mis en possession, ne pouvait recourir contre son vendeur, par voie d'action principale, pour obtenir l'annulation du contrat et la restitution du prix, que dans le cas où ce vendeur avait *sciemment* vendu la chose d'autrui, à lui acquéreur d'ailleurs de bonne foi et ignorant les vices de la chose transmise. Comparez MM. Aubry et Rau, t. IV, pag. 355, §§ 351, texte n° 3, note 47; — voyez aussi *supra*, n° 8.

§ 3.

Situation du vendeur *de bonne foi* de la chose d'autrui.

75. Deux questions doivent être ici résolues :

1° Le vendeur de bonne foi peut-il faire valoir en justice, par application de l'art. 1599 al. 1er, la nullité de la vente de la chose d'autrui par lui consentie, soit par voie d'exception pour se soustraire à l'obligation de délivrer la chose, soit par voie d'action principale pour demander, après la délivrance une fois effectuée, l'annulation de la vente et la restitution de la chose ?

2° Le vendeur de bonne foi de la chose d'autrui peut-il être condamné à des dommages et intérêts, par application de l'art. 1599 al. 2, envers l'acheteur évincé ?

76. La première de ces questions est vivement controversée et a donné lieu à trois systèmes principaux : voyez *supra*, n° 55.

77. D'après M. Troplong (1) (Traité de la *Vente*, n° 238), la vente de la chose d'autrui ne serait nulle que dans l'intérêt de l'acheteur, et le vendeur, même de bonne foi, ne serait

---

également intentée par l'acheteur de mauvaise foi, sauf aux tribunaux à examiner, en fait, s'il n'y a pas eu entre les parties un contrat innomé et aléatoire valable, ayant pour objet une transmission éventuelle de la chose d'autrui, avec l'agrément ultérieur du véritable propriétaire.

(1) Comparez M. Mourlon, 7, *Répétitions écrites*, t. III, pag. 219, n°s 523 et 524.

jamais recevable à invoquer la nullité édictée par l'art. 1599,
ni par voie d'exception avant la délivrance, ni surtout par
voie d'action principale après la délivrance une fois effectuée : « par la nature même du contrat de vente, dit M. Troplong, le vendeur doit faire tous ses efforts pour procurer
la cessation du trouble ou de la cause de l'éviction. Il ne
saurait aller contre son propre fait, et le critiquer, pour in-
quiéter celui qu'il doit garantir. C'est donc plutôt contre
lui que dans son intérêt que l'art. 1599 dispose. Supposons
que l'acheteur évincé par le tiers revienne en garantie contre le vendeur; celui-ci pourra donc, en pressant les arguments qui sortent du système de la Cour de cassation (1),
opposer que la vente est nulle, qu'il n'y a rien de fait, et
qu'il n'y a par conséquent pas d'action *ex empto* à exercer
contre lui ! ! ! Mais que deviendra alors la disposition finale
de notre art. 1599 et l'art. 1630 du Code civil? » Comparez,
dans le même sens, M. Larombière (t. I, art. 1138, n° 28) et
M. Merlin (*Quest.*, v° *Hypothèques*, § 4 *bis*, n° 6).

78. M. Duvergier (t. I, n° 220) accorde l'exercice de l'action en nullité, dans les termes de l'art. 1599, non-seulement
à l'acheteur, mais encore au vendeur, soit avant, soit après
la délivrance effectuée, pourvu qu'il soit prouvé que ce vendeur était de bonne foi au moment du contrat et qu'il ignorait le vice de la vente. Ce système peut être appuyé sur les
principes généraux du droit :

1° *Avant* la délivrance, le vendeur, qui a commis *involon-
tairement* la faute de promettre à un acheteur de lui transmettre la chose d'autrui, peut très-légitimement, une fois
éclairé sur la vraie situation, demander à ne point être forcé
de réaliser une transmission désormais démontrée illégale
et immorale à ses yeux; comp. art. 6, 1172, 1126 à 1133
C. civ. ;

2° *Après* la délivrance, le vendeur qui ignorait, au moment
du contrat, le vice de la vente, doit être admis à réparer la
faute qu'il a commise à son insu en opérant une livraison
qu'il n'avait pas qualité pour faire : or, la réparation la plus
adéquate de cette faute consiste évidemment à lui permettre

(1) M. Troplong critique un arrêt de la Cour de cassation du 23 janvier 1832 (D. P. 1832, 2, 377).

de demander l'annulation de la vente et la restitution de la chose par l'acheteur qui détient indûment, au moins au respect du véritable propriétaire : donc, etc...

79. Un troisième système soutenu par MM. Aubry et Rau (t. IV, § 351, texte n° 3, notes 44 et 48, pag. 354 et 355), et par M. Marcadé, sur l'art. 1599, n° 2 *in fine*, consiste à admettre que la nullité peut être invoquée, non-seulement par l'acheteur, non-seulement par le vendeur de bonne foi, mais encore par le vendeur de mauvaise foi, *jusqu'au moment de la délivrance;* mais le vendeur, soit de bonne, soit de mauvaise foi, ne pourrait plus, au contraire, *après avoir effectué la délivrance,* demander l'annulation de la vente et la restitution de la chose. En résumé, la nullité édictée par l'art. 1599 peut être proposée, suivant MM. Aubry et Rau, sous *forme d'exception,* par le vendeur actionné en délivrance, mais jamais sous forme d'*action principale,* à l'effet d'obtenir la restitution de la chose, une fois la livraison faite. Ces principes seraient du reste communs, suivant les éminents magistrats, au vendeur de bonne foi et au vendeur de mauvaise foi : six arguments principaux peuvent être présentés à l'appui de cette théorie fort accréditée :

1° Sans doute, *tant que le vendeur n'a pas encore opéré la délivrance,* il doit être admis à demander la nullité du contrat qu'il a consenti, soit dans l'ignorance des vices de la vente, soit même de mauvaise foi : car, d'une part, l'obligation de l'acheteur est frappée de nullité par l'art. 1599 al. 1er, puisqu'elle est sans cause (art. 1131 et 1133), à raison de l'impossibilité où il se trouve d'obtenir un transport effectif de la propriété : or, la vente est un contrat synallagmatique (art. 1102 et 1582) : donc l'obligation du vendeur doit être, du même coup, considérée comme non avenue. D'autre part, le vendeur doit toujours être admis à suivre les inspirations morales de sa conscience et à s'incliner devant les préceptes de la loi : or, il demande, en définitive, dans l'espèce proposée, à ne point être contraint, par une action en délivrance, d'ajouter à l'immoralité du consentement par lui donné à tort à la vente de la chose d'autrui, l'immoralité plus manifeste encore de son exécution; donc, etc...;

2° La situation est bien différente, *lorsque le vendeur a effectué la délivrance;* tout est désormais consommé; la vente est exécutée; l'immoralité et l'illégalité sont passées dans le domaine des faits accomplis, et l'acheteur a, en définitive, sur le vendeur, l'avantage de la possession actuelle; c'est le cas d'appliquer la maxime : *in pari* (aut turpi) *causa, melior est causa possidentis;* comp. art. 1967;

3° Le vendeur, quel qu'il soit, doit s'abstenir de tout acte de trouble; car, aux termes de l'art. 1628, il doit, dans tout contrat de vente, à son acheteur, la garantie de ses *faits personnels,* si bien qu'il serait soumis à un recours en garantie, de la part de l'acheteur dépossédé à la suite de la revendication d'un tiers : or, suivant un vieil adage, « Qui doit garantir ne peut évincer : » *Quem de evictione tenet actio, eumdem agentem repellit exceptio ;* donc le vendeur ne peut pas être admis, après la délivrance même de la chose d'autrui, par lui cependant indûment aliénée, soit à troubler, soit à évincer son acheteur;

4° Le vendeur, d'ailleurs, n'a pas qualité pour demander la restitution de la chose d'autrui qu'il a livrée à son acheteur : comme vendeur, il sera repoussé, à bon droit, nous venons de le voir, par l'exception de garantie. Il n'est pas, d'autre part, propriétaire de la chose; donc il ne peut pas la revendiquer : dès lors, l'action en restitution ne peut émaner que du légitime maître de la chose indûment aliénée, mais jamais du vendeur de cette chose, lequel demeure lié par son contrat et n'a aucune qualité pour triompher dans une action réelle en revendication, faute de pouvoir fournir la démonstration victorieuse de ses droits;

5° M. Leligois (*Revue critique,* t. XXXV, page 21, n° 6 *in fine*) présente un cinquième argument, emprunté au cours de M. Oudot : Le vendeur, dit-il, doit toujours la délivrance à l'acheteur de bonne foi, et partant, la garantie, laquelle n'est, au fond, que la délivrance continuée; car il a commis, sinon un dol, au moins une faute grave, qui le rend passible de dommages et intérêts, d'après les termes formels de l'art. 1599 al. 2; il devait en effet connaître mieux l'étendue de ses droits et ne pas faire à l'acheteur de bonne foi une promesse qu'il n'était pas en état de tenir; pourquoi, dès lors, le juge n'aurait-il pas le pouvoir d'ordonner, à titre de mesure satisfactoire et de réparation *adéquate* au préjudice causé, la mise en possession, ou au moins la maintenue de l'acheteur de bonne foi dans la possession telle qu'elle lui a déjà été transmise?

6° Enfin, MM. Aubry et Rau (t. IV, § 351, texte n° 3, note 48, page 355) font observer que si l'on admet le vendeur à invoquer la nullité de l'art. 1599, *même après la délivrance une fois effectuée*, l'on aboutira à cette singulière conséquence, que l'héritier pur et simple, propriétaire d'un immeuble aliéné par son auteur, pourrait, en demandant, du chef de ce dernier, la nullité de la vente, évincer l'acheteur.

80. Nous pensons, au contraire, malgré la force apparente de ces arguments, que le vendeur de bonne foi (1) peut invoquer la nullité édictée par l'art. 1599, tout aussi bien que l'acheteur (2), soit sous forme d'exception pour se dispenser d'opérer la délivrance, soit même par voie d'action principale, une fois la livraison faite, pour obtenir l'annulation de la vente et la restitution de la chose; en un mot, la demande en nullité est recevable de sa part, partout et toujours, tant que la prescription (3) n'est pas accomplie : cette solution nous paraît seule conforme aux textes et aux principes :

1° L'art. 1599 proclame d'une manière absolue le principe que « *la vente de la chose d'autrui est nulle* » : en affirmant ainsi la nullité radicale et l'inexistence primordiale de toute vente portant sur la chose d'autrui, ce texte n'établit, quant au droit de faire valoir cette nullité, aucune distinction entre l'acheteur et le vendeur, entre le cas où les parties ont été de bonne foi et le cas où l'une d'elles ou bien toutes les deux ont été de mauvaise foi, non plus qu'entre l'hypothèse où la délivrance n'a pas encore été effectuée et celle au contraire dans laquelle la délivrance est déjà un fait accompli : or, *ubi lex non distinguit, nec nos distinguere debemus ;* donc le vendeur et l'acheteur peuvent également et toujours proposer, soit par voie d'exception, soit par voie d'action principale, la nullité de l'aliénation portant sur la chose d'autrui, jusqu'au moment où la

(1) Nous admettrons la même doctrine en ce qui concerne le vendeur de mauvaise foi : voyez *infrà*, n°s 105 et 106.

(2) L'acheteur de bonne foi (voyez *suprà*, n°s 73 et 74), et même de mauvaise foi (voyez *infrà*, n° 103), est recevable à se prévaloir de la nullité édictée par l'art. 1599 al. 1. Comp. MM. Aubry et Rau, t. IV, § 351, texte n° 3, notes 44 à 47.

(3) Voyez, pour le délai de cette prescription, *infrà*, n° 83. — Comp. art. 1304 et 2262.

révolution du laps de temps requis par la loi sera venu couvrir le vice primordial du voile de la prescription ;

2° On objecte, en se plaçant au moment où la délivrance est consommée, la maxime, *in pari causa melior est causa possidentis*, ou encore l'adage, *nemo auditur propriam turpitudinem allegans*. — Nous répondrons que si le vendeur a déjà commis deux fautes graves, la première en consentant la vente, la seconde en opérant la délivrance de la chose d'autrui, nous ne voyons pas pourquoi il serait judiciairement contraint d'en commettre une troisième, en maintenant une possession illégalement établie, alors que son devoir est, au contraire, d'obtenir l'annulation de la vente, pour restituer ensuite la chose au véritable propriétaire. La situation deviendrait surtout criante, si nous nous plaçons dans l'hypothèse d'un vendeur de bonne foi, en présence d'un acheteur qui aurait abusé de sa confiance, en le provoquant sciemment à la vente de la chose d'autrui;

3° MM. Aubry et Rau et Marcadé, qui permettent à tout vendeur de refuser la délivrance, mais qui, par une contradiction singulière, décident ensuite que le vendeur ne peut plus, après avoir effectué la délivrance, demander l'annulation de la vente et la restitution de la chose, se fondent, pour justifier cette distinction, sur l'art. 1628 du Code civil et sur la maxime, « *quem de evictione tenet actio, eumdem agentem repellit exceptio*. » — Mais nous ferons observer que l'obligation de garantie, n'étant que la délivrance continuée et affermie, ne peut pas exister, là où l'obligation de délivrance fait absolument défaut : or, telle est bien la situation, en présence de l'art. 1599, lequel frappe de nullité la vente de la chose d'autrui; et ce principe, du reste, est admis par la majorité des auteurs comme constant : voyez *suprà*, n° 55 : donc l'objection présentée repose sur une véritable pétition de principes;

4° Mais, ajoute-t-on, le vendeur, une fois la délivrance effectuée, n'a pas qualité pour demander la restitution de la chose, puisqu'il n'en est point propriétaire. — Sans doute, puisqu'il s'agit d'une vente portant sur la chose d'autrui, le vendeur ne pourra pas invoquer la qualité de propriétaire : mais cet argument ne constitue pas une fin de non-recevoir absolue : est-ce qu'en effet le vendeur ne pourrait pas agir comme mandataire conventionnel ou légal du véritable pro-

priétaire? Comparez les art. 1984 et suivants. Ne pourrait-il
pas même agir toujours comme *negotiorum gestor*, dans les
termes des art. 1372 et 1375, dans le but d'améliorer la position du légitime maître de la chose indûment vendue, en ame-
nant la restitution de cette chose? Ne peut-on pas supposer
enfin que le vendeur de la chose d'autrui est venu, postérieurement au contrat par lui mal à propos consenti, succéder au
véritable propriétaire, soit à titre onéreux, soit à titre gratuit,
soit à titre particulier, soit à titre universel? voyez *infrà*, n° 89.
Que l'on ne vienne donc pas présenter le vendeur de la chose
d'autrui, comme manquant de qualité pour en obtenir la
restitution, une fois la livraison faite, puisqu'au contraire,
dans la plupart des cas, il nous apparaît comme ayant qualité au premier chef;

5° L'on met encore en avant l'obligation à laquelle le vendeur est soumis, en vertu des art. 1382 et 1383, de réparer le
dommage qu'il a causé à l'acheteur, en lui vendant et livrant
la chose d'autrui, dont cet acheteur peut, à chaque instant,
être évincé par l'action en revendication du véritable propriétaire : or, dit-on, la réparation la plus adéquate du préjudice ainsi occasionné se rencontre dans la maintenue de l'a-
cheteur, dans sa possession telle quelle, à titre satisfactoire :
donc, le vendeur, ajoute-t-on, ne peut pas demander, après
la délivrance effectuée, la restitution de la chose, bien qu'il
s'agisse de la chose d'autrui. — Cette objection nouvelle,
fort ingénieuse assurément, ne saurait pourtant nous arrêter longtemps. — Trois réponses, en effet, peuvent être
faites ici : 1° il résulte des travaux préparatoires (voyez
suprà, n°⁵ 9 à 17 et surtout n° 18), que les rédacteurs du
Code civil ont entendu prohiber la vente de la chose d'autrui, non-seulement comme nulle faute d'objet et faute de
cause, mais encore comme immorale au point de vue social, comme pratiquement inexécutable, comme contraire
enfin à la nature même des choses : or, si tel est, en effet,
le point de départ adopté par le législateur, la nullité radicale qu'il édicte dans l'art. 1599 doit être absolue et indépendante du fait extérieur de la délivrance ou de la non-
délivrance de la chose d'autrui, objet de la vente. Donc, etc...;
2° d'après les principes généraux du droit, les dommages et
intérêts se règlent habituellement en argent, parce que,

comme le fait très-bien remarquer M. Leligois (*Revue criti-que*, t. XXXV, p. 22, n° 6 *in fine*), l'argent seul peut servir de commune mesure et remplacer exactement la chose promise, quelle que soit la nature de cette chose : telle était la solution adoptée notamment par Domat, *Lois civiles*, liv. III, tit. V, section II, § 16; or, cette règle, conforme d'ailleurs au bon sens et à la raison, ne paraît avoir été abrogée, ni par le Code civil (art. 1146 et suiv.), ni par le Code de procédure civile (art. 126, 128, 524 et autres *passim*); — 3° la réparation ne peut encore être que pécuniaire, si nous nous plaçons au point de vue des véritables intérêts, soit de l'acheteur, soit du vendeur lui-même : n'oublions pas, en effet, que le pré-judice causé consiste dans ce fait que l'aliénation a porté sur une chose appartenant à autrui, que l'un n'avait pas qualité pour vendre, l'autre pour acquérir : or, étant donnée une semblable hypothèse, est-ce que l'acheteur pourrait consi-dérer comme suffisamment satisfactoire, le maintien judi-ciaire, au respect du vendeur, et à titre de dommages-inté-rêts, d'une possession incertaine et précaire, que le véritable propriétaire pourra, à son gré, faire cesser demain ou plus tard, ayant devant lui dix ans, vingt ans, trente ans peut-être, pour rétablir, dans leur légitimité première, ses droits mo-mentanément mais illégalement ébranlés? Comparez les ar-ticles 2265 et 2262. Si maintenant nous nous préoccupons de la situation du vendeur, nous verrons que l'obligation de maintenir la délivrance de la chose d'autrui une fois effec-tuée entre les mains de l'acheteur, et cela, en vertu d'une décision de la justice, à titre de dommages-intérêts, peut de-venir, pour ce vendeur, la source indirecte d'un préjudice supérieur au dommage qu'il s'agissait de réparer. Il suffit, pour toucher ce résultat du doigt, de supposer qu'en fait, le véritable propriétaire ne puisse plus, à raison de l'accomplis-sement de la prescription décennale ou vicennale (art. 2265 à 2269), se faire réintégrer dans la propriété de son bien : il a encore dix ans (art. 2262), plus peut-être, si la *possession* de l'acheteur n'a pas commencé immédiatement après l'alié-nation, pour recourir contre le vendeur de la chose d'autrui : or, son action peut aboutir à faire condamner ce vendeur, non-seulement à la restitution de la valeur de la chose au jour de la vente, mais encore (art. 1633, par analogie), à des compensations proportionnelles à la plus-value acquise par cette chose au jour de la restitution : voyez Cass., 20 juillet 1852 (Dev. 1852, I, 689 à 693). De plus, le vendeur va être responsable, vis-à-vis du véritable propriétaire, des dégradations commises par l'acheteur, dans le cas de restitution en nature, et il va supporter, en dernière analyse, les conséquences de l'insolvabilité ou des fautes de cet acheteur (arg. des art. 1382 et 1383). Donc, à quelque point de vue que l'on se place, la réparation, due par le vendeur à l'acheteur de bonne foi, aux termes de l'art. 1599 al. 2, ne peut consister que dans une indemnité pécuniaire;

6° Enfin, MM. Aubry et Rau nous objectent que, dans notre opinion, nous aboutissons nécessairement à cette conséquence inadmissible, « que l'héritier pur et simple, propriétaire d'un immeuble aliéné par son auteur, pourrait, en demandant, du chef de ce dernier, la nullité de la vente, évincer l'acheteur. » — Nous cherchons en vain comment cette objection pourrait ébranler le système que nous soutenons, en présence des développements qui précèdent : MM. Aubry et Rau (t. IV, § 351, texte n° 3, note 48 *in fine*, p. 355) prévoient, si nous ne nous trompons, l'hypothèse suivante : *Primus* a vendu à *Secundus* l'immeuble A, qui, en réalité, appartenait à *Tertius;* il y a donc eu vente de la chose d'autrui : plus tard, *Primus*, le vendeur, vient à mourir, et *Tertius*, son héritier direct, accepte purement et simplement sa succession : si vous admettez, disent MM. Aubry et Rau, que, nonobstant la délivrance effectuée et consommée, tout vendeur de la chose d'autrui peut, jusqu'à l'accomplissement de la prescription, demander en justice l'annulation de la vente et la restitution de la chose, vous allez être obligé d'admettre, dans l'espèce supposée, *Tertius*, l'héritier pur et simple de *Primus* le vendeur, à évincer *Secundus* l'acheteur. Tel paraît bien être le sens de l'objection proposée par MM. Aubry et Rau, qui admettent sans doute cette idée que l'héritier pur et simple du vendeur de la chose d'autrui, obligé (art. 724, 870, 871 et suivants) de respecter et d'exécuter toutes les obligations de son auteur, ne devrait pas pouvoir évincer un acheteur qui tient ses droits de celui-ci. Mais nous répondrons qu'il s'agit précisément de savoir si le vendeur lui-même était obligé de respecter la vente qu'il avait indûment

99. I. L'acheteur de *mauvaise foi* ne peut pas invoquer l'art. 2265 et la prescription abrégée par dix ou vingt ans. Comparez *suprà*, n°ˢ 68 et 69. Il ne presc.ira que par trente ans, comme l'usurpateur, aux termes de l'art. 2262.

100. II. Il ne fait pas les fruits siens, parce qu'il ne réuni pas les conditions exigées par les art. 549 et 550 du Code civil. Comparez *suprà*, n° 70.

101. III. Il ne peut pas réclamer des dommages et intérêts (1) : arg. de l'art. 1599 al. 2, *à contrario*. La cour de Pau, par un arrêt du 25 février 1868 (Dev., 1868-2-73), a décidé avec raison que celui qui achète *sciemment* la chose d'autrui, ne peut pas avoir droit à des dommages et intérêts, et ne serait pas admis notamment à réclamer la restitution des frais et loyaux coûts du contrat. Comparez *suprà*, n°ˢ 71 et 72.

102. IV. Toutefois l'acheteur de *mauvaise foi* pourrait, comme l'acheteur de bonne foi (comparez *suprà*, n° 73), repousser l'action en paiement dirigée contre lui par le vendeur, celui-ci ne pouvant fonder aucun droit sur un acte nul et légalement inexistant (art. 1599 al. 1).

103. V. L'acheteur peut encore, nonobstant sa mauvaise foi, invoquer lui-même la nullité de la vente et demander la restitution du prix, s'il l'avait déjà payé : le vendeur ne pourrait pas lui opposer sa connaissance, en fait, des vices de la vente : arg. de l'art. 1629. Comparez *suprà*, n°74.

104. On a demandé toutefois si le vendeur ne pourrait pas se soustraire, par une convention formelle, à la nécessité de restituer ultérieurement le *prix* de vente à l'acheteur de mauvaise foi de la chose d'autrui. Nous pensons qu'il le pourrait effectivement : mais il faudrait la réunion des conditions suivantes :

1° Une stipulation formelle de non-garantie;

2° La connaissance bien prouvée, par l'acheteur, du danger de l'éviction;

3° Que l'acquéreur ait du moins déclaré acheter à ses risques et périls. L'art. 1629 nous paraît formel en ce sens :

---

(1) Que décider cependant, si l'acheteur avait formellement stipulé la garantie et des dommages-intérêts, en cas d'éviction? Comparez, Caen 12 février 1810 (Dev., 1810-2-309 et 310). Voyez aussi *infrà*, n°ˢ 112 à 114.

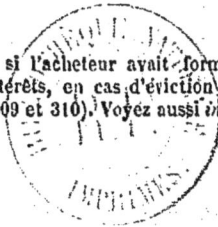

dans l'hypothèse d'une « stipulation de *non-garantie*, dit ce texte, le vendeur, en cas d'éviction, est tenu à la restitution du prix, à moins que l'acquéreur n'ait *connu*, lors de la vente, le danger de l'*éviction*, ou qu'il n'ait acheté à ses *périls et risques*. »

§ 3.

Situation du vendeur.

105. Par application des principes développés plus haut, nos 75 à 80, nous déciderons que le vendeur, soit de bonne foi, soit même de *mauvaise foi*, peut, tant *après* la délivrance effectuée qu'*avant* la livraison de la chose, faire valoir la nullité édictée par l'art. 1599 al. 1, soit sous forme d'exception, soit aussi sous forme d'action principale. Nous nous fondons toujours sur cette idée que la vente primitive est légalement inexistante, et que, dès lors, la nullité peut être invoquée, partout et toujours, par toute personne intéressée, tant que les délais de la prescription ne sont pas révolus.

106. Quant à la question des dommages et intérêts, dus à l'acheteur évincé, lorsque celui-ci a ignoré les vices de la vente, nous devons faire une observation. Ces dommages et intérêts sont dus, aux termes de l'art. 1599 al. 2, et dans l'hypothèse prévue par ce texte, par le vendeur, soit de mauvaise foi, soit même de bonne foi : *lex non distinguit*. Voyez *supra*, n° 81. Mais si le principe de l'indemnité s'applique dans les deux cas, les tribunaux, quant à la détermination du *quantum* à payer, se montreront toujours beaucoup plus rigoureux (1) pour le vendeur de mauvaise foi que pour le vendeur de bonne foi : arg. des art. 1149, 1150 et 1151.

---

(1) M. Arntz (Cours de *droit civil français*, t. II, p. 401, n° 957 *in fine*) fait la même remarque dans les termes suivants : le vendeur, soit de bonne, soit de mauvaise foi, est, en principe, « tenu aux mêmes dommages-intérêts (art. 1599 et 1630-1634). Quant aux effets particuliers, il faut distinguer : 1° si le vendeur a été de bonne foi, il doit les dommages-intérêts déterminés par les art. 1630-1631, sauf le cas où l'acheteur lui-même était de mauvaise foi ; 2° si le vendeur a été de mauvaise foi, il doit des dommages-intérêts plus étendus » (art. 1635). Nous préférons nous référer simplement au droit commun des art. 1149 et suivants, parce que nous croyons qu'il convient d'écarter, en matière de vente de la chose d'autrui, les principes de la garantie, qui ne peuvent trouver leur application qu'en présence d'un contrat valable.

SECTION DEUXIÈME.

Par quels délais se prescrit la nullité édictée par l'art. 1599
al. 1 ?

107. Il suffit de se référer aux développements fournis *suprà*, n°ᵃ 82 et 83, pour établir que la prescription extinctive ou libératoire de trente ans (art. 2262), prenant son point de départ au jour même où la vente de la chose d'autrui a été consentie, peut seule ici trouver son application. Voyez toutefois MM. Aubry et Rau, t. IV, § 351, texte et notes 51 à 53, p. 356 et 357.

108. MM. Aubry et Rau (*loc. cit.*) font aussi remarquer que « la nullité de la vente de la chose d'autrui se couvre également par l'usucapion de dix à vingt ans, accomplie au profit de l'acheteur. Mais, dans ce cas, l'ancien propriétaire est autorisé à réclamer du vendeur une indemnité égale à la valeur de l'immeuble dont il se trouve dépouillé par son fait; et ce, avec de plus amples dommages-intérêts, si ce dernier a été de mauvaise foi. » Cette application de la prescription acquisitive a été étudiée *suprà*, n°ˢ 68 et 69.

SECTION TROISIÈME.

La nullité de la vente de la chose d'autrui est-elle susceptible de
se couvrir par la ratification ultérieure du véritable propriétaire ?

109. Nous devons répondre négativement, par application des principes développés plus haut, n°ˢ 83 à 88.

SECTION QUATRIÈME.

La nullité, qui atteint la vente de la chose d'autrui, aux termes de
l'art. 1599 al. 1, peut-elle se couvrir par la circonstance que le
vendeur serait ultérieurement devenu, comme successeur particulier, ou même comme successeur universel, propriétaire de
la chose vendue, en un mot par l'effet de la confusion ou de la
consolidation?

110. Nous résoudrons encore cette question dans le sens de la négative, en vertu des règles expliquées plus haut, n°ˢ 89 à

91. Nous dirons avec MM. Aubry et Rau (t. IV, § 351, texte et note 50); que l'acheteur peut, nonobstant toute ratification émanant du véritable propriétaire, et même nonobstant toute consolidation, demander soit par voie d'action, soit par voie d'exception, « l'annulation de la vente, à moins qu'il ne l'ait lui-même expressément ou tacitement confirmée, *postérieurement* à ces événements. Le vendeur, de son côté, pourrait, suivant les circonstances, être admis, même dans ce cas, à exciper de la nullité de la vente, contre l'action en délivrance dirigée contre lui : il devrait du moins en être ainsi, lorsque le vendeur était de bonne foi, et que l'acquéreur connaissait le vice de la vente qu'il s'était fait passer. » Nous irons même plus loin que MM. Aubry et Rau, et nous déciderons que le vendeur, soit de bonne, soit de mauvaise foi, pourrait, même après la délivrance, faire valoir la nullité radicale et d'inexistence édictée par l'art. 1599, sauf à être exposé, suivant les cas, de la part de l'acheteur dépouillé, à une action récursoire, en dommages-intérêts, plus ou moins étendue.

CHAPITRE TROISIÈME

C. — Troisième hypothèse. — *L'acheteur et le vendeur étaient tous deux de mauvaise foi au moment du contrat : ils savaient également que la chose vendue appartenait à un tiers, et connaissaient le vice de la vente.*

111. Ici, l'on ne peut pas dire que la vente soit nulle par défaut d'objet, puisque les parties ont parfaitement su ce qu'elles faisaient, puisqu'elles n'ont commis aucune erreur sur les qualités substantielles de la chose, à propos de laquelle le traité intervenait, puisqu'enfin nulle d'entre elles n'a ignoré les vices du contrat.

Il n'y a pas davantage défaut de cause : car l'acheteur, en s'obligeant à payer un prix, n'a pas pu compter obtenir, en échange, une transmission actuelle et immédiate de la propriété.

Mais, une semblable convention est évidemment entachée d'immoralité (1) toutes les fois du moins qu'elle se fait *à l'insu*

(1) M. Leiligols (*Revue critique*, t. XXXV, p. 24, n° 9) fait observer, que l'exécution *consciente* d'un semblable contrat peut, en fait, causer au véritable

du véritable propriétaire, et dans le but, plus ou moins avoué,
de le dépouiller, s'il manque de vigilance, et s'il laisse accomplir contre lui les délais ordinaires de la prescription,
soit acquisitive, soit extinctive ou libératoire. Aussi faut-il
reconnaître que la vente serait, en pareil cas, pratiquement
inexécutable, en tant qu'elle aurait pour but d'opérer un déplacement contractuel de la propriété : comp. art. 537, 544,
545, 1165 du Code civil, et art. 717 du code de procédure
civile.

112. Souvent il arrivera, en pareil cas, que l'acheteur de
mauvaise foi n'aura consenti à passer contrat avec le vendeur
également éclairé sur les vices de la vente, qu'en stipulant formellement la garantie, et en convenant qu'il aurait droit à des
dommages et intérêts en cas d'éviction. Il s'agit de savoir si
une semblable clause doit être considérée comme valable.
Cette question peut soulever quelque difficulté.

113. L'on pourrait d'abord soutenir, non sans apparence de
raison, qu'il y a lieu de distinguer, suivant que le vendeur et
l'acheteur, étant tous deux de mauvaise foi, connaissaient les
vices de la vente, ou suivant que l'acheteur seul était éclairé,
le vendeur étant de bonne foi.

Si nous supposons d'abord que le vendeur et l'acheteur
étaient tous les deux de mauvaise foi et savaient que la chose
appartenait à un tiers, deux considérations sembleraient devoir
faire admettre la validité (1) de la clause de garantie et la stipulation de dommages et intérêts, pour le cas d'éviction : —
1° l'arrangement a été pris en connaissance de cause : or,
d'après l'art. 1134, les conventions légalement formées tien-
nent lieu de lois à ceux qui les ont faites; donc, etc...; 2° le
vendeur, qui savait ne pas pouvoir transférer actuellement la
propriété à son acheteur, peut être censé avoir entendu s'engager à la lui procurer, en traitant à cet effet avec le véritable
propriétaire; donc, etc.....

propriétaire, « un préjudice irréparable, et n'est rien moins qu'un délit de
droit civil ou même de droit criminel (Voyez Pothier, *vente* nos 271, 274. —
Code civil, art. 1382, 2059. — Code pénal, art. 408. — Voyez aussi I. XXXI,
Dig. *Depositi, vel contrà* (liv. XVI, tit. I). — Code civil, art. 1938, 1956
et 1960). La société doit donc refuser de se prêter à cette exécution. » Comparez les art. 544 et 1165.

(1) Comparez M. Dalloz, *Jurisprudence générale*, v° *Vente*, n° 508, 509 ;
voyez aussi n° 507 ; — ajoutez MM. Aubry et Rau (t. IV, § 355, texte n° 2,
notes 47 et 48) ; M. Marcadé, sur l'art. 1629, n° 6.

Si nous supposons, au contraire, l'acheteur seul de mauvaise foi, et le vendeur de bonne foi, l'on ne peut pas hésiter à déclarer nulles la clause de garantie et la stipulation de dommages et intérêts ; en effet : — 1° l'une des parties, le vendeur, n'a pas traité en connaissance de cause ; une erreur substantielle (art. 1110) a été commise, puisque le vendeur n'était pas éclairé sur cette circonstance, cependant essentielle à connaître, que la chose, objet du contrat, appartenait à autrui ; — 2° cette solution s'impose surtout en présence d'un acheteur de mauvaise foi, qui connaissait parfaitement les vices de la vente qu'il se faisait consentir, et qui avait ainsi cherché et réussi à tromper la confiance de son vendeur.

114. Nous pensons toutefois que la meilleure solution consiste à déclarer nulles, dans tous les cas, la clause de garantie et la stipulation de dommages et intérêts, introduites dans un contrat de vente, par celui qui achète *sciemment* la chose d'autrui, soit qu'il ait traité avec un vendeur de bonne foi, soit même qu'il ait traité avec un vendeur de mauvaise foi :

1° Sans doute, Pothier, dans son traité de la *Vente*, n°s 191 et 192, semble se rallier à la distinction exposée au numéro précédent (n° 113) ; mais, il ne faut pas oublier que, sous l'empire de notre ancienne jurisprudence française, la vente de la chose d'autrui était légalement permise (voyez *suprà*, n° 6), tandis que, d'après le Code civil, cette vente est absolument nulle, par des raisons à la fois empruntées à l'ordre moral et tirées de la nature même des choses. L'on ne peut donc pas invoquer, comme probante, l'opinion de Pothier, en présence de la modification complète des principes anciens par les rédacteurs du Code civil ;

2° Nous ajouterons que ces rédacteurs eux-mêmes semblent avoir voulu proscrire toutes les clauses qui pourraient, directement ou indirectement, faire découler quelque obligation contractuelle que ce soit, d'une aliénation portant sur la chose d'autrui : voyez *suprà*, n°s 11 à 18, et surtout les observations de M. Grenier, n° 17 *suprà*. Comp. art. 1227, al. 1.

3° Au reste, la doctrine radicale que nous proposons ici a été consacrée par un arrêt parfaitement motivé de la cour de Caen, en date du 12 février 1840 (Dev. 1840-2-310), dans les termes suivants : « considérant, qu'aux termes de l'art. 1599, la vente de la chose d'autrui est nulle, et qu'elle ne peut donner lieu à des dommages-intérêts au profit de l'acquéreur, que quand il a ignoré que la chose fût à autrui; d'où il résulte dans l'espèce que R... ne peut être fondé à réclamer contre D..... que la répétition de son prix, qui se trouve avoir été payé sans cause, du moment que la vente est sans effet; — considérant que l'on objecte vainement la clause de garantie écrite dans le contrat; car, dans cette clause, il n'a été stipulé que la *garantie ordinaire* (expression des parties), c'est-à-dire celle résultant de l'acte selon sa nature et selon les circonstances qui ont présidé à sa confection, d'après les termes du droit commun; — considérant, d'ailleurs, qu'ainsi que l'ont expressément déclaré les orateurs du gouvernement et du Tribunat, lors de la présentation du titre de la vente au corps législatif, la nullité de la vente de la chose d'autrui a été prononcée comme étant conforme à la nature des choses et réclamée par la saine morale, et que si la loi a permis qu'elle pût donner lieu à des dommages et intérêts en faveur de l'acquéreur, dans le cas d'ignorance et de bonne foi de la part de celui-ci, ce n'est point qu'elle reconnaisse que le contrat de vente du bien d'autrui soit susceptible de produire des effets, mais parce qu'elle voit, dans l'erreur à laquelle il a donné lieu, un fait dommageable dont il est juste que la partie trompée obtienne la réparation; — considérant, dès lors, qu'il ne peut pas dépendre de la volonté des contractants de donner arbitrairement, au moyen d'une clause de garantie, l'existence à un acte auquel la loi la refuse dans des vues d'ordre public; que la prohibition d'une pareille clause résulte de la nullité portée par l'art. 1599, nullité que le législateur a fondée sur le défaut d'un objet licite de la convention, c'est-à-dire sur l'absence de l'un des trois éléments essentiels de la vente, *res, pretium et consensus;* — considérant que l'on ne saurait se relâcher de la rigueur du droit à cet égard qu'en faisant un retour au principe du droit romain que les auteurs du Code civil ont voulu proscrire, et en rouvrant une nouvelle carrière à toutes les subtilités scolastiques, dont ils ont cherché à débarrasser notre législation; — considérant que l'on prétendrait à tort assimiler la vente du bien d'autrui, avec garantie, à la faculté de se porter fort pour un tiers, autorisée par l'art. 1120; car, dans le cas spécial prévu par cet article, l'individu qui se porte fort, loin de s'attribuer des droits de propriété qu'il sait ne pas lui appartenir sur la chose dont il traite, et de commettre ainsi le genre d'immoralité que le Code repousse, n'agit au contraire qu'au nom du véritable propriétaire, dont il se borne à promettre le fait, ce qui, surtout quant à la fraude et à la prescription, se prête infiniment moins à l'abus, que la vente directe du bien d'autrui : Dit à tort l'action en garantie, en tant qu'elle a pour but d'obtenir autre chose que la répétition du prix....., » Nous ajouterons que l'acheteur, ne puisant pas, dans la vente de la chose d'autrui, la faculté d'exiger la délivrance, ne doit pas pouvoir stipuler la garantie, qui n'est autre chose que la délivrance continuée et la sanction définitive du droit préalable d'obtenir une livraison irrévocable.

115. Nous allons maintenant reprendre l'exposition des conséquences et des effets pratiques de la nullité radicale et d'inexistence qui frappe la vente de la chose d'autrui, en présence de la *mauvaise foi simultanée* des deux contractants, puisque telle est l'hypothèse actuellement posée : voyez *suprà* n° 111 ; comparez n°ˢ 93 et suivants.

SECTION PREMIÈRE.

Par quelles personnes peut être invoquée la nullité édictée par l'art. 1599 al. 1 ?

116. Nous retrouvons ici, comme *suprà* n°ˢ 63 et 94, trois personnes mises en cause, à l'occasion de la vente de la chose d'autrui :

1° Le véritable propriétaire ;

2° L'acheteur ;

3° Le vendeur.

Nous supposons le vendeur et l'acheteur également de mauvaise foi au moment du contrat, et sachant parfaitement qu'ils traitaient sur une chose dont ils n'avaient pas le pouvoir de disposer.

§ 1.
Position du véritable propriétaire.

117. Nous n'avons à indiquer aucune règle *spéciale* à l'hypothèse actuellement étudiée : voyez dès lors *suprà* n°ˢ 95, et 64 à 66.

§ 2.

Position de l'acheteur.

118. L'hypothèse, qui forme en ce moment l'objet de notre examen, nous place en présence d'un acheteur de *mauvaise foi*, qui connaissait parfaitement, à l'origine, les vices de la vente : appliquez donc toutes les règles posées *suprà*, n°⁵ 98 à 103.

Depuis la composition du présent travail, nous avons reçu de M. Acollas son commentaire de l'art. 1599 du Code civil (*Manuel de droit civil*, t. III, pag. 260 et suivantes). M. Acollas admet, lui aussi, la nullité radicale et d'inexistence de toute vente portant sur la chose d'autrui : l'art. 1599, dit-il, a paru divinatoire aux interprètes : « ce qu'il contient, en réalité, c'est une conséquence (d'ailleurs inutile à exprimer légalement, tant elle est directe), du nouveau principe en vertu duquel la vente, ayant pour objet un corps certain, est par elle-même translative de propriété. Précisons d'abord le *casus*. En *premier* lieu, l'art. 1599 ne concerne pas le cas où une personne vendrait la chose d'autrui, en annonçant l'intention d'en procurer la propriété à l'acheteur : dans ce cas, ce qui se formerait, ce ne serait pas, à vrai dire, une vente, ce serait un contrat innomé engendrant une obligation de faire, laquelle se résoudrait, le cas échéant, en dommages-intérêts. Dans cette même hypothèse, il pourrait aussi y avoir une vente contractée sous la condition suspensive de l'acquisition de la chose par le vendeur : il y a là une question d'appréciation de l'intention, et par conséquent, une question de fait. En *second* lieu, cet article ne regarde pas non plus le cas où une personne vend une chose à tous risques pour l'acheteur ; *dans ce cas, il y a bien une vente, mais, au lieu d'être commutative, cette vente est aléatoire :* art. 1629. *Il s'agit, dans l'art. 1599, du cas où une personne a vendu la chose d'autrui, soit en la présentant comme sienne, soit même en déclarant que c'est la chose d'autrui, mais en se bornant alors à cette simple déclaration.* — Ce point fondamental éclairci, la seule décision logique, *la seule décision possible, c'est que, si de semblables hypothèses se réalisent, la vente sera inexistante.* Qu'est-ce en effet, dans le droit actuel, que la vente portant sur un corps certain ? C'est un acte juridique, dans lequel le contrat

n'est pas séparable de *la translation de la propriété*, à moins
que les parties n'aient exprimé une intention contraire; or,
précisément nous supposons qu'elles n'ont pas exprimé cette
intention, nous supposons que l'une a entendu transférer à
l'autre qui, elle-même, a entendu le recevoir, un droit immédiat de propriété sur la chose d'autrui : ce qui est — l'absurde. — Donc, la vente *n'existe pas*, et, comme ce que les
parties ont entendu faire, c'est exclusivement une vente, la
vente n'existant pas, *il n'y a rien*. — Aussi, le règlement légal de l'hypothèse sera-t-il des plus simples : *en toute circonstance, tout intéressé sera admissible à faire constater par les
juges qu'il n'y a rien, qu'il n'y a qu'une simple apparence; cela,
sauf les modifications qui peuvent résulter de l'application des règles communes.* » Puis M. Acollas fait observer, un peu plus
loin, que l'art. 1599 n'est point applicable, d'une part à la
vente de choses déterminées seulement quant à leur genre,
et d'autre part aux ventes commerciales, même de choses individuellement déterminées appartenant à un tiers, lorsque le
vendeur a d'ailleurs l'intention et le pouvoir de se procurer
ces choses : voyez le rapport du tribun Grenier, dans Locré,
Législ. civile, t. XIV, pag. 221 et 242, n° 51.

§ 3.

Position du vendeur

119. D'après les termes de notre hypothèse présente, nous
sommes en face d'un vendeur *de mauvaise foi*, auquel, par
suite, il convient d'appliquer les principes développés *suprà*,
n°ˢ 105 et 106.

120. Toutefois, il convient d'insister ici sur une difficulté
spéciale, que nous n'avons fait qu'effleurer plus haut, n° 104.
Il est certain qu'en général, l'une des suites de la vente de la
chose d'autrui, est d'obliger le vendeur à la *restitution du prix*,
puisqu'il l'a reçu sans cause, en présence de l'impossibilité
où il se trouve de rendre l'acheteur propriétaire. Quand
même, en fait, le vendeur aurait, à l'insu du véritable propriétaire, pu réaliser la délivrance de la chose vendue, cette
exécution volontaire d'une convention immorale et impossible ne réussirait pas à couvrir la nullité de la vente de la

chose d'autrui : dès lors, en principe, l'acheteur a qualité, en présence de cette livraison incomplète et précaire, pour demander la nullité du contrat et la restitution du prix. Mais il s'agit de savoir si le vendeur ne pourrait pas se soustraire, par une convention particulière et formelle de l'acte originaire, à cette restitution.

Il est certain que, l'acheteur étant, lui aussi, de mauvaise foi et connaissant l'imminence de l'éviction et les vices de son contrat, la clause dont il s'agit ne sera pas, pour lui, la source de surprises ou de déceptions imprévues. L'on peut, dès lors, déclarer valable cette convention, par application de l'art. 1134, bien qu'en réalité, elle soit jusqu'à un certain point entachée elle-même d'immoralité et contraire à l'ordre public. Ce qui nous décide, du reste, à admettre cette solution, c'est le texte formel de l'art. 1629 ainsi conçu : « Dans le cas de stipulation de non-garantie, le vendeur, en cas d'éviction, est tenu à la restitution du prix, *à moins que l'acquéreur n'ait connu, lors de la vente, le danger de l'éviction, ou qu'il n'ait acheté à ses risques et périls.* » Il résulte bien de cette disposition que le vendeur et l'acheteur peuvent, par une convention précise, faite en connaissance de cause, écarter, en cas d'éviction, la nécessité pour le vendeur de restituer le prix. Seulement alors la vente devient, jusqu'à un certain point, aléatoire; car l'acheteur court de sérieux dangers, et il prend à sa charge tous les risques de l'acquisition incertaine et précaire qu'il a faite.

En tout cas, comme cette situation est tout à fait anormale, nous appliquerons limitativement l'art. 1629, et nous déciderons que l'acheteur de la chose d'autrui ne pourra être privé, en cas d'éviction, de la restitution du prix, qu'autant que nous trouverons les deux conditions suivantes réunies :

1° Une stipulation expresse de non-garantie, proposée par le vendeur et nettement acceptée par l'acheteur;

2° La connaissance bien prouvée, chez l'acheteur, du danger de l'éviction, ou au moins, une clause constatant que l'acquéreur a entendu prendre à sa charge les mauvaises chances de l'avenir, *en achetant à ses périls et risques.*

Nous reconnaissons même volontiers que cette solution ainsi restreinte est assez singulière et répugne, bien qu'elle soit incontestablement *légale*, au principe nouveau posé par le Code civil. Aussi, nous nous associons pleinement aux observations fort judicieuses présentées par M. Leligois (*Revue critique*, t. XXXV, n° 9, p. 24 *in fine* et 25), dans les termes suivants : « L'on a dit, pour expliquer l'art. 1629, que la vente, dans l'hypothèse prévue par ce texte, est un contrat aléatoire, et qu'ainsi le prix n'a pas été payé sans cause (1). Cette explication est inacceptable : le paiement a une cause immorale, puisque l'acheteur a su que la chose appartenait à autrui et qu'il a voulu néanmoins en acquérir la propriété, à l'insu du véritable maître : ce paiement est donc nul et de nul effet, et devrait donner lieu à la répétition autorisée par les art. 1131 et 1235. — On ne peut pas non plus expliquer l'art. 1629 par l'ancienne jurisprudence française, qui refusait la répétition, quand la cause de l'obligation avait quelque chose de honteux pour l'auteur de la prestation. Cette jurisprudence, en effet, a été abandonnée par les rédacteurs du Code civil : nous en avons la preuve, et dans l'art. 1131 (comparez M. Demolombe, *Obligations*, t. 1, n° 382), et dans l'art. 1599, qui donne à tout acheteur, même de mauvaise foi, le droit de demander la nullité. — Je crois que l'art. 1629, qui a, du reste, passé sans discussion, est une inadvertance, un débris de l'ancien droit, qui, permettant la vente de la chose d'autrui, devait, par conséquent, dispenser le vendeur de la restitution du prix, en cas d'éviction, lorsqu'il paraissait que ce n'était pas, tant la chose qu'il avait vendue, que la prétention incertaine qu'il avait à cette chose. » Comparez Pothier, *Vente*, n° 187. M. Leligois admet, du reste, avec nous, que l'art. 1629 s'impose, au point de vue des solutions pratiques à intervenir, mais que l'on doit l'interpréter toujours restrictivement : dès lors, il ne faut permettre au vendeur de retenir le prix, que dans le cas textuellement prévu de stipulation de non-garantie dans une vente faite à une personne, qui connaissait le danger de l'éviction, ou qui a acheté à ses périls et risques.

(1) Telle est, en effet, l'explication présentée par M. Mourlon, dans ses répétitions écrites, t. III, n° 573, p. 234, et elle contient une part de vérité incontestable, comme nous le faisons, du reste, remarquer, dans notre travail, au n° 120, al. 2, *in fine*. L'appréciation de M. Mourlon est vraie, si l'on se place au point de vue adopté par le législateur ; mais il s'en faut de beaucoup que cette manière d'envisager les choses soit conforme aux véritables principes : comparez les art. 1131, 1235 et 1599.

SECTION DEUXIÈME.

Par quel délai se prescrit la nullité édictée par l'art. 1599, al. 1, dans l'hypothèse où le vendeur et l'acheteur étaient tous deux de mauvaise foi, au moment du contrat.

121. Nous n'avons ici qu'à renvoyer purement et simplement aux développements fournis *suprà*, n°s 107, 108, et n°s 82 et suivants.

SECTION TROISIÈME.

La nullité de la vente de la chose d'autrui est-elle susceptible de se couvrir par la ratification ultérieure du véritable propriétaire ?

122. Voyez *suprà*, n° 109 et n°s 85 à 88. — Solution négative.

SECTION QUATRIÈME.

La nullité édictée par l'art. 1599, al. 1, contre toute vente de la chose d'autrui, peut-elle se couvrir par la circonstance que le vendeur serait ultérieurement devenu propriétaire de la chose vendue, en un mot, par l'effet de la confusion ou de la consolidation ?

123. Nous résoudrons encore ici, en principe général, cette question par la négative, en nous appuyant sur les motifs développés plus haut, n° 110 et n°s 89 à 91.

124. Toutefois nous devons faire une observation particulière à l'hypothèse qui nous occupe actuellement, et qui consiste à supposer le vendeur et l'acheteur également de mauvaise foi, connaissant les vices de la vente, et sachant parfaitement qu'ils traitaient à propos de la chose d'autrui. Cette observation consiste à faire remarquer, que les tribunaux, usant de pouvoir discrétionnaire qui leur appartient toujours en pareille matière (comparez *suprà*, n° 23), devront, ici plus que dans toute autre hypothèse, examiner avec soin, si les parties n'ont pas entendu conclure un contrat innomé valable, imposant au vendeur une obligation de faire, plutôt qu'une véritable vente, pratiquement inexécutable. Or, l'on comprend aisément que les arrangements pris par le vendeur avec le véritable propriétaire, pour arriver, à l'aide d'une

consolidation, à régulariser la position de l'acheteur, seront toujours d'un grand poids dans le sens de la première interprétation, qui se recommande d'ailleurs par l'esprit général de nos lois. L'art. 1157 nous dit en effet, que, « lorsqu'une convention est susceptible de deux sens, on doit plutôt l'entendre dans celui avec lequel elle peut avoir quelque effet, que dans le sens avec lequel elle n'en pourrait produire aucun. »

125. En résumé, le pouvoir discrétionnaire des tribunaux quant à la détermination de la qualité des actes et de l'intention des parties étant une fois réservé, nous concluons, au point de vue doctrinal, en disant que la vente de la chose d'autrui est aujourd'hui, en vertu de l'article 1599, frappée d'une nullité primordiale et d'inexistence, fondée sur des motifs à la fois d'intérêt privé et d'ordre public : voyez *suprà*, n° 53.

Cette solution aboutit aux quatre conséquences pratiques suivantes :

1° Quant aux *personnes*, la nullité de la vente, portant sur la chose d'autrui, pourra être invoquée non-seulement par le véritable propriétaire, mais encore par le vendeur et par l'acheteur, soit de bonne foi, soit même de mauvaise foi, après comme avant la délivrance effectuée, sauf le règlement éventuel de dommages et intérêts plus ou moins élevés, suivant les circonstances, par application des articles 1382, 1383 et 1599, al. 2 : comparez *suprà*, n°s 64, 73, 74, 80, 103, 105 et 106;

2° Quant aux *délais de la prescription*, l'action en nullité édictée par l'article 1599, al. 1, ne peut pas être couverte, aux termes de l'article 1304, par la révolution du laps de dix années : la prescription acquisitive de trente ans pourrait seule valider l'*exécution* pratique et de fait d'un acte semblable, légalement inexistant et absolument nul à nos yeux (art. 2262) : comparez *suprà*, n°s 83, 107, 108 et 121;

3° Pas de *confirmation* ni de *ratification* possibles, dans les termes de l'article 1338. Sans doute, le véritable propriétaire peut, de concert avec les parties, consentir à la vente de sa chose, et l'aliénation portant désormais sur une chose susceptible d'être transmise à cause de l'intervention du légitime maître, le contrat sera valable, et cessera de tomber sous le coup de l'article 1599 : mais il y a là un acte nouveau, et les parties n'auraient pas la faculté, quand même elles le voudraient, d'opérer la validation *rétroactive* du contrat originaire de vente portant sur la chose d'autrui : comparez *suprà* n°s 87, 109 et 122 ;

4° La vente de la chose d'autrui ne deviendrait pas valable, par voie de *confusion* ou de *consolidation* (art. 1300 et 1301), c'est-à-dire par la réunion, sur la même tête, de la qualité

8

de véritable propriétaire et de vendeur. La nullité de la vente de la chose d'autrui ne serait donc pas couverte, même par la circonstance que le vendeur serait ultérieurement devenu, comme successeur particulier, ou comme successeur universel, propriétaire de la chose vendue, ni *vice versâ* par la circonstance que le légitime maître de la chose serait devenu le successeur universel du vendeur. Une nouvelle vente pourra sans doute alors utilement intervenir : mais elle ne vaudra qu'à sa date nouvelle, et l'ancien contrat demeurera toujours légalement inexistant et en quelque sorte mort-né : voyez *suprà*, nᵒˢ 90, 91, 110 et 123.

Nous verrons bientôt s'il convient d'appliquer les mêmes principes en matière d'échange et de constitution d'hypothèques conventionnelles, lorsque nous aurons indiqué préalablement, dans une quatrième partie, sous quelles conditions l'acheteur de la chose d'autrui peut réclamer des dommages et intérêts. Cette dernière difficulté a, du reste, été déjà abordée par nous incidemment, aux numéros 52, 71, 72, 81, 101, 106 et 112 à 114. Voyez aussi le nᵒ 120. Comparez l'*Étude sur la chose d'autrui* publiée tout récemment par M. Alfred Trolley, avocat à la cour de Poitiers, nᵒˢ 105 et suivants.

Toutefois, avant d'entreprendre l'exposition de notre quatrième partie, nous devons signaler les développements fort complets donnés au système de la nullité *relative* par M. Bonafos, juge au tribunal civil de Lyon, dans une monographie publiée en 1853 et maintenant épuisée, dont nous venons d'avoir l'avantage d'obtenir la communication, grâce à l'obligeance de son savant auteur.

M. Bonafos repousse entièrement la doctrine que nous avons présentée dans le cours de ce travail, et il s'appuie notamment, dans son *Étude sur le legs et la vente de la chose d'autrui*, nᵒˢ 10 et 11, p. 89, 91 et suivantes, sur les divergences nombreuses qui se sont produites entre les partisans du système de la nullité d'inexistence : « Tout en reconnaissant que la vente est inexistante, dit M. Bonafos, quelques-uns de ceux qui professent cette doctrine admettent cependant qu'elle est susceptible de ratification, et refusent au vendeur le droit d'en demander la nullité ; d'autres accordent ou refusent ce droit au vendeur, selon qu'il est de bonne ou de mauvaise foi, qu'il agit par voie d'action ou par

voie d'exception. Toutes ces distinctions sont purement arbitraires, ne reposent sur rien ; les motifs présentés pour les
justifier heurtent, détruisent le principe d'où l'on est parti,
et qui conduit nécessairement à des résultats opposés...... On
juge un système par ses conséquences, de même que l'on
juge un arbre par ses fruits. Des résultats, semblables à ceux
que nous venons d'énumérer et de combattre, n'indiquent-
ils pas clairement que l'on est parti d'un principe inexact?»

Mais M. Bonafos ne se contente pas d'attaquer la théorie
qui consiste à considérer la vente de la chose d'autrui comme
légalement inexistante, en critiquant les conséquences juridiques de cette interprétation, et en montrant les incertitudes
pratiques, qui, en effet, ont divisé ses partisans : voyez *suprà*,
nos 54 à 59. Le savant magistrat repousse le point de départ
même de notre théorie, et il estime que notre manière de
raisonner pourrait bien reposer sur une explication inexacte
des principes du droit civil actuel, relativement à la transmission de la propriété. Il n'admet pas que les mots *vendre*
et *aliéner* soient devenus l'expression de deux idées concomi-
tantes, impossibles à concevoir désormais d'une manière
distincte et séparée, en telle sorte qu'il ne puisse pas y avoir
vente là où il n'y a pas, en même temps, aliénation. Une
semblable proposition semble inexacte à l'honorable auteur :
suivant lui, la transmission de la propriété «n'est pas une des
conditions *essentielles* de la vente ; ce contrat peut parfaitement se concevoir indépendamment de toute translation de
propriété. Les parties, par exemple, ont la faculté de con-
venir que le vendeur restera propriétaire pendant un temps
plus ou moins long : et cependant pourrait-on refuser à une
semblable convention le nom et les effets d'une vente? —
Bien plus, dans le cas d'une vente pure et simple, dans laquelle la convention des parties n'a rien modifié aux règles
générales de la matière établies par la loi, on peut facilement
concevoir, d'une manière distincte et séparée, l'idée d'obligation et l'idée de translation de propriété. On a voulu donner
à l'article 1138 un sens et une étendue qu'il n'a pas; on a vu
dans cet article une innovation profonde, une scission complète avec le droit romain et l'ancien droit, innovation fondée
sur les idées spiritualistes qui ont guidé nos législateurs, tandis qu'en réalité l'article 1138 n'a pas été plus spiri-

tualiste que les pays de coutume et même de droit écrit ; il
n'a fait, en un mot, que sanctionner ce que les mœurs et la
pratique avaient établi et reconnu depuis 1800 ans. Depuis
longtemps, en effet, le principe que la propriété était transférée par la tradition avait été singulièrement modifié, en
fait, par l'ancienne jurisprudence. Une tradition civile, une
tradition feinte suffisaient; la clause de constitut et de précaire
ou de dessaisine-saisine, dont l'origine remontait au droit
romain, était devenue de style dans tous les actes ayant pour
but une mutation de propriété. N'était-ce point, en réalité, le
consentement qui transférait la propriété, puisque la simple
volonté des parties, manifestée par une clause expresse, suffisait pour tenir lieu d'une tradition ? Seul le souvenir du temps
passé, souvenir que la marche des siècles n'avait pu détruire,
explique comment on n'avait point aboli le principe, comment on l'avait encore respecté quant à la forme, en détrui-
sant d'une manière à peu près complète son importance et
ses effets. Toutefois (chose qu'il importe de constater et qui,
du reste, n'est contestée par personne), il ressort clairement
de la nécessité d'une tradition réelle ou fictive admise par
l'ancien droit, qu'une distinction parfaitement caractérisée
existait entre la vente proprement dite, considérée comme
contrat productif d'obligations, et la translation de la propriété. Le Code civil a modifié ce qui est relatif à la tradition ;
plus de tradition réelle ou fictive : la volonté suffit pour transférer la propriété; elle n'a pas besoin d'être manifestée d'une
manière expresse; elle résulte légalement de la convention
par laquelle on s'engage à la transférer. Mais s'ensuit-il que
le Code ait aboli la distinction si logique et si rationnelle entre
la vente, simple contrat productif d'obligations, et la translation de propriété? Non ; car les mots contrat de vente, employés à tout instant par les rédacteurs de nos codes, n'auraient plus aucun sens. La volonté des parties seule, indépen-
damment de toute clause spéciale, suffira pour transférer
la propriété; mais elle ne se confondra point avec le consentement qui a formé le contrat, et que l'on pourrait appeler
le consentement générique. Une première manifestation
de volonté créera le contrat; une seconde manifestation de
volonté, conséquence de la première, transférera la propriété. En fait, ces deux manifestations, différentes de la vo-

lonté des parties, se confondront le plus souvent; car elles
se produiront à des intervalles bien courts, et dans la pratique on les a toujours confondues ; mais, en allant au fond
des choses, on peut les apercevoir sans peine; elles n'échappent point à une analyse approfondie. On peut invoquer, à
l'appui de ce système, les travaux préparatoires du Code civil,
où les rédacteurs, encore imbus de ce principe que la tradition seule transfère la propriété, voient dans la simple volonté des parties, par laquelle cet effet se produit de nos jours,
une véritable tradition : « *Il s'opère, par le seul effet du contrat,
une sorte de tradition civile, qui consomme le transfert de la propriété,* » disait Portalis à propos de l'article 1583. — Sur l'article 1138, Malleville s'exprime en ces termes: « C'est encore
ici une abrogation de la maxime romaine, *traditionibus non
nudis pactis, dominia rerum transferuntur;* il est vrai que, malgré ce principe, dès l'instant que le vendeur et l'acheteur
étaient convenus de la chose et du prix, la perte ou l'augmentation étaient pour l'acheteur (§ 3, Inst., *De empt. et vend.*);
et comme, d'ailleurs, la délivrance pouvait se faire par la tradition feinte ou simulée, la maxime dont nous avons parlé
n'était pas de grand usage (Malleville, *Analyse raisonnée de la
discussion du Code civil,* t. III, p. 36, sur l'art. 1138). Ces paroles
indiquent, d'une manière bien évidente, que l'article 1138,
dans l'esprit des rédacteurs du Code, n'était pas destiné à établir une innovation radicale. La donation, dûment acceptée,
dit l'article 938, sera parfaite par le seul consentement des parties, et la propriété des objets donnés sera transférée sans qu'il
soit besoin d'autre tradition. Une tradition a donc déjà eu
lieu? La tradition fictive ! Ne résulte-t-il point clairement de
là que les rédacteurs du Code civil ont bien voulu maintenir,
et nous disons que la vente de la chose d'autrui, loin d'être
inexistante, est simplement annulable; qu'elle a une existence
parfaitement légale, jusqu'à ce que la nullité en ait été prononcée. — L'obligation où se trouve le vendeur de transférer,
dans tous les cas, la propriété à l'acheteur, ne peut rien changer à notre décision. Si cette obligation n'est pas accomplie, le contrat de vente n'en existe pas moins ; car la tradition de la propriété, opérée postérieurement au contrat, n'est
point une condition indispensable à la validité de la vente,
en la modifiant simplement quant à la forme, la distinction

que nous avons établie plus haut? — Un auteur justement
célèbre, Toullier, a été plus loin. Non-seulement il admet
cette distinction; mais en se fondant sur les articles 1582 et
1603, qui ne parlent, ni l'un ni l'autre, de l'obligation pour
le vendeur, de transférer la propriété, il assimile complétement le contrat de vente, tel qu'il existe de nos jours, au
contrat de vente tel qu'il existait à Rome. Le vendeur serait
obligé seulement, d'après lui, à *rem habere licere*. — Nous n'admettons point cette décision; nous pensons que le Code civil
a voulu modifier les règles du droit romain; l'article 1599
vient l'indiquer d'une manière certaine. Cette modification, du
reste, s'explique parfaitement. Le motif qui justifiait à Rome
la simple obligation pour le vendeur de transférer à l'acheteur
la possession civile, n'a plus de raison d'être aujourd'hui. Le
système français est évidemment préférable au système romain : celui-ci, en ne permettant pas à l'acheteur non encore
évincé, et qui sait avoir acquis la chose d'autrui, de recourir
contre son vendeur, est injuste : il force, en effet, l'acheteur
à courir les chances de l'insolvabilité qui peut atteindre son
vendeur, lorsque plus tard il exercera une action en garantie.
On s'attache à une chose, on la cultive avec soin, on l'améliore,
on en dispose, quand on sait qu'elle est à nous définitivement:
il n'en est pas de même de celle que l'on est sans cesse me-
nacé de perdre. — D'après le droit romain, obligation, en
règle générale, pour le vendeur, de transférer la possession
civile, par exception, de transférer la propriété. En droit
français, obligation de transférer la propriété imposée toujours, en principe, au vendeur. Mais là s'arrêteront les différences; il n'y en aura point d'autres en réalité. La distinction
entre la vente, simple contrat productif d'obligations, et la translation de propriété, existe toujours d'une manière moins sensible, moins dessinée, mais tout aussi vraie, tout aussi profonde.
En fait, nous le répétons, ces deux idées tendent à se confondre; car elles se produisent à des intervalles bien courts: mais
une analyse approfondie et raisonnée découvre aisément cette
nuance qui échappe à un premier examen. — Cette distinction est le vrai motif qui a fait reconnaître, en droit romain,
la validité de la vente de la chose d'autrui; nous admettons
sans crainte une solution semblable sous l'empire de nos lois.
On ne peut pas considérer le contrat comme nul *faute de*

cause, si cette translation n'a point lieu. Il en était ainsi en
droit romain, dans le cas d'une stipulation, d'une vente modifiée par un pacte, dans le cas en un mot d'un contrat imposant au vendeur l'obligation de transférer la propriété. Pourquoi en serait-il autrement aujourd'hui ? — L'obligation de
transférer la propriété est bien une des conditions de la vente,
mais elle n'est pas la seule; le vendeur doit encore livrer la
chose, et mettre l'acheteur à même de jouir, obligations qui
peuvent parfaitement s'accomplir relativement à la chose
d'autrui; il y aura donc toujours une cause suffisante pour
justifier l'existence légale du contrat. — Ce système nous
paraît conforme à la raison. Tous les éléments constitutifs de
la vente, capacité, consentement, objet, cause, ne se trouvent-
ils point dans la vente de la chose d'autrui? — La loi elle-
même ne vient-elle point corroborer, justifier ce système? —
L'article 1108, en énumérant les conditions essentielles à la
validité des contrats, ne parle point du transfert de la propriété. — L'article 1582, spécial à la vente, n'en parle point lui-
même, en définissant ce contrat. — L'article 1603, conséquence
de l'art. 1582, parle de deux obligations principales imposées
au vendeur, celle de *délivrer*, celle de *garantir;* il ne dit pas
un mot de la translation de propriété. — Le vendeur, qui n'est
point parfaitement sûr d'être propriétaire, peut stipuler que
la garantie n'aura pas lieu, et cependant personne ne refuse
à cette convention le nom de vente. — L'article 1626 admet
l'action en garantie, comme conséquence de la vente, dans le
cas d'éviction totale. L'éviction totale n'aura-t-elle pas lieu
le plus souvent dans le cas d'une vente ayant pour objet
la chose d'autrui? La loi reconnaît donc qu'il y a vente,
non-seulement quand la propriété n'est pas transférée immédiatement, mais encore lorsque, plus tard, cette translation n'a pas lieu. — La vente de la chose d'autrui n'est
donc pas radicalement nulle. — Au moyen de ce système,
on explique fort bien, sans avoir besoin de recourir à des
principes étrangers à la matière, pourquoi l'acheteur peut
invoquer la vente comme formant un juste titre en sa faveur,
pour acquérir, par prescription, la propriété de la chose, et
pourquoi l'acheteur évincé peut exercer une action en
garantie. — Les conséquences naturelles de ce système, conséquences qui se justifient du reste parfaitement, sont les sui-

vantes : — le vendeur ne peut pas invoquer une nullité établie simplement en faveur de l'acheteur trompé; — l'acheteur
ne peut l'invoquer que lorsqu'il a été de bonne foi; — la ratification expresse ou tacite rend la vente valable définitivement. — En un mot, on explique parfaitement pourquoi la
vente de la chose d'autrui produit, en droit français, des
effets identiques (*sauf en un point*), *à ceux qu'elle produisait
en droit romain*. Quant à l'art. 1599, dont le texte paraît opposé
à notre système, serait-il plus explicite, il ne nous arrêterait
pas. Les circonstances dans lesquelles il a été adopté au conseil
d'État prouvent que le législateur ne s'est pas bien rendu
compte de la portée de la disposition qu'il a édictée. Nous ne
pensons pas qu'il puisse être sérieusement invoqué pour justifier un changement complet dans les principes. — Bien plus,
en examinant le texte même de l'article 1599, abstraction faite
des motifs qui ont amené son adoption, nous pensons qu'il
peut se concilier avec les idées que nous avons émises. — Cet
article se préoccupe exclusivement de l'acheteur, puisqu'il
parle de dommages-intérêts, que celui-ci pourra quelquefois
exiger du vendeur. La généralité de ces termes s'explique par
ce motif tout naturel : la loi veut accorder, dans tous les cas,
à l'acheteur la faculté de recourir contre son vendeur de bonne
ou de mauvaise foi, sans avoir besoin d'attendre que l'éviction
soit venue le déposséder, ce qui implique l'obligation pour le
vendeur de transférer toujours la propriété, obligation dont
l'existence est admise et reconnue aujourd'hui d'une manière
à peu près unanime, et qui suffit pour expliquer la généralité
des termes de l'article 1599. »

Quant aux effets que devra produire, dans son système, la
vente de la chose d'autrui, M. Bonafos (page 114) les résume sous
les sept propositions suivantes : 1° l'acheteur a le droit d'exiger
que son vendeur le mette en possession de la chose vendue,
et en opère la délivrance ; 2° il gagnera les fruits perçus par
lui de bonne foi ; 3° il pourra exercer une action en revendication analogue à l'action publicienne, et que M. Bonafos désigne sous ce nom ; 4° il pourra acquérir, par prescription,
la propriété de la chose vendue ; 5° il pourra exercer, en cas
d'éviction, une action en garantie ; 6° une action en dommages-intérêts lui appartient également ; enfin, 7° il pourra
demander la nullité du contrat.

Cette exposition est fort ingénieuse assurément, et elle méritait d'être reproduite dans toute son étendue, parce qu'elle contient des aperçus nouveaux, et qu'elle se trouve d'ailleurs dans une monographie, dont il ne reste plus d'exemplaires dans le commerce, depuis déjà plusieurs années. Néanmoins, nous persistons dans nos précédentes conclusions, et nous croyons que la réfutation des idées exprimées par M. Bonafos se rencontre, par avance, aux nºs 53 et suivants de cet essai. Notre démonstration va d'ailleurs être complétée par les développements que nous allons consacrer, dans une quatrième partie, à la question des dommages-intérêts dus à l'acheteur de bonne foi, en cas d'éviction.

PARTIE QUATRIÈME.

Sous quelles conditions et dans quels cas l'acheteur de la chose d'autrui peut-il réclamer des dommages et intérêts?

SOMMAIRE.

126. Texte de l'art. 1599, al. 2; sa portée et son fondement juridique. — 127. L'acheteur *de mauvaise foi* de la chose d'autrui ne peut pas stipuler valablement la garantie et des dommages et intérêts, pour le cas où il subirait une éviction ultérieure. — 128. Position de l'acheteur de bonne foi lorsque la chose d'autrui, à lui vendue, a péri depuis la vente : il peut encore demander néanmoins des dommages et intérêts. — 129. Règles d'après lesquelles s'arbitrent les dommages et intérêts dus à l'acheteur évincé par application de l'art. 1599, al. 2. — 130. Les dommages et intérêts doivent être calculés d'après la valeur de la chose au moment de l'éviction. — 131. Il peut même arriver que les dommages et intérêts soient inférieurs à cette valeur. — 132. L'éviction soufferte par l'acheteur de la chose d'autrui peut donner lieu à des prestations complémentaires : exposition. — 133. *Quid* d'abord, si l'acheteur a commis des dégradations? — 134. *Quid*, à l'inverse, s'il a fait des dépenses? — 135. Application des principes précédemment exposés à la matière de l'échange portant sur la chose d'autrui. — 136. Suite. — 137. Sort de l'hypothèque constituée sur l'immeuble d'autrui. — 138. Suite. — 139. Suite. — 140. Valeur des hypothèques consenties par l'héritier putatif ou apparent.

126. Le texte de l'article 1599, al. 2, est ainsi conçu : « la vente de la chose d'autrui *peut donner lieu à des dommages-intérêts, lorsque l'acheteur a ignoré* que la chose fût à autrui. » Ainsi, l'acheteur *de bonne foi*, évincé de la chose par le véritable propriétaire, peut, en vertu de l'article 1599, al. 2, et par une faveur spéciale accordée à son ignorance excusable, en fait, des vices de la vente, réclamer des dommages et intérêts au vendeur de la chose d'autrui, quand même celui-ci aurait été de bonne foi au moment du contrat : l'article 1599, en effet, ne distingue pas entre le vendeur de bonne foi et le vendeur de mauvaise foi : voyez *suprà*, nᵒˢ 74 et 81.

Mais l'acheteur *de mauvaise foi* ne peut pas réclamer des dommages et intérêts : arg. de l'art. 1599, al. 2, *à contrario* : comparez *suprà*, nᵒ 101. Cette solution ne découle pas seulement du texte de l'article 1599; elle est encore conforme à la nature des choses : d'une part, en effet, l'acheteur, ayant traité en pleine connaissance de cause, a accepté des risques à courir; et, le jour où il est évincé, il ne peut pas prétendre avoir subi un préjudice imprévu, dont il lui soit dû réparation : *volenti non fit injuria*. D'autre part, celui qui achète sciemment et de mauvaise foi la chose d'autrui n'est, à aucun point de vue, digne d'intérêt : aussi les articles 549 et 550 lui enlèvent-ils la faculté de faire les fruits siens, dans l'intervalle de son entrée en possession au jour de la demande en revendication formée par le véritable propriétaire ; aussi, l'art. 2205 ne pourra-t-il pas recevoir ici son application ; il y a eu une véritable usurpation que la prescription trentenaire pourra seule couvrir, aux termes de l'article 2262. L'acheteur de mauvaise foi pourra néanmoins demander la nullité de la vente, parce que l'article 1599, al. 2, est, à ce point de vue, général et ne distingue pas : or, *ubi lex non distinguit, nec nos distinguere debemus*. Le Code civil ne tient compte de la question de bonne ou de mauvaise foi chez l'acheteur, qu'en tant qu'il s'agit pour lui de réclamer des dommages et intérêts par application de l'article 1599, al. 2.

Quant au fondement juridique sur lequel repose le droit, pour l'acheteur de bonne foi, de réclamer des dommages et intérêts, il a soulevé une sérieuse difficulté : voyez *supra*, n° 72.

Une première doctrine, fort accréditée du reste, consiste à voir là une application directe des principes de la vente : le vendeur de la chose d'autrui, dit-on, bien qu'il soit exposé à l'action en nullité de l'acheteur, reste néanmoins toujours personnellement soumis à toutes les obligations qui naissent du contrat, et en particulier à l'obligation de garantie ; or, c'est précisément comme *garant* qu'il doit des dommages et intérêts ; ce n'est pas uniquement parce qu'il a commis une faute, et qu'aux termes des articles 1382 et 1383, il serait tenu de la réparer. En dernière analyse, aux yeux des partisans de cette théorie, la vente de la chose d'autrui est nulle aujourd'hui, par application de l'article 1599, en ce sens que l'acheteur, n'ayant pas reçu l'investiture définitive et incommutable de la propriété, reste libre de se dégager ; il peut refuser de prendre livraison de la chose et de payer son prix ; il peut même, en restituant la chose, se faire rendre le prix qu'il aurait déjà payé : en un mot, il a une sorte d'action rédhibitoire, dont il peut, à son gré, user ou ne pas user. Mais le vendeur de la chose d'autrui reste complétement et absolument obligé, comme tout autre vendeur, d'exécuter le contrat en tant qu'aucun obstacle juridique ne l'en empêche : il est spécialement astreint à la garantie en cas d'éviction. La seule restriction, qui existe à son endroit, est relative à la délivrance : s'il n'a pas encore livré la chose, il peut refuser de la remettre à l'acheteur, et celui-ci n'a d'ailleurs aucun intérêt à insister pour obtenir la remise de l'objet vendu : car, si la chose lui était livrée, il pourrait être immédiatement, lui acheteur, évincé par le propriétaire véritable : tout ce qu'il peut demander dès lors, c'est le payement des dommages et intérêts que son vendeur lui doit comme garant; car, à ce dernier point de vue, la vente de la chose d'autrui doit être considérée, encore aujourd'hui, comme productive d'obligations.

Nous avons déjà protesté, par anticipation (*suprà*, n° 72), contre cette manière, à notre avis inexacte, d'envisager le droit pour l'acheteur de bonne foi, de réclamer des dommages et intérêts à son vendeur, après l'éviction consommée à la requête du véritable propriétaire revendiquant. Les dommages et intérêts, dus à l'acheteur de bonne foi de la chose d'autrui, lorsqu'il a été évincé par le véritable propriétaire, trouvent à notre humble avis, leur base juridique, directement et exclusivement dans l'obligation générale imposée à tout homme, par les articles 1382 et 1383, de réparer le préjudice causé par son fait ou par sa faute. L'idée d'une obligation quelconque de garantie ne nous parait pas pouvoir ici être mise en avant: car la garantie n'est, au fond, que la délivrance continuée et maintenue avec le caractère paisible, utile et définitif qu'elle doit toujours avoir : or, précisément, le vendeur de la chose d'autrui ne peut pas être judiciairement obligé d'effectuer la délivrance de la chose : tout le monde est d'accord sur ce point. Donc, il ne peut pas être davantage tenu de la prestation d'une garantie quelconque, même se résolvant en des dommages et intérêts à payer subsidiairement : *cessante causâ*, *cessant effectus*. N'oublions pas, d'ailleurs, que la vente de la chose d'autrui n'a pas, d'après notre manière de voir du moins, d'existence légale : c'est un contrat mort-né, une vaine apparence, un fantôme sans réalité : or, toute obligation *contractuelle* suppose un *contrat* comme point de départ: le néant ne peut rien créer par lui-même : dès lors, sur quoi pourrions-nous appuyer cette prétendue obligation de garantie que l'on invoque? Comparez *suprà*, nº 72, second alinéa.

127. Quelques difficultés pratiques ont été soulevées sur cette partie de notre sujet ; ainsi, l'on a demandé tout d'abord si l'acquéreur *de mauvaise foi* de la chose d'autrui ne pourrait pas stipuler formellement la garantie et des dommages et intérêts, pour le cas où il viendrait à être ultérieurement évincé. Nous avons déjà étudié cette question par avance *suprà*, nºˢ 112 à 115, et nous avons pensé qu'une semblable clause serait aujourd'hui radicalement nulle, comme contraire à l'ordre public. Telle est, d'ailleurs, la solution consacrée par un arrêt fort bien motivé de la cour de Caen, en date du 12 février 1810 (Dev, 1810-2-310).

128. L'acheteur de bonne foi pourrait-il réclamer des dommages et intérêts, par application de l'article 1599, al. 2, même dans le cas où la chose aurait péri depuis la vente par cas fortuit, ou par suite d'un accident de force majeure? La question a été soulevée, au sein du conseil d'État, par le consul Cambacérès : voyez *suprà*, nº 12 *in fine*. M. Tronchet a répondu avec raison que la perte de la chose ne change rien à l'engagement du vendeur ; car, dès le principe, il était dans l'impuissance de livrer la chose vendue : or, c'est précisément dans cette impuissance, qui rendait le contrat inexécutable, que l'obligation de payer des dommages et intérêts a pris sa source. Toutefois, la circonstance que la chose a péri pourra exercer une influence considérable sur la détermination du *quantùm* des dommages et intérêts à accorder.

129. Nous arrivons ainsi à l'examen de la question de savoir comment et d'après quelles bases doivent être arbitrés les dommages-intérêts réclamés en justice par l'acheteur de bonne foi de la chose d'autrui, lorsqu'il a été évincé, sur la revendication triomphante du véritable propriétaire.

Le vendeur doit, avant tout, la *restitution du prix* de vente ; car il l'a reçu sans cause, en présence de l'impossibilité où il se trouve de rendre l'acheteur propriétaire. Nous avons déjà fait remarquer (*suprà*, nºˢ 71 et 120), que la restitution du prix principal de la vente, avec les intérêts s'il y a lieu, découle de l'exercice d'une sorte de *condictio causâ datâ, causâ non secutâ*. C'est aussi l'application du principe d'équité suivant lequel *nul ne doit s'enrichir aux dépens d'autrui*.

Les *dommages et intérêts* que le vendeur peut devoir, en outro, à l'acheteur évincé, se calculent, d'une part d'après la considération du préjudice effectif résultant de l'éviction, et d'autre part en prenant comme base la mesure dans laquelle il aurait pu importer à l'acheteur de conserver la chose. La responsabilité du vendeur sera, du reste, plus ou moins étendue, suivant qu'au moment du contrat originaire, il aura été de bonne foi ou de mauvaise foi, suivant, en un mol, qu'il aura aliéné la chose d'autrui en pleine connaissance de cause, ou par suite d'une inadvertance et d'une erreur excusables : comparez *suprà*, n°ˢ 71, 72 et 81. Tout ici est nécessairement livré à l'appréciation discrétionnaire des tribunaux.

130. Toutefois, les dommages et intérêts ne doivent, dans aucun cas, excéder la valeur de la chose au moment de l'éviction : nous ne pouvons, dès lors, qu'approuver la solution adoptée par la Cour de cassation dans un arrêt du 19 mai 1863 (Dev., 1864-1-73 ; D. P., 1863-1-431). Cet arrêt a formulé avec raison la décision suivante : « L'acquéreur de la chose d'autrui qui, ayant été évincé, l'achète de nouveau, mais cette fois du véritable propriétaire, n'a pas de recours contre son vendeur primitif, à raison du supplément de prix qu'il a dû payer pour ressaisir la propriété de la chose, lorsque c'est à une cause de plus-value *postérieure à l'éviction* qu'il faut attribuer l'augmentation du prix d'achat : dans ce cas, comme dans tous les autres, les dommages-intérêts ne doivent pas excéder la valeur de la chose au temps de l'éviction. » Comparez les notes annexées à cet arrêt dans les recueils précités.

131. Il pourra même arriver, du moins à notre avis, que les dommages et intérêts n'atteignent pas toute la valeur de la chose au moment de l'éviction, nonobstant l'argument d'analogie que l'on pourrait tirer, en sens contraire, des termes généraux de l'article 1633. Nous voulons parler du cas où les tribunaux se trouveront en présence d'une plus-value tout à fait extraordinaire, et résultant d'événements imprévus au moment de la vente, par exemple du percement d'un canal, de l'établissement d'un chemin de fer, de la fondation d'une station d'eaux, ou de l'extension apportée à l'enceinte d'une ville importante. Nous pensons qu'alors, le recours de l'acheteur, du moins contre le vendeur *de bonne foi* de la chose d'autrui, devra être limité à la somme la plus haute que les parties aient pu prévoir lors du contrat. Nous appuierons cette

solution d'abord sur l'équité, et ensuite sur les principes fondamentaux du Code civil :.

1° Si d'abord nous nous plaçons au point de vue de l'équité,
il est évident que le vendeur, quand il a été de bonne foi,
ne doit pas rationnellement rester exposé à la ruine certaine
qui résulterait pour lui de la répétition intégrale d'une plus-
value triple ou quadruple du prix originairement payé. L'a-
cheteur, de son côté, ne peut pas se plaindre de cette rigueur;
car il n'a pas dû compter sur une répétition aussi exorbitante;

2° Nous ne sommes pas d'ailleurs touché de l'argument
d'analogie que l'on pourrait tirer en sens contraire, de l'article 1633 ainsi conçu : « Si la chose vendue se trouve avoir
« augmenté de prix à l'époque de l'éviction, indépendamment
« même du fait de l'acquéreur, le vendeur est tenu de lui
« payer ce qu'elle vaut au-dessus du prix de la vente. » En
effet, ce texte n'est pas isolé dans le Code, et doit être combiné
avec les principes généraux du droit ; or, précisément, l'article 1150 déclare d'une manière formelle que les dommages
et intérêts ne doivent jamais dépasser, en dehors du cas de
dol et de mauvaise foi, ce que les parties ont pu prévoir lors
du contrat. Ce principe fondamental ne peut recevoir de
dérogation qu'en vertu d'une disposition expresse. Or, l'article 1633 n'implique pas nécessairement cette dérogation ;
il statue seulement sur le *id quod plerumque fit*. On ne doit
donc pas l'interpréter dans le sens d'une exception aux règles
générales, surtout lorsque l'on voit l'article 1639 renvoyer
ensuite pour toutes les questions relatives aux dommages-
intérêts résultant de l'inexécution de la vente, aux principes
établis dans le titre des *contrats* ou des *obligations convention-*
nelles. Cette solution, si juste d'ailleurs, est encore confirmée
par la tradition de l'ancien droit, et par les déclarations tant
de fois répétées dans l'exposé des motifs du projet de loi
sur la vente, que l'on entendait respecter les anciennes doc-
trines et « ne faire que rappeler les maximes consacrées par
la jurisprudence de tous les temps, aussi bien que les principes reçus jusqu'à présent. » (Fenet, t. XIV, p. 118 et 199.)

En tout cas, si l'on n'admet pas notre manière de voir sur
ce point, un second procédé peut encore être proposé pour limiter le recours de l'acheteur et sauvegarder les intérêts lé-

gitimes du vendeur de la chose d'autrui ; et ici nous ne distinguerons même pas entre l'aliénateur de bonne foi et l'a-
liénateur de mauvaise foi, qui a sciemment voulu transmettre la chose d'autrui. Voici le procédé auquel nous faisons allusion : aux termes de l'article 1674, « si le vendeur a
« été lésé de plus des sept douzièmes dans le prix d'un im-
« meuble, il a le droit de demander la rescision de la vente,
« quand même il aurait expressément renoncé, dans le con-
« trat, à la faculté de demander cette rescision, et qu'il
« aurait déclaré donner la plus-value. » Eh bien, si, par
suite de l'étendue extrême du recours, le vendeur est
exposé à subir une lésion de plus des sept douzièmes, il
pourra répondre à l'action de l'acheteur par une demande
reconventionnelle en rescision de la vente. Comparez M. Demolombe, *Traité des successions*, t. V, n° 301, et surtout n° 363
in fine.

Du principe qu'en général les dommages et intérêts ne
doivent pas dépasser les prévisions originaires des parties
(art. 1149 à 1151), il résulte que le vendeur de bonne foi n'est
habituellement tenu que du préjudice souffert par l'acheteur
propter rem ipsam et qu'il n'est point responsable du préjudice par lui éprouvé dans *ses autres affaires*. Dans une vente,
en effet, les parties n'envisagent généralement que l'objet
vendu, sans se préoccuper d'une foule d'autres dommages qui
peuvent résulter indirectement pour l'acheteur du fait de
l'éviction. — Si, cependant, ces dommages extrinsèques
avaient pu être prévus lors du contrat, la justice exigerait que
le vendeur en fût déclaré responsable. Ainsi, dans le cas où
l'acquéreur aurait acheté une maison pour en faire une hô-
tellerie, le vendeur, en cas d'éviction, lui devrait une indemnité aussi bien à raison du préjudice causé à son industrie et
à son exploitation, qu'à raison de la valeur même de la
maison évincée. Il a pu prévoir, en effet, que la dépossession
serait fort préjudiciable au commerce de cet acheteur. Tout
ici se réduit, en somme, à de pures questions de fait et d'interprétation.

132. L'éviction soufferte par l'acheteur de la chose d'autrui, et les différents recours qui en naissent, peuvent encore
devenir la source de certains règlements de compte entre
cet acheteur et son vendeur. Il peut arriver, en effet, que

l'acheteur, pendant la durée de sa possession, ait dégradé l'immeuble ; il peut arriver, à l'inverse, qu'il ait fait des dépenses considérables d'amélioration ou de conservation. Des prestations réciproques deviendront alors éventuellement nécessaires, dans les rapports de l'acheteur évincé, soit avec son vendeur, soit même avec le véritable propriétaire revendiquant. Comparez notre *Essai sur la possession des meubles et sur la revendication des titres au porteur perdus ou volés*, n°⁵ 127, 128 et 132.

133. Supposons d'abord que l'acheteur d'un immeuble appartenant à autrui ait, durant sa détention temporaire, commis des dégradations plus ou moins graves, et modifié plus ou moins complétement la situation des lieux. Dans quelle mesure pourra-t-il être soumis à des compensations envers les ayants droit légitimes, après la proclamation de la nullité de la vente et l'éviction une fois consommée ?

Nous croyons qu'il convient d'établir ici une distinction entre l'acquéreur de bonne foi et celui qui aurait procédé sciemment à l'achat de l'immeuble d'autrui.

Toutes les fois que l'acheteur aura été de bonne foi, il pourra se retrancher derrière la maxime célèbre, « *qui rem quasi suam neglexit, nulli querelæ subjectus esse potest.* » Par suite, il ne pourra être poursuivi qu'autant que les dégradations auraient tourné à son profit, opérant ainsi une *in rem versio* plus ou moins étendue en sa faveur.

Quand l'acheteur aura été de mauvaise foi, au contraire, il deviendra responsable de tout le préjudice causé par ses dégradations : car il a dû alors ne pas considérer la chose comme sienne, et il était, par suite, obligé de respecter les droits et les légitimes expectatives d'autrui.

134. Supposons qu'à l'inverse l'acquéreur de l'immeuble d'autrui ait fait des dépenses plus ou moins importantes sur la chose à lui remise : quelles seront les réclamations qu'il pourra alors mettre en avant ? Nous pensons qu'il convient d'appliquer ici la célèbre distinction de droit commun entre les impenses nécessaires, utiles, voluptuaires et de simple entretien.

S'agit-il d'abord de dépenses *nécessaires*, c'est-à-dire indispensables à la conversation de la chose ? — l'acheteur évincé

9

aura droit au remboursement intégral : car le propriétaire lui-même les aurait faites.

Le principe général, en matière de dépenses *utiles*, est que le tiers acquéreur en peut exiger le remboursement jusqu'à concurrence seulement de la plus-value réelle qui en est résultée : nous le décidons ainsi, en appliquant ici *par analogie* l'article 1634 du Code civil, et en invoquant la règle d'équité, aux termes de laquelle *nul ne doit s'enrichir aux dépens d'autrui :* la loi 14 ff. *De condictione indebiti*, lib. XII, tit. VI, dit avec raison : « *Hoc naturâ æquum est neminem, cum alterius detrimento, fieri locupletiorem.* »

Quant aux dépenses *voluptuaires*, c'est-à-dire à celles qui n'ont servi ni à la conservation, ni à l'amélioration de la chose, mais qui ont été faites uniquement en vue de l'agrément personnel du possesseur, il est évident qu'elles ne peuvent donner lieu à aucune espèce d'indemnité : ce sont des dépenses de luxe; l'acheteur évincé pourra seulement enlever ce qui sera susceptible de l'être sans détériorer les lieux et en les laissant dans leur premier état : arg. de l'article 599.

Les dépenses *de simple entretien*, c'est-à-dire les dépenses courantes qui ont eu pour objet de maintenir le fonds en bon état, ne donneront pas non plus ouverture à un recours en indemnité de la part de l'acheteur de la chose d'autrui, après l'éviction consommée : ces sortes de dépenses sont, en effet, considérées, par le droit commun, comme une charge normale des fruits et des revenus. Comparez, au surplus, M. Pellat, *Textes sur la dot*, p. 37 à 39, et notre *Essai sur la possession des meubles*, nos 127 et suivants.

135. Les différentes questions que nous avons étudiées jusqu'ici dans le cours de ce travail se présentent, en matière d'échange comme en matière de vente, lorsque l'échange (1) a porté sur la chose d'autrui.

_____

(1) Sous l'empire de la législation romaine, l'échange et la vente n'étaient point déjà soumis aux mêmes règles, et les effets de ces deux contrats étaient essentiellement différents. Celui qui avait formé le contrat d'échange était juridiquement fondé à exiger une *transmission de propriété* réciproque et immédiate : l'échange, autrefois comme aujourd'hui, impliquait un double transport de propriété, l'un pour la formation du contrat, et l'autre pour sa complète exécution. Dans la vente, au contraire, sans doute l'acheteur était incontestablement obligé à transférer la propriété du prix : l. XI, § 2 ff. *De act. empt. et vend.*, lib. XIX, tit. I. Mais le vendeur n'était pas obligé d'une

Des jurisconsultes d'une autorité considérable professent ici encore le système de la nullité relative, et considèrent, comme productif d'une obligation contractuelle, l'échange portant sur la chose d'autrui : celui, disent-ils, qui a promis de livrer la chose d'autrui est légalement tenu, vis-à-vis de son copermutant de bonne foi, d'exécuter, au moins par équivalent, le contrat d'échange. Ils admettent, en conséquence, le copermutant de bonne foi, au respect duquel le contrat leur paraît valablement formé, à exercer librement son choix entre la reprise en nature de la chose qu'il a livrée, ou la simple

---

manière aussi absolue, à transférer la propriété de la *merx* : voyez *suprà*, n° 5. Les jurisconsultes romains paraissent, en effet, avoir décomposé les obligations du vendeur en deux (l. I, pr. ff. *De rer. permut.*, lib. XIX, t. IV) : — 1° transférer la propriété paisible : qu'il soit propriétaire ou non, cette obligation est toujours la même ; — 2° ne pas commettre de dol. De cette seconde obligation il suit que le vendeur, s'il est propriétaire, doit transporter la propriété ; mais s'il s'est cru à tort propriétaire, alors qu'il ne l'était pas en réalité, le contrat de vente n'en est pas moins valablement formé et l'acheteur ne peut point se plaindre, tant que sa possession est restée, en fait, paisible et n'a point encore été troublée. M. Accarias, dans sa *Théorie des contrats innomés*, page 141, constate cette différence (entre l'échange et la vente), singulièrement importante au point de vue du sort du contrat ayant pour objet la chose d'autrui : « tandis que le vendeur de la chose d'autrui, quand il a été de bonne foi, dit notre savant collègue, n'est poursuivable qu'après l'éviction ou après l'un des faits qu'on assimile à l'éviction, l'échangiste que j'ai rendu propriétaire de ma chose, et qui m'a livré celle d'autrui, sera sans aucune distinction, immédiatement poursuivable, soit par l'action *præscriptis verbis*, soit par la *condictio*. Ne m'opposez pas la loi 1, § 1, *De rer. permut.*, où l'exercice de l'action *præscriptis verbis* paraît subordonné à l'éviction réelle. Ce texte est ainsi conçu : « *Undè si ea* « *res quam acceperim vel dederim, postea evincatur, in factum dandam ac-* « *tionem respondetur.* » Ce serait méconnaître la pensée de Paul, son auteur. Dans le *principium* de cette loi, il a constaté que l'échange ne doit pas être confondu avec la vente. Et c'est de là qu'il conclut, au § 1, que l'échangiste est poursuivable, *si res evincatur*. Évidemment le mot *evincere* prend ici la signification la plus large. Autrement Paul, au lieu d'établir une différence entre les deux contrats, n'établirait qu'une ressemblance, et, ce qui serait plus grave, il contredirait notre loi 5 dont il est aussi l'auteur. Ne m'opposez pas non plus la loi 1, C. *De rer. permut.*, où la *condictio* est accordée par l'empereur Gordien à l'échangiste évincé. Dans l'espèce sur laquelle on le consultait, l'éviction avait été réalisée. Et en décidant que le consultant peut exercer la condictio, le rescrit ne signifie en aucune façon que, faute d'éviction réalisée, cette action dût être déclarée non recevable. Cela est d'autant plus évident que la question soumise à l'empereur était celle-ci : l'action *ex empto* est-elle admissible? Il statue donc sur la nature de l'action qui compète dans l'espèce, et non pas sur le moment à partir duquel elle compète. Quoique la condictio y soit seule mentionnée, l'empereur fait aussi allusion à l'action *præscriptis verbis*, par ces mots : « *Si hoc elegeris.* »

réclamation de dommages et intérêts plus ou moins élevés, suivant que son co-échangiste aura agi avec ou sans connaissance de cause ; comparez les articles 1125, 1150, 1630 à 1635 et 1707 combinés. A l'appui de ce système on invoque ordinairement trois arguments principaux :

1° Il est absolument contraire à nos mœurs modernes, comme à l'équité, de permettre à une personne d'abuser d'abord de la bonne foi de son cocontractant, pour lui faire accepter un contrat nul, que l'on se réserve clandestinement de pouvoir faire tomber ensuite : si telle était la solution législative des articles 1599 et 1707, elle serait vivement regrettable : car, non-seulement elle constituerait un véritable attentat à la morale sociale, non-seulement elle blesserait l'équité, non-seulement elle constituerait une violation manifeste de l'article 1134, mais encore elle serait contraire à trois principes de droit commun également certains : — Le premier de ces principes, c'est que nul ne peut se faire un titre de sa faute : *Nemo auditur propriam turpitudinem allegans*, ou encore, *Nemo ex delicto meliorem conditionem suam efficere potest*. — Le second principe, c'est que, à situation égale, le possesseur doit être préféré : *in pari causâ, melior est causa possidentis*. — Le troisième principe, c'est que tout co-échangiste doit garantie à son copermutant : *Quem de evictione tenet actio, eumdem agentem repellit exceptio*. Or, ceux qui admettent la nullité absolue de l'échange sont obligés de reconnaître, même au coéchangiste de mauvaise foi, la faculté de faire tomber le contrat, au mépris des engagements passés, en se faisant un titre de sa faute, en ébranlant même une possession acquise, en violant enfin l'obligation étroite de garantie, sciemment formée ; donc le point de départ est impossible à accepter, si l'on en juge par les conséquences déplorables qu'il engendre ;

2° L'argument que l'on tire, contre cette solution, des travaux préparatoires, est, ajoute-t-on, peu concluant : chacun sait, en effet, qu'au moment de la discussion d'un article de loi, les observations les plus diverses s'entre-croisent, et c'est toujours, en dernière analyse, au texte définitivement arrêté qu'il faut demander la lumière; or, précisément, les articles 1599 et 1707 combinés admettent que si, par suite d'une action en revendication du légitime propriétaire, l'un des coéchangis-

tes est évincé de la chose à lui livrée, il peut exercer, contre
son copermutant, un recours en garantie, pour obtenir les
dommages et intérêts déterminés par les art. 1630 à 1635. Ces
dommages et intérêts sont ceux que les art. 1146, 1147 et 1148
à 1150, attachent à l'inexécution d'une convention. C'est donc
que le législateur ne considère pas le contrat d'échange, en
pareil cas, comme tout à fait nul, puisqu'il prend soin d'y
attacher les effets d'une convention valable, mais inexécutée.
C'est en vain que l'on voudrait invoquer, comme base de
l'action en dommages et intérêts, intentée contre le co-échangiste évincé, les art. 1382 et 1383 ; les partisans du système
que nous exposons font remarquer, en effet, avec MM. Aubry
et Rau (t. IV, § 351, texte n° 3, note 45, p. 351), que ces textes
sont étrangers aux fautes contractuelles. Il faut, dès lors, en
revenir à l'idée de garantie (la seule exacte), laquelle démon-
tre victorieusement la validité *relative* de l'échange portant
sur la chose d'autrui;

3° Au point de vue des principes, il est parfaitement rationnel d'admettre que le contrat d'échange puisse rester
productif d'obligations, même dans le cas où il est nul comme
contrat translatif de propriété : est-ce que le contrat d'é-
change n'est pas simplement productif d'obligations, lorsqu'il
porte sur des choses déterminées seulement quant à leur
genre? Arg. des articles 1585 et 1707 combinés.

Cette solution, que ses partisans déclarent conforme à la
fois aux textes, aux principes et à l'équité, aboutit aux quatre
conséquences pratiques suivantes : — *a.* quant aux *personnes*, la nullité de l'échange portant sur la chose d'autrui ne
pourra être invoquée que par l'échangiste victime de la pré-
carité et de l'incertitude de la transmission, mais jamais par
le copermutant en faute, ni avant ni après la délivrance;
— *b.* la *prescription* de dix ans de l'art. 1304 sera applicable; — *c.* la *ratification* ou la confirmation ultérieure, émanant du véritable propriétaire de la chose, effacera la nullité
de l'échange; — *d.* cette nullité sera encore purgée, par
voie de *consolidation*, si le coéchangiste coupable devient, par
la suite, le successeur du véritable propriétaire, soit à titre
universel, soit à titre particulier, ou si, *vice versâ*, le véritable
propriétaire devient l'héritier de l'échangiste qui avait promis

de transmettre, à l'origine, ou qui même avait effectivement transmis (1) la chose d'autrui.

Nous maintiendrons, au contraire, en matière d'échange comme en matière de vente, le principe suivant lequel tout contrat de ce genre, portant sur la chose d'autrui, doit être considéré comme radicalement nul et légalement inexistant. En principe général, la chose d'autrui n'est pas plus susceptible de devenir la matière d'un échange, qu'elle n'est aujourd'hui susceptible d'être l'objet d'une vente valable. La combinaison des art. 1599 et 1707 ne peut laisser aucun doute à ce sujet. Il faut donc, en modifiant un peu les termes des textes précités, poser comme constante la règle suivante : *L'échange de la chose d'autrui est nul.* Il ne peut en résulter aucun déplacement actuel de la propriété : car, *nemo plus juris ad alium transferre potest quàm quod ipse habet.* Il ne peut même en résulter aucune obligation *contractuelle* entre les parties : seulement le coéchangiste de bonne foi pourra, par application de l'art. 1599, al. 2, combiné avec les art. 1707, 1382 et 1383, réclamer des dommages et intérêts à l'autre échangiste, soit de mauvaise foi, soit même de bonne foi : *lex non distinguit.* Nous invoquerons, à l'appui de cette opinion, cinq arguments principaux :

1° Lors de la discussion de l'art. 1599, et dans les discours prononcés à l'occasion de la présentation du projet définitif, il a été répété à satiété que les rédacteurs du Code civil entendaient proscrire l'*aliénation* de la chose d'autrui, comme contraire à la *nature* même *des choses* et aux vues saines de la morale ; or, si telle a été la pensée du législateur, il a dû évidemment vouloir frapper d'une nullité d'inexistence une convention aussi contraire à l'intérêt social. Voyez *suprà* nos 9 à 18.

2° Au point de vue des principes, pourquoi l'échange de la chose d'autrui est-il nul? Parce que ce contrat manque d'objet, parce qu'il manque de cause, parce qu'il est entaché d'une pensée immorale d'usurpation sur le droit d'un tiers, parce qu'enfin il est pratiquement inexécutable, en présence

---

(1) Par application de l'art. 1707, et par extension de l'art. 2059 du Code civil, nous déclarerons *stellionataire* celui qui échangerait un immeuble dont il sait n'être pas propriétaire.

des art. 537, 544 et 1105. Si nous n'avions pas les art. 1599 et 1707, les principes généraux d'ordre public suffiraient à nous permettre d'annuler l'échange portant sur la chose d'autrui ; comparez les art. 6 et 1172 du Code civil ; or, les art. 1599 et 1770 ont eu précisément pour but de confirmer, et non pas d'atténuer les règles de droit commun qui frappent d'inexistence légale tout contrat antisocial.

3° Si le coéchangiste de bonne foi peut, aux termes de l'art. 1599, al. 2, demander et obtenir des dommages et intérêts, c'est parce que les art. 1382 et 1383 établissent le droit à une indemnité au profit de toute personne lésée par un fait quelconque ; mais cela ne veut pas dire que le contrat d'échange, portant sur la chose d'autrui, soit entaché seulement d'une nullité simplement relative.

4° L'échange, lorsque l'un des objets promis est la chose d'autrui, ne peut pas valoir comme contrat translatif de propriété ; tout le monde le reconnaît ; or, il est précisément de l'essence de l'échange d'opérer simultanément un double déplacement de la propriété ; dès lors, ceux qui transforment cette convention en un contrat simplement productif d'obligations, d'une manière unilatérale, et au profit du coéchangiste de bonne foi, dénaturent entièrement la pensée des parties, nonobstant l'art. 1131, et détruisent arbitrairement le caractère synallagmatique et translatif de l'échange.

5° Enfin, un arrêt de la cour de Caen, du 12 février 1840 (Dev., 1840-2-309 et 310), fait observer avec raison que le système de la nullité simplement relative ouvre une carrière indéfinie aux controverses et aux difficultés pratiques.

La doctrine que nous venons d'exposer aboutit, dans son expression dernière, aux quatre résultats suivants : — A. *Quant aux personnes*, la nullité de l'échange pourra être invoquée par les deux coéchangistes, même par l'échangiste de mauvaise foi, soit avant, soit après la délivrance effectuée, sauf à payer des dommages et intérêts plus ou moins élevés, par application des art. 1382 et 1383 ; — B. La *prescription acquisitive* de trente ans seule pourrait couvrir l'exécution, en fait, de cet acte légalement inexistant (art. 2262) ; — C. Pas de *ratification* possible, dans les termes de l'art. 1338 ; — D. L'échange ne deviendrait pas valable, par voie de *confusion* ou de *consolidation* (art. 1300 et 1301), quand même les deux qualités d'échangiste et de propriétaire viendraient à se réunir sur la même tête, avant toute demande en nullité introduite en justice. Si donc le contractant, qui a promis de livrer la chose d'autrui à titre d'échange, devient ensuite, soit à titre universel, comme héritier ou légataire, soit à titre particulier, comme acheteur ou donataire, le légitime successeur du véritable propriétaire, un nouvel échange pourra, sans doute, utilement intervenir; mais l'ancien contrat demeure toujours légalement inexistant et mort-né.

137. Nous rencontrons encore, à propos de l'hypothèque, la question de savoir quelle est la valeur d'un semblable contrat, en tant qu'il porterait sur la chose d'autrui. En étudiant cette dernière question, relative à la valeur de l'hypothèque constituée sur un immeuble appartenant à autrui, nous aurons parcouru successivement les actes *à titre onéreux*, relatifs à la chose d'autrui, qui soulèvent les difficultés pratiques les plus importantes. Quant aux actes à titre gratuit, notamment aux legs et donations portant sur la chose d'autrui, ils formeront l'objet d'une étude ultérieure : comparez l'art. 1021 du Code civil : aj. art. 1423.

D'abord, il est bien certain que l'hypothèque (1) de la chose

---

(1) Le droit de *pignus*, dit M. Ch. Maynz (*Cours de Droit romain*, t. Ier, § 241, p. 762), suppose nécessairement : 1° une dette pour sûreté de laquelle le droit est constitué ; 2° une chose propre à être donnée en gage ou grevée d'hypothèque...... Il faut d'abord que la chose soit dans le commerce et puisse être aliénée, puisque le droit de *pignus* peut éventuellement donner lieu à une aliénation (fr. 5, § 2, D. *De pignoribus*, 20, 1). De plus, pour hypothéquer ou engager une chose, il faut en être propriétaire. Mais il n'est pas nécessaire d'être propriétaire pour le tout ; il suffit même d'être nu-propriétaire (fr. 18, § 1, D. *De pignoribus*, 20, 1. Voy. tit. C. Si *aliena res pignori data sit*, 8,16, et surtout les L. 1, VI, C. eo lem). — Rien ne s'oppose au reste à ce que l'on engage des choses futures (fr. 15, pr. D. *De pign.*, 20, 1; — fr. 11, § 3, D. *Qui potiores*, 20, 4). Toutefois, si l'engagement de la chose d'autrui est nul, il peut devenir valable, d'après les principes du droit romain, par le consentement ou par la ratification du propriétaire. La ratification rétroagit alors, sauf à l'égard des dispositions que le propriétaire a pu faire avant d'avoir ratifié (fr. 2, 20, pr. D. *De pignoratitia actione*, 13, 7; — fr. 4, § 3, D. *De in diem addictione*, 18,2; — fr. 16, § 1, fr. 26, § 1, D. *De pign.*, 20, 1; — fr. 5, § 2, D. *In quibus causis pignus tacite contrahitur*, 20, 2. — L. 2, 4, C. Si *aliena res pignori data sit*, 8, 16. — Cf. fr. 9, § 1, D. *Quibus modis pignus solvitur*, 20, 6. On peut cependant engager la chose d'autrui, pour le cas où l'on en deviendrait propriétaire. Si, en dehors des deux hypothèses mentionnées, quelqu'un engage une chose qui ne lui appartient pas, il n'y a certes pas de *pignus*: cependant certains textes, rapportés par M. Maynz (t. Ier, § 241, notes 14 à 17, p. 764 et 765),

d'autrui est frappée de nullité. C'était déjà la solution de la loi romaine (*si aliena res pignori data sit.* — L. 6, Cod., lib. VIII, tit. XVI). C'est encore aujourd'hui la décision de l'art. 2129, qui spécifie les « immeubles actuellement *appartenant au propriétaire ou au débiteur* ».

Tout le monde est donc d'accord sur la nullité, en principe, de l'hypothèque constituée sur l'immeuble d'autrui.

Mais quel est le caractère de cette nullité ? Est-elle absolue ? Est-elle simplement relative ? En un mot, la constitution d'hypothèque et l'inscription qui en aurait été la suite seront-elles validées par ce fait que le débiteur serait devenu ultérieurement propriétaire de l'immeuble ?

138. M. Troplong (*Hypothèques*, n°ˢ 517 et suiv.) admet l'affirmative. Pour lui, la nullité qui affecte l'hypothèque de la chose d'autrui est simplement relative ; jamais elle ne pourrait être opposée par le constituant lui-même, et elle serait toujours couverte par la consolidation, c'est-à-dire par l'acquisition que le constituant ferait ultérieurement de la chose hypothéquée, ou bien par la circonstance que le véritable propriétaire viendrait à succéder au constituant à titre universel. (Voir encore Merlin, *Questions de droit*, v° Hypothèques, § 4 b.)

M. Troplong (*op. cit.*, n° 521) invoque trois arguments principaux : 1° les *lois romaines*, qui admettaient l'exception de

accordent au créancier de bonne foi une action hypothécaire utile, si le constituant vient à acquérir la propriété par la suite, ou si le propriétaire de la chose devient héritier du constituant. Cet avantage est assuré au créancier de bonne foi, quelle que soit la condition du constituant ; mais si ce dernier avait, au moment de la constitution, la possession de bonne foi de la chose, la position du créancier est plus favorable encore. Dans ce cas, en effet, il jouit immédiatement d'une action hypothécaire utile, régie par les principes de l'action publicienne. Il va de soi que l'engagement de la chose du créancier, étant contraire à l'essence du droit d'hypothèque, est radicalement nul, et ne peut jamais devenir valable. — D'autre part, il résulte des lois 11, § 2 et 16, *De rebus creditis* (*Dig.*, lib. XII, tit. I), que le *mutuum* ne peut pas avoir pour objet la chose d'autrui, parce que la transmission même de la propriété est essentielle à la constitution de ce contrat. Quant à la *vente* de la chose d'autrui, elle produit, en droit romain, des effets importants, que M. Bonafos, dans son étude sur le *Legs et la vente de la chose d'autrui*, ramène aux cinq suivants : 1° l'acheteur a le droit de percevoir les fruits ; 2° il peut acquérir la propriété par voie d'usucapion ; 3° il peut exercer l'action publicienne ; 4° l'action en garantie lui appartient ; 5° il peut, enfin, diriger une action en dommages et intérêts contre son vendeur.

dol à l'encontre du constituant, lequel, devenu propriétaire de l'immeuble hypothéqué, voudrait se prévaloir de la nullité originaire de la constitution d'hypothèque (L. 5, § 2, ff. *Ad S. C. macedonianum.* —L. 41, ff. *De pignoratitia actione.*—L. 5, Cod. *Si aliena res pignori data sit*). — Ainsi, lorsque le débiteur devenait propriétaire de la chose hypothéquée, il se faisait ce que les interprètes ont appelé une *reconciliatio pignoris*, et il suivait de là que le créancier pouvait poursuivre la chose hypothéquée sur son débiteur, sans que celui-ci pût opposer la nullité originaire;

2° M. Troplong invoque l'obligation de garantie : «Le constituant, dit-il, devant garantie à son créancier ne peut pas l'évincer. » M. Troplong met encore en avant la maxime : *Confirmato jure dantis, confirmatur et jus accipientis;*

3° Aujourd'hui, ajoute-t-il, les inscriptions font tout connaître aux tiers, et ils ne peuvent pas se plaindre de surprises. Ils ont nécessairement su que la chose était hypothéquée, et, bien que cette hypothèque eût été consentie à une époque où le constituant n'était pas encore propriétaire de l'immeuble, ils ont dû s'attendre aux effets éventuels d'une consolidation ultérieure et à l'application de la maxime : *Confirmato jure dantis, confirmatur et jus accipientis.*

139. Pour nous, nous croyons très-fermement que l'hypothèque de la chose d'autrui est, comme la vente, frappée d'une nullité radicale, absolue et insusceptible d'être jamais couverte. (Voy. Dalloz, v° *Priviléges et hypothèques*, n°s 1188 et suiv., et MM. Aubry et Rau, t. III, § 266, texte n° 1, note 4, p. 261.)

Nous pouvons appuyer cette solution sur les textes les plus précis du Code :

1° Aux termes de l'art. 2120, l'hypothèque ne peut être constituée valablement que sur des immeubles *appartenant au propriétaire ou au débiteur.* C'est une formule prohibitive : *il n'y a que.* La propriété de l'immeuble dans la personne du constituant n'est donc pas une simple condition de *capacité personnelle*, mais une condition de la *possibilité légale* de l'affectation hypothécaire en soi : à défaut de cette condition, l'hypothèque manque d'assiette, et elle est atteinte d'une nullité absolue et irremédiable.

2° Ajoutons que l'art. 2129 décide encore expressément

que « les biens à venir ne peuvent pas être hypothéqués ». Voilà donc la règle de l'hypothèque conventionnelle : hypothèque des biens présents, non pas *in globo*, mais avec désignation spéciale ; prohibition absolue de l'hypothèque des biens à venir. Or, si une fois l'on admet que l'hypothèque consentie *à non domino* puisse être validée par une acquisition ultérieure de l'immeuble indûment hypothéqué, réalisée au profit du constituant originaire, on a une hypothèque ayant porté sur des biens à venir, et le texte de l'art. 2129 est entièrement violé, aussi bien que son esprit. Donc...;

3° Ce que M. Troplong a perdu de vue, c'est la révolution considérable apportée par le Code civil dans le régime des hypothèques. Le législateur nouveau a prohibé entièrement l'ancien système qui non-seulement admettait l'hypothèque conventionnelle des biens à venir, mais la faisait encore résulter *de plein droit* de toute obligation notariée. Dès lors, qu'importe l'opinion des lois romaines ? Qu'importe la tradition historique ? Qu'importe l'obligation de garantie et la maxime : *Confirmato jure dantis, confirmatur et jus accipientis* ? Le système est changé, et l'art. 2129 est formel en sens contraire : dès lors, il faut l'appliquer dans tous les cas ; car le régime hypothécaire est, par excellence, un régime de droit étroit. Aujourd'hui, toute hypothèque des biens à venir est, *à la différence de la vente* (art. 1130 et 1600), absolument prohibée. Or, déclarer valable l'hypothèque constituée sur l'immeuble d'autrui, quand le débiteur devient ultérieurement propriétaire de cet immeuble, ce n'est point faire autre chose que de lui permettre d'hypothéquer ses biens à venir. Donc, une telle solution est inadmissible ; car nous ne nous trouvons pas dans les cas d'exception prévus par l'art. 2130, où, par faveur, l'hypothèque des biens à venir est tolérée par la loi.

De ce principe, que l'hypothèque, constituée sur l'immeuble d'autrui, est frappée d'une nullité absolue et irrémédiable, résultent les cinq conséquences suivantes :

A. — L'hypothèque n'est pas validée, si le constituant acquiert ultérieurement l'immeuble ;

B. — Elle reste nulle, malgré la circonstance que celui auquel l'immeuble appartient viendrait à succéder au constituant à titre universel ;

C. — L'hypothèque serait radicalement nulle, alors même

que le constituant, en déclarant que l'immeuble appartenait
à un tiers, l'aurait hypothéqué pour le cas où il deviendrait
lui-même propriétaire. Il est vrai que, d'après l'art. 2125, on
peut consentir une hypothèque soumise à quelque condition
ou à une rescision; mais de ce qu'on peut hypothéquer un
immeuble sur lequel on a un droit de propriété soumis à une
condition suspensive, il ne résulte nullement qu'on puisse
hypothéquer un immeuble sur lequel on n'a aucun droit
de propriété, même conditionnel, pour le cas où l'on en deviendrait propriétaire. D'ailleurs, l'art. 2129, al. 2, dit expressément que « les biens à venir ne peuvent pas être hypothéqués; » donc...

D. — Lorsque le constituant, en hypothéquant l'immeuble
d'un tiers, s'est porté fort pour ce dernier, la ratification du
propriétaire n'a pas pour effet de valider rétroactivement la
constitution; elle ne vaut que comme constitution nouvelle;
donc, il faudra une ratification énoncée dans un acte authentique (art. 2127); par suite, il faudra une nouvelle inscription,
et l'hypothèque ne sera opposable aux tiers qu'à la date
de cette nouvelle inscription et sans aucune rétroactivité.

Il faut toutefois remarquer que M. Pont (*Hypothèques*,
n° 626) et la jurisprudence (Cass., 2 et 3 août 1859, Dev.,
1859-1-801 et 811), admettent une solution contraire. D'a-
près cette doctrine, la ratification du propriétaire rétroagi-
rait, et cela sans un acte authentique et sans une nouvelle
inscription nécessaires :

On invoque la maxime : *Ratihabitio mandato æquiparatur.*
On ajoute que les tiers sont avertis, par la première inscription, de l'éventualité de cette ratification. — Nous répondrons
que si la maxime : *ratihab tio....* est vraie pour les actes que
le consentement des parties suffit à rendre efficaces, elle ne
saurait s'appliquer à des actes pour la validité desquels la loi
exige des conditions particulières et des formes spéciales; or,
telle est précisément la constitution d'hypothèque. — En second lieu, les tiers ne sont pas suffisamment avertis, par l'inscription, de la constitution originaire d'hypothèque : car ils
ont dû compter sur la *nullité absolue* de cette constitution,
puisque la loi la prononce.

E. — La nullité de l'hypothèque constituée sur l'immeuble
d'autrui peut être proposée, non-seulement par le vrai proprié-

taire de cet immeuble ou par ses ayants cause; mais même
par ceux auxquels le constituant l'aurait vendu ou hypothéqué, après en être devenu propriétaire (V. MM. Aubry et
Rau, t. III, p. 293, § 266, texte n° 1, note n° 8). En effet, ces
personnes sont des tiers au respect des titulaires d'hypothèques infectées de nullité, et, dès lors, elles sont recevables à se
prévaloir de cette nullité pour obtenir la préférence en faveur de leurs propres droits. Il ne saurait, du reste, y avoir de
difficulté sur ce point particulier, quelle que soit la doctrine
admise quant au caractère de la nullité de l'hypothèque constituée sur le fonds d'autrui.

140. Nous rencontrons encore, à propos de l'hypothèque
constituée sur le fonds d'autrui, la célèbre question de savoir
quelle est la valeur des hypothèques consenties par l'héritier
putatif ou apparent : l'héritier véritable, qui se représente,
est-il tenu de les respecter?

L'art. 136 du Code civil nous fournit un premier exemple
de cette situation anormale en visant le cas d'absence. Nous
ajouterons l'exemple suivant : un tiers, trompé par des titres
apparents, se met en possession, de bonne foi, d'une succession qu'il croit lui appartenir, comme représentant *ab intestat*
d'un *de cujus;* il consent ensuite des hypothèques à des tiers;
puis un héritier testamentaire se présente pièces en main et
revendique la succession; l'hypothèque doit-elle ou ne doit-
elle pas être maintenue?

Cette question, qui se rencontre le plus souvent dans la
pratique à propos des aliénations volontaires, a été très complètement étudiée par l'éminent doyen de la faculté de Caen,
M. Demolombe, dans son *Traité de l'absence,* n°s 240, 244 et
suivants.

Un premier système consiste à prononcer, dans tous les
cas, la nullité absolue, soit de l'hypothèque, soit de l'a-
liénation qui aurait pu être consentie par l'héritier apparent :

1° Au point de vue des textes, nul ne peut transmettre à
autrui plus de droits qu'il n'en a lui-même (art. 1599, 2125
et 2182, al. 2); or, l'héritier apparent n'était pas légitime propriétaire, puisqu'il est obligé de céder la place à un tiers, sur
une action en pétition d'hérédité : donc, la constitution d'hypothèque est nulle, un démembrement de la propriété ne

pouvant pas évidemment être concédé par celui auquel manque la plénitude du droit primordial ;

2° Au point de vue des principes, le droit de propriété est absolu et perpétuel : donc l'héritier véritable n'a pas pu être dépouillé de sa chose sans sa volonté et par une constitution d'hypothèque émanant d'un usurpateur ;

3° Enfin, l'intérêt social exige que le droit de propriété soit sérieusement protégé.

Si l'on objecte à ce système l'erreur invincible et la bonne foi du créancier hypothécaire ou du tiers acquéreur, dont la situation est si digne d'intérêt, ses défenseurs répondent qu'il ne saurait en résulter un anéantissement du vice originaire. En droit commun, la bonne foi entraîne deux faveurs seulement : 1° le possesseur fait les fruits siens (art. 549 et 550) ; 2° la durée de la prescription est abrégée en sa faveur ; au lieu d'être de trente ans, cette prescription n'est plus que de dix et vingt ans (art. 2265). Mais la translation *immédiate* et irrévocable de propriété, la loi s'est bien gardée de la consacrer : donc, à plus forte raison, la constitution d'hypothèque ne doit pas être maintenue.

Pourtant la jurisprudence la mieux affermie valide les hypothèques, comme les aliénations consenties par l'héritier apparent ou putatif, au profit d'un tiers *de bonne foi*. (Voy. Paris, 8 juillet 1833 : Dev., 1833-2-455 ; Besançon, 18 juin 1864, Dev., 1865-2-102). Cette solution a paru à la fois nécessaire au point de vue pratique et conforme aux principes généraux du droit :

1° L'intérêt social exige la stabilité des contrats et la fixité des fortunes : il ne faut pas que, pendant dix, vingt ou trente années peut-être, une menace d'éviction puisse entraver la libre circulation de biens acquis loyalement et de bonne foi ;

2° L'héritier véritable est en faute de n'avoir pas fait valoir plus tôt ses titres, s'il les connaissait ; et il est encore en faute, s'il ne les connaissait pas, de n'avoir pas mieux surveillé ses intérêts : en tout cas, il faut infliger une perte soit à lui, soit au tiers acquéreur ou aux créanciers hypothécaires : or, ces derniers sont couverts par l'erreur invincible et par la bonne foi ; donc, le préjudice doit retomber tout entier sur la tête de l'héritier retardataire, d'une part par application du prin-

cipe de la personnalité des fautes, et d'autre part en vertu de
la règle, *jura vigilantibus prosunt;*

3° Le maintien de la constitution d'hypothèque ou de
l'aliénation peut enfin fort souvent être appuyé sur une présomption de mandat : *Qui veut la fin veut les moyens.* La loi,
en confiant à l'héritier apparent l'administration de la succession ou de l'hérédité jacente, lui confère par suite le droit
et le pouvoir d'en faire le règlement et la liquidation : or, il
peut devenir nécessaire d'aliéner ou de consentir une hypothèque, pour faire face aux exigences d'un créancier importun.
Donc, la loi, dans l'art. 136 du Code civil, apporte, par la
force même des choses, une exception aux principes généraux des art. 1599, 2125 et 2182.

D'ailleurs, il faut bien accepter cette idée, si l'on ne veut pas
se trouver en face d'une situation sans issue : car, nulle part,
les textes n'indiquent un procédé à suivre pour arriver, lorsque l'on se croit héritier, et qu'au fond peut-être on ne l'est
pas, à une aliénation possible et à une constitution d'hypothèque valable; or, condamner tout héritier apparent à une
situation aussi mauvaise, ce serait entraver les contrats pendant de longues années peut-être, au grand détriment de l'intérêt privé des familles et du crédit de l'État. La solution admise par la jurisprudence est d'une nécessité absolue dans
la pratique des affaires.

Nous arrivons ainsi à la cinquième et dernière partie de
ce travail, laquelle sera consacrée à l'examen des règles spéciales applicables à la vente de la chose d'autrui, lorsque
l'aliénation a porté sur un meuble.

PARTIE CINQUIÈME.

**Quels sont les principes particuliers qui régissent la vente
de la chose d'autrui puisque cette vente a pour objet un
meuble ?**

SOMMAIRE.

111 et 112. Exposition et division. — 113. CHAPITRE PREMIER : Quelle est
la position du vendeur et de l'acheteur considérés dans leurs rapports res-
pectifs ? — Division de cette partie du sujet. — 114. *Section première :* Si-

tuation réciproque du vendeur et de l'acheteur, lorsque l'aliénation a porté sur le meuble d'autrui, mais en dehors de toute hypothèse de vol ou de perte. — 145. Exposition. — 116 et 147. Position de l'acheteur *de bonne foi avant* la livraison opérée. — 148. Position du vendeur. — 149. Position de l'acheteur *de bonne foi* du meuble d'autrui *après* la délivrance opérée. — 150. Position du vendeur. — 151. Situation faite à l'acheteur de *mauvaise foi* du meuble d'autrui. — 152. Situation du vendeur. — 153. *Section deuxième :* Position respective du vendeur et de l'acheteur, lorsque l'aliénation a porté sur un meuble volé ou perdu. — 154. *Quid* si le vendeur et l'acheteur étaient, tous les deux, de mauvaise foi ? — 155. *Quid* si le vendeur seul a connu les vices de la chose transmise ? — 15°. *Quid* si l'acheteur seul a traité en connaissance de cause ? — 157. Position, dans ces différents cas, du véritable propriétaire du meuble volé ou perdu. — 158. CHAPITRE DEUXIÈME : Situation du *vendeur* d'un meuble appartenant à autrui, vis-à-vis du légitime propriétaire de ce meuble. — 159. *Quid* si le vendeur a été de bonne foi ? — 160. *Quid* si le vendeur a été de mauvaise foi ? — 161. CHAPITRE TROISIÈME : Position faite à l'acheteur de la chose mobilière d'autrui vis-à-vis du véritable propriétaire de ce meuble. Exposition et division. — 162. *Quid* s'il s'agit de l'achat d'un effet mobilier ordinaire qui n'avait été ni volé ni perdu ? — 163. Position de l'acheteur de bonne foi. — 161. Position de l'acheteur de mauvaise foi. — 165. *Quid* s'il s'agit de l'achat d'un objet mobilier qui avait été volé ou perdu ? — 166. Nature et point de départ du délai de trois ans édicté par l'art. 2279, al. 2. — 167 et 168. Conditions d'exercice du droit de revendication exceptionnellement accordé au propriétaire d'un meuble volé ou perdu par les articles 2279, al. 2, et 2280. — 169. Application des articles 2279 et 2280 aux titres au porteur. — 170. Dispositions de la loi du 12-19 mai 1871 sur les meubles soustraits à Paris pendant la commune. — 171. Des droits d'enregistrement en matière de vente de la chose d'autrui. — 172. Suite. — 173 à 177. Suite et fin.

141. Cette partie de notre sujet va nous amener à combiner la disposition de l'art. 1599 du Code civil avec les règles spéciales posées dans les art. 2279 et 2280. Comparez la loi des 12-19 mai 1871, laquelle déclare inaliénables les propriétés publiques ou privées soustraites et détournées à Paris durant la Commune. Ajoutez la loi des 15 juin-8 juillet 1872, relative aux titres au porteur, et le règlement d'administration publique des 10-11 avril 1873, organisant le mode d'exécution des articles 11 et 13 de ladite loi : voyez le *Journal officiel* du vendredi 11 avril 1873.

142. Les conséquences de la vente d'un meuble appartenant à autrui doivent être envisagées successivement à trois points de vue :

1° Au point de vue de la position respective des contractants, de l'acheteur vis-à-vis de son vendeur ;

2° En ce qui concerne la position du vendeur vis-à-vis du véritable propriétaire ;

3° En ce qui touche la situation de l'acheteur vis-à-vis de ce même propriétaire du meuble.

CHAPITRE PREMIER.

QUELLE EST LA POSITION DU VENDEUR ET DE L'ACHETEUR CONSIDÉRÉS DANS LEURS RAPPORTS RESPECTIFS, LORSQUE LA VENTE A EU POUR OBJET UN MEUBLE ?

143. Il peut arriver que la vente du meuble d'autrui ait porté sur un objet ordinaire, en dehors de toute hypothèse de vol ou de perte : il peut arriver aussi que le meuble transmis soit un objet perdu ou volé.

Ces deux cas sont régis par des principes essentiellement différents.

Section première.

Position respective du vendeur et de l'acheteur, lorsque l'aliénation a porté sur le meuble d'autrui, mais en dehors de toute hypothèse de vol ou de perte.

144. La disposition de l'art. 1599 ne peut s'appliquer aux ventes de choses mobilières déterminées dans leur individualité, qu'avec de nombreuses modifications qui résultent de la maxime qu'en *fait de meubles, la possession vaut titre,* formulée par l'art. 2279, al. 1.

145. Ces modifications sont d'ailleurs applicables, ou doivent être, au contraire, écartées, suivant que l'on se trouvera en présence d'un acheteur de bonne foi, ou en présence d'un acheteur de mauvaise foi.

146. Supposons d'abord que l'acheteur du meuble d'autrui ait contracté de *bonne foi* : peut-il, avant la délivrance opérée, demander la nullité de la vente en vertu de l'art. 1599, al. 1? Le pourrait-il encore après la délivrance une fois effectuée ?

147. Nous demandons, en premier lieu, si l'acheteur de bonne foi du meuble d'autrui peut, *avant la livraison opérée,* demander valablement, contre son vendeur, la nullité de l'aliénation.

10

Nous n'hésitons pas à répondre affirmativement : l'acheteur n'est pas encore en possession ; par conséquent l'art. 2279, al. 1, ne couvre pas son acquisition pour l'avenir : comparez, sur ce point, notre *Essai sur la possession des meubles*, n° 37 et suivants : voyez aussi l'art. 1141. D'autre part, le contrat est certainement nul, à cause du vice dont est atteinte la chose promise, et il est immoral, à cause de la pensée consciente ou inconsciente d'usurpation qu'il renferme. Donc l'acheteur peut ici invoquer, à bon droit, la nullité de l'art. 1599, al. 1.

148. Nous accorderons la même faculté au vendeur, soit de bonne foi, soit même de mauvaise foi : car la nullité est ici absolue et radicale : voyez *suprà* n°s 75 à 81. De plus, ce vendeur, qui a commis une première faute en consentant à la vente du meuble d'autrui, ne peut pas être légalement assujetti à commettre une seconde faute, plus grave encore, en livrant cette chose. Seulement, par application de l'art. 1599, al. 2, le vendeur pourra être condamné, envers l'acheteur de bonne foi, à des dommages et intérêts, plus ou moins étendus, suivant les cas. Voyez *suprà* n°s 81 et 126.

149. Nous demandons, en second lieu, si l'acheteur de bonne foi du meuble d'autrui peut encore, *une fois la délivrance opérée*, demander, contre le vendeur, la nullité de son contrat, en vertu de l'art. 1599.

Une semblable demande en nullité ne nous paraîtrait pas admissible : nous pensons que l'acheteur ne peut pas demander la nullité de la vente d'une chose mobilière, appartenant à autrui, dont il a *reçu* la livraison, dans l'ignorance des vices du contrat, toutes les fois qu'il peut être protégé, contre la revendication ultérieure du véritable propriétaire, par l'art. 2279, al. 1, et par la règle qu'*en fait de meubles* (1) *la possession vaut titre*. En effet, l'acheteur serait alors repoussé en vertu du principe, *sans intérêt, pas d'action*, et par application de l'adage, *specialia generalibus derogant :* devenu propriétaire irrévocable, par l'énergie d'une présomption légale *juris* et *de jure*, il n'a plus désormais à redouter le

_____

(1) Voyez, sur les motifs, la portée et les conditions d'application de cette maxime, notre *Essai sur la possession des meubles* et sur la revendication des titres au porteur perdus ou volés, n°s 16, 17, 23, 26 à 30, et 58 à 72.

succès d'une action en revendication dirigée contre lui : il est donc investi, d'une manière incommutable, des droits qu'il avait stipulés, et dès lors, il n'a nullement à se plaindre. Comparez notre *Essai sur la possession des meubles*, nᵒˢ 48 et 49.

150. La même solution doit être adoptée en ce qui concerne le *vendeur soit de bonne foi, soit de mauvaise foi*. Il ne peut pas demander la nullité d'une transmission légitimée par l'application de l'article 2279, al. 1. Ce texte, en effet, efface complétement dans les cas où il est applicable les principes posés par l'art. 1599. D'ailleurs, en quelle qualité le vendeur prétendrait-il agir ici en nullité ? Comme vendeur, il ne le peut pas, aux termes de l'art. 1131, et parce qu'en équité, il ne peut pas imposer judiciairement la violation d'un contrat librement consenti. Comme mandataire ou comme gérant d'affaires du véritable propriétaire, il n'est pas davantage recevable ; car la maxime qu'*en fait de meubles, la possession vaut titre*, l'arrêtera fatalement dès le début des poursuites. Dès lors, le vendeur d'un meuble appartenant à autrui ne peut pas, après la délivrance effectuée entre les mains d'un acquéreur *de bonne foi*, demander la nullité de la vente : il peut seulement être soumis à une action en dommages et intérêts, de la part du légitime propriétaire, lésé par le contrat d'aliénation consenti au préjudice de ses droits : arg. de l'art. 1382.

151. Mais supposons que l'acheteur du meuble d'autrui ait traité *sciemment*, et qu'il ait parfaitement connu, en contractant, les vices du contrat.

Il est évident qu'il pourra, alors, demander la nullité de la vente, soit *avant*, soit même *après* la délivrance opérée, contre le vendeur, sans qu'il y ait lieu de distinguer si celui-ci avait été, à l'origine, de bonne foi ou de mauvaise foi. Ici, en effet, l'acheteur étant de mauvaise foi, se trouve dans l'un des cas exceptionnels où il peut être évincé par une action en revendication émanant du légitime propriétaire. L'art. 2279, al. 1, cesse d'être applicable (1), et l'art. 1599 recouvre par

(1) En exigeant la bonne foi chez le possesseur d'un meuble qui veut invoquer la maxime consacrée par l'art. 2279, al. 1, nous nous mettons à regret, en opposition avec la doctrine enseignée par MM. Aubry et Rau sur Zachariæ.

suite, tout son empire. D'un autre côté, l'on ne peut plus opposer à l'acheteur la règle, *Sans intérêt, pas d'action*. Le contrat est nul et légalement inexistant, faute d'objet, faute de cause, et parce qu'il est immoral, aussi bien que juridiquement inexécutable. Dès lors l'acheteur a, en même temps, qualité et intérêt suffisants pour faire constater judiciairement l'inexistence légale de l'aliénation.

152. Nous reconnaîtrons les mêmes droits au vendeur, puisque, comme nous l'avons dit *suprà* n°ˢ 53, 54 et 125, la

t. II, § 183, note 20. Les éminents magistrats enseignent, en effet, que l'existence de la bonne foi est indifférente au point de vue de l'application de la règle qu'*en fait de meubles la possession vaut titre* : les conséquences juridiques de la possession sont, en général, disent ces auteurs, indépendantes de la question de bonne ou de mauvaise foi chez le possesseur : arg. des art. 2279, 2228 et 2229. De plus l'art. 2229 n'exige pas textuellement la bonne foi : or, ce silence du code est très-significatif ; car, toutes les fois que la loi réclame cette condition, elle prend soin de s'en expliquer catégoriquement : voyez les art. 549, 550 et 2265. Toutefois MM. Aubry et Rau reconnaissent que la mauvaise foi du possesseur donnerait ouverture contre lui à une action en responsabilité fondée sur les art. 1382 et 1383, laquelle action aboutirait à une *restitution* nécessaire du meuble, comme seule réparation adéquate du préjudice sciemment causé. Même avec cette doctrine, nous maint'endrions la solution donnée au n° 151 de notre travail : car la doctrine de MM. Aubry et Rau aboutit précisément, par la voie oblique et indirecte, au résultat que nous prétendons atteindre directement par notre interprétation différente de la portée de l'art. 2279, al. 1. — Au reste, la réponse aux objections spécieuses des savants jurisconsultes et la confirmation de notre thèse nous paraissent se rencontrer à la fois dans les textes et dans les motifs d'intérêt public et d'équité qui servent de fondement à notre maxime : l'art. 1141, qui constitue uniquement l'application à une hypothèse spéciale de l'art. 2279, exige, en effet, formellement la bonne foi. « Le second acheteur, dit cet article, mis en possession réelle, demeure propriétaire du meuble vendu, pourvu toutefois que sa possession soit *de bonne foi*. » Voilà pour le texte. — Si ensuite nous nous plaçons au point de vue des motifs qui servent de base à la maxime, *en fait de meubles la possession vaut titre*, il est facile de démontrer qu'ils ne se rencontrent qu'à l'égard du possesseur *de bonne foi* : ces motifs sont puisés d'une part dans la mobilité des meubles qui passent de main en main sans échange de titres et par l'effet de la simple tradition, — d'autre part, dans l'ignorance du tiers acquéreur qui, ne pouvant se renseigner sur cette sorte de biens, a dû nécessairement rester sous le coup d'une erreur invincible : or, si nous supposons le possesseur *de mauvaise foi*, il a été bien et dûment éclairé, et il ne peut plus invoquer son ignorance : de plus il est en faute d'avoir accepté sciemment la chose d'autrui, et il doit la réparation de cette faute. — Enfin, si l'on consulte les travaux préparatoires, les déclarations les plus précises abondent dans notre sens : « Le principe de l'art. 1141, dit le tribun Favard, est fondé sur ce que les meubles n'ont pas de suite, et sont censés appartenir à celui qui les possède, s'il n'est pas prouvé que sa possession soit fondée sur le vol, la fraude, *ou la mauvaise foi*. » M. Bigot Préameneu a fait la même déclaration dans son exposé des motifs à propos de l'art. 1141.

nullité de la vente de la chose d'autrui, étant absolue, peut, lorsqu'elle s'applique, être invoquée par les deux parties contractantes.

Section II.

Position respective du vendeur et de l'acheteur, lorsque l'aliénation a porté sur un meuble volé ou perdu.

153. La maxime qu'*en fait de meubles, la possession vaut titre*, édictée par l'art. 2279, al. 1, s'efface complétement, même à l'encontre de l'acquéreur de bonne foi, en présence du vol ou de la perte : comparez notre *Essai sur la possession des meubles*, n°ˢ 101 et suivants. Dès lors, nous rentrons ici dans la sphère d'application de la nullité édictée par l'art 1599. Nous distinguerons toutefois, avec M. Troplong (*Traité de la vente*, t. I, n° 241), suivant que la vente du meuble perdu ou volé aura été conclue par les deux parties également éclairées sur l'origine vicieuse de la chose, ou bien par des parties, dont l'une seulement, tantôt le vendeur, tantôt l'acheteur, connaissait les imperfections de la convention.

154. Si le vendeur et l'acheteur connaissaient *tous les deux* l'origine *furtive* de la chose, ils sont affranchis, l'un et l'autre, de toute obligation respective : *à neutrâ parte obligatio contrahitur*. Il y a eu cause illicite, et le contrat ne peut produire aucun effet (art. 1131). Comparez l'art. 1599, al. 1.

155. Si c'est le *vendeur seul* qui a connu les vices de la chose transmise, l'acheteur les ignorant complétement, nous admettrons l'acheteur à demander la nullité de la vente par application de l'art. 1599, al. 1, soit avant, soit même après la délivrance, tant qu'il se trouvera du moins dans le délai de trois ans, durant lequel, aux termes de l'art. 2279, al. 2, l'action en revendication du légitime propriétaire peut procéder utilement. Le vendeur, alors, sera contraint de purger la chose du vice qui l'affecte, ou bien il verra proclamer judiciairement la nullité du contrat d'aliénation, avec une condamnation à des dommages et intérêts plus ou moins élevés suivant les cas. Comparez les art. 1149, 1150, 1151, 1382, 1383, 1599, et 2279 à 2280.

Mais le vendeur pourra-t-il, lui aussi, malgré sa mauvaise foi, demander la nullité de la vente portant sur le meuble volé ou perdu ? L'affirmative nous paraît évidente, malgré le peu de faveur que mérite le vendeur de mauvaise foi ; car nous avons établi *suprà* n°s 53, 54 et 125, que la vente de la chose d'autrui est radicalement nulle *ergâ omnes*, toutes les fois que l'on ne se trouve pas dans un cas d'exception aux principes posés par l'art. 1599.

156. Enfin, si l'*acheteur* seul a été instruit, en contractant, du vol ou de la perte de la chose, objet de la convention, le vendeur étant entièrement de bonne foi, ce vendeur ne pourra pas d'abord être judiciairement obligé d'opérer la délivrance : de plus, si la délivrance a été en fait réalisée, il pourra, d'après les principes développés *suprà* n°s 75 à 81 et 125, faire valoir en justice la nullité du contrat, et demander la restitution de la chose. Enfin, si nous supposons que l'acheteur de mauvaise foi ait été évincé par le véritable propriétaire, il pourra, sans doute, réclamer la restitution du prix payé sans cause ; mais il n'obtiendra point, en général, de dommages et intérêts, et il pourra même, au contraire, être condamné à en fournir au vendeur qu'il aurait trompé.

157. Au reste, dans les différentes hypothèses de vol ou de perte que nous venons de parcourir, le véritable propriétaire peut toujours, par application de l'article 2279, al. 2, revendiquer utilement sa chose, et il n'est jamais tenu, sauf dans le cas de l'art. 2280, de rendre au tiers acquéreur qu'il évince, le prix que celui-ci a payé : c'est là un compte à arrêter entre l'acheteur et le vendeur ; c'est un débat auquel le véritable propriétaire doit toujours, en équité, rester, et reste en effet, au point de vue juridique, étranger.

CHAPITRE II.

QUELLE EST LA SITUATION DU VENDEUR D'UN MEUBLE APPARTENANT A AUTRUI VIS-A-VIS DU LÉGITIME PROPRIÉTAIRE DE CE MEUBLE?

158. Il convient de faire ici, aux termes des articles 1599, 2279 et 2280, une distinction importante, suivant que le vendeur aura été de bonne foi à l'époque de la vente et de la

tradition du meuble d'autrui, ou suivant, au contraire, qu'il aura été de mauvaise foi.

159. Supposons d'abord que le *vendeur* ait été *de bonne foi* ; il a ignoré les vices et l'irrégularité de la transmission qu'il opérait. Si le véritable propriétaire ne peut pas recouvrer son meuble en nature, soit parce que cet objet mobilier a péri entre les mains du tiers acquéreur, soit parce que cet acheteur est, eu égard à sa situation particulière, couvert par la maxime de l'art. 2279, al. 1, qu'*en fait de meubles la possession vaut titre*, il est clair qu'il aura, du moins, un recours contre le vendeur. — Quelle va être la mesure de ce recours? nous n'éprouvons pas d'embarras sérieux, si nous supposons le véritable propriétaire placé en face d'un vendeur qui a, sans doute, transmis de bonne foi la chose d'autrui, mais qui l'avait lui-même originairement reçue *à titre gratuit*, par suite d'une donation ou d'un legs. Nous admettrons alors la solution enseignée, d'après le Droit romain, par Pothier (*Traité de la vente*, n° 274, édition Bugnet, t. III, pag. 111) et par M. Troplong (*Vente*, t. 1, n. 243); le vendeur, même de bonne foi, devra restituer au véritable maître de la chose le prix ou la valeur qu'il a reçue en échange de la transmission indûment opérée. Cette décision est fondée sur la règle d'équité naturelle suivant laquelle il est défendu de s'enrichir aux dépens d'autrui ; d'où cette conséquence, parfaitement indiquée par M. Bugnet, que si, en fait, le vendeur prouvait n'être pas devenu plus riche par suite du contrat, il cesserait d'être tenu.

Mais que faudrait-il décider si le vendeur de bonne foi de la chose mobilière d'autrui l'avait lui-même acquise également de bonne foi de quelqu'un qui n'en était pas réellement propriétaire, et cela à *titre onéreux* moyennant un prix ou une prestation en nature, c'est-à-dire par voie de vente ou d'échange? Est-ce que le légitime maître pourrait encore répéter le prix de revente?

Nous ne le pensons pas : car ici, l'on ne peut plus dire au vendeur ainsi poursuivi que le prix qu'il a obtenu en revendant l'effet mobilier a été pour lui un gain réalisé aux dépens d'autrui : il n'a fait, au contraire, que recouvrer d'une main ce qu'il avait déboursé de l'autre. D'autre part, puisqu'il a revendu de bonne foi la chose, il n'a, par cette revente, commis aucune injustice, ni aucune faute engageant sa responsabilité vis-à-vis du véritable propriétaire de cette chose. Tout au plus pourrait-on soutenir que, s'il avait rétrocédé pour un prix de beaucoup supérieur à celui de son acquisition primitive, il devrait tenir compte de l'excédant : c'est, en effet, dans cette mesure seulement qu'il peut être considéré comme s'étant enrichi aux dépens d'autrui. Comparez Pothier, *Traité de la vente*, nº 275, édition Bugnet, page 112.

160. Supposons maintenant que le *vendeur* ait été *de mauvaise foi* ; il a su qu'il vendait une chose mobilière qui ne lui appartenait pas. Quel va être le droit du propriétaire légitime du meuble ainsi transmis ?

Il est évident que l'auteur d'une semblable vente se sera rendu coupable soit d'un *vol* proprement dit, soit au moins d'un *abus de confiance*, d'une violation de dépôt, ou d'une *escroquerie*. Il ne faut pas confondre ces différentes variétés de détournements, dont les conséquences, surtout au point de vue de la répression pénale, et aussi au point de vue des conditions de la revendication du propriétaire contre le tiers acheteur, sont essentiellement différentes. En cette matière, le droit moderne a introduit des innovations considérables qu'il est nécessaire de rappeler brièvement. Comparez Pothier, *Traité du contrat de vente*, nº 270, édition Bugnet, t. III, page 110.

Sous l'empire de la législation romaine, le mot *vol* avait un sens très-large et comprenait tout déplacement frauduleux quelconque de la chose d'autrui, opéré sans l'assentiment du propriétaire pour en retirer un gain : « furtum est *contrectatio* « rei *fraudulosa, lucri faciendi gratiâ*, vel ipsius rei, vel etiam « usûs possessionisve ; quod lege naturali prohibitum est ad- « mittere. » (Instit., liv. IV, tit. I, § 1, *De obligationibus quæ ex delicto nascuntur;* adde L. 1, § 3 ff. *De furtis.*) Les jurisconsultes de l'ancienne Rome ne faisaient pas les distinctions admises aujourd'hui par nos lois françaises entre le vol proprement dit, l'abus de confiance, la violation de dépôt et l'escroquerie : toutes ces hypothèses rentraient sous la dénomination générale de *furtum.* Ainsi, il y avait *vol* non-seulement de la part de celui qui s'emparait subrepticement de la chose d'autrui, *furtum ipsius rei*, mais encore de la part du dépositaire, du locataire ou du commodataire, qui vendaient à un tiers la chose déposée, louée ou prêtée, et en opéraient la tradition moyennant un prix dont ils s'attribuaient le profit, (Comp. Gaius, III, § 195. — Inst., § 6, *De oblig. quæ ex delic. nasc.*) Le créancier gagiste qui se servait de la chose remise entre ses mains à titre de garantie, l'emprunteur à usage qui affectait l'objet prêté à un autre service que le service stipulé, le nu-propriétaire qui s'emparait de la chose mobilière soumise à un droit d'usufruit, étaient réputés commettre le *furtum usûs.* (Comp. Gaius, III, § 196 ; Inst., § 6, *De oblig. quæ ex delict. nasc.*) Enfin il pouvait même arriver que le propriétaire volât sa propre chose : le § 200 du commentaire III de Gaius, et le § 10 des Institutes de Justinien (liv. IV, tit. 1, *De oblig. quæ ex delict. nasc.*), nous font connaître une variété possible du vol, le *furtum possessionis*, qui pouvait émaner du propriétaire même de l'objet mobilier : par exemple, Seius, après avoir donné à Sempronius, son créancier, une chose en gage, la lui dérobe : le vol porte ici sur la possession qui avait été conférée à titre de nantissement ; il y a *furtum possessionis :* « Qui rem pignori dat, eamque subripit, » dit la loi 19, § 5 et 6 ff. *De furtis* (liv. XLVII, tit. II), « furti actione tenetur, » (Comp. l. 20, § 1, ff. *de furtis.*)

Aujourd'hui l'art. 379 du code pénal s'exprime ainsi : « Quiconque a soustrait frauduleusement une chose qui ne lui appartient pas, est coupable de vol. » Il convient donc d'exiger, d'après nos lois actuelles, pour qu'il y ait vol, la réunion de trois éléments ; il faut : 1° qu'une soustraction ait eu lieu ; 2° que cette soustraction soit frauduleuse ; 3° qu'elle porte sur un objet appartenant à autrui. Bien entendu, il ne peut s'agir ici que d'un objet mobilier : ce point était déjà constant en droit romain : « Abolita est, nous dit Gaius (L. 38, ff. *De usurp. et usuc.*), quorumdam veterum sententia « existimantium etiam fundi locive furtum fieri. » *Adde* Inst., § 7, *De usucapionibus,* lib. II, tit. VI).

Nous allons maintenant déterminer les caractères de l'*abus de confiance*, tels qu'ils résultent des articles 406 à 409 du code pénal. Il importe, en effet, de ne plus confondre ce genre d'infraction avec le vol proprement dit. Le vol suppose nécessairement la soustraction frauduleuse d'une chose, soustraction opérée à l'insu et contre le gré du propriétaire dépossédé :

celui-ci aurait peut-être évité cet accident s'il s'était montré plus diligent ; mais du moins son adhésion n'a jamais été donnée au déplacement de sa chose. Dans l'abus de confiance, au contraire, il y a eu un acte de volonté de la part du propriétaire dépouillé : personne n'est venu, de vive force, lui enlever son bien ; c'est lui qui s'est spontanément dénanti ; on a abusé sans doute de sa confiance ; mais il a entendu suivre la foi de l'agent coupable qui s'est ensuite approprié l'objet remis pour en disposer frauduleusement ; il y a eu une imprudence à l'origine, mais en même temps il y a eu libre initiative de la part du propriétaire. En dernière analyse, l'abus de confiance ne dénote pas, chez son auteur, une perversité aussi audacieuse que le vol ; mais il indique une âme malhonnête et sans scrupules.

La *violation de dépôt* est rangée formellement par l'art. 408 du Code pénal, au nombre des cas d'abus de confiance.

L'*escroquerie* présente également des caractères particuliers, ainsi précisés par l'art. 405 du Code pénal : « Quiconque, soit en faisant usage de faux noms ou de fausses qualités, soit en employant des manœuvres frauduleuses pour persuader l'existence de fausses entreprises, d'un pouvoir ou d'un crédit imaginaire, ou pour faire naître l'espérance ou la crainte d'un succès, d'un accident ou de tout autre événement chimérique, se sera fait remettre ou délivrer ou aura tenté de se faire remettre ou délivrer des fonds, des meubles ou des obligations, dispositions, billets, promesses, quittances ou décharges, et aura, par un de ces moyens, escroqué ou tenté d'escroquer la totalité ou partie de la fortune d'autrui, sera puni d'un emprisonnement d'un an, au moins, etc. »

Ce texte indique nettement en quoi l'escroquerie diffère du vol. Le voleur s'introduit chez sa victime par ruse, ou même il force sa porte à l'aide d'escalade et de fausses clefs ; une fois entré, il dérobe des meubles, ou bien il soustrait frauduleusement des titres au porteur qu'il va vendre ensuite et jeter dans la circulation. L'escroc procède tout autrement : il cherche à capter les faveurs d'une personne, qui, laissée à sa propre initiative, n'aurait pas songé à l'investir de sa confiance ; il la circonvient par des manœuvres dolosives, la séduit par l'annonce d'un crédit imaginaire, l'attire

par l'appât d'une fortune simulée, l'allèche par l'espoir
de bénéfices faux et mensongers; il l'endort enfin complètement, en berçant son imagination de rêves irréalisables, de
projets chimériques, qui ne peuvent amener après eux que
des déceptions amères, en sorte qu'un jour, lorsque tout cet
échafaudage d'espérances folles vient à s'écrouler, la personne exploitée se réveille pour voir sa ruine déjà consommée, et la déconfiture imminente; trop heureuse encore, si même elle n'attend pas, pour être complètement
désabusée, que la faillite soit définitivement arrivée ! ! !
Voilà par quels procédés l'escroc réussit à faire passer, dans
ses mains, la totalité ou partie de la fortune d'autrui. En
résumé, le *vol* suppose une soustraction frauduleuse, résultant de voies de fait (art. 379, Code pénal); l'*abus de confiance*
se produit à la suite d'un abandon spontané et irréfléchi
du propriétaire (art. 408); l'*escroquerie* est consommée, grâce
à une remise provoquée par des intrigues et par un ensemble d'indices assez habilement combinés pour tromper un
homme même vigilant et éclairé (art. 405).

Revenons maintenant, après cette digression nécessaire,
aux principes énoncés plus haut, au début du nº 160. Nous
avons dit que celui qui vend *de mauvaise foi* un objet mobilier se rend par là coupable, vis-à-vis du véritable propriétaire de ce meuble, soit d'un vol proprement dit, soit
d'un abus de confiance, d'une violation de dépôt ou bien
d'une escroquerie.

A raison de ces infractions, le vendeur de mauvaise foi
est soumis à la fois à une répression pénale plus ou moins
sévère et à des réparations civiles. Toute infraction peut,
en effet, on le sait, donner ouverture à deux actions, à l'action *publique*, dont l'objet est la réparation du préjudice
social, et à l'action *civile*, qui tend à la réparation du préjudice privé.

De plus, le vendeur de mauvaise foi, s'il devient de
nouveau (1), à n'importe quel titre, possesseur du meuble,

(1) Pothier, dans son *Traité du contrat de vente*, nº 271, prévoyant cette
hypothèse, s'exprime de la manière suivante : « Lorsque celui qui a vendu
une chose qu'il savait ne lui pas appartenir, a vendu cette chose pour un
prix très-avantageux, et qu'il en est depuis redevenu possesseur, n'importe
à quel titre, le propriétaire de la chose a-t-il le droit de répéter la chose, ou
le prix pour lequel il l'a vendue, en offrant de lui laisser la chose ? — Je pense

sera exposé à la revendication du véritable propriétaire, lequel doit être admis à reprendre sa chose partout où il la trouve.

Mais, pendant combien de temps ce droit de suite et de revendication persistera-t-il au profit du légitime maître du meuble détourné? Il est certain, en effet, que cette faculté doit s'évanouir un jour; car notre législation française n'a pas admis le principe de la loi des *Douze Tables : « Rei furtivæ æterna auctoritas esto. »* (Comp. notre *Essai sur la possession des meub es*, n° 11.) Eh bien! est-ce le délai de trois ans (art. 2279, al. 2), qu'il faut appliquer ici, ou bien est-ce un délai plus long? M. Dalloz (v° *Prescription civile*, n° 300) admet le terme de trente ans : « Il est évident, dit-il, que la prescription triennale de l'art. 2279 du Code civil ne s'applique qu'au tiers qui a acheté l'objet volé. *Quand il s'agit du voleur lui-même, ou plus généralement de l'auteur du détournement frauduleux, l'action en revendication dure trente ans.* » Nous le croyons, pour notre part, tout à fait ainsi. Sans doute, il est de principe que la possession délictueuse ne saurait être utile, ni compter au point de vue de la prescription : comp. Bélime, *Actions possessoires*, n°ˢ 73 et suivants. Or, pourrait-on dire, la possession du voleur est fondée sur une infraction ; donc, elle ne peut jamais le mettre à l'abri de la revendication du propriétaire. Mais il faut répondre que, dans l'espèce, ce qui a été délictueux, c'est le *fait même du vol :* mais ensuite la possession de l'agent est devenue utile, car elle a été continue, non interrompue, paisible, publique et à titre de propriétaire (art. 2229) : à tout moment, la personne volée ou dépouillée a été dans la situation de pouvoir actionner l'usurpateur, et interrom-

---

qu'il doit avoir ce choix; car ce possesseur de mauvaise foi ayant commis un vol en vendant et livrant cette chose qu'il savait ne lui pas appartenir, il ne doit pas profiter de ce vol, ni par conséquent retenir le prix avantageux pour lequel il l'a vendue. Celui qui retient la chose d'autrui indûment est obligé envers le propriétaire à qui elle appartient, non seulement à la restitution de cette chose, mais à la restitution du profit qu'il a fait par rapport à cette chose; tel qu'est celui qu'il a fait en la vendant pour un prix avantageux : l'équité naturelle ne permet pas que quelqu'un puisse profiter de son délit : *fraus sua nemini opitulari debet.* » L'article 2059 du Code civil déclare formellement coupable de stellionat celui qui vend un immeuble dont il sait parfaitement n'être pas propriétaire. Ajoutez notre *Essai sur la possession des meubles*, n°ˢ 130 et 131.

pre ainsi la prescription. Si elle ne l'a pas fait, elle s'est
rendue coupable d'une négligence et s'est laissée aller à
une inaction dont elle doit supporter les conséquences ;
car son abstention s'est assez prolongée pour faire présumer
l'abandon du droit ou pour faire encourir sa perte. De
même que la possession prise en vertu d'un titre extorqué
par violence n'est pas violente pour cela, à moins que
les voies de fait n'aient été persévérantes (v. art. 2233, al. 2),
de même la détention de la chose volée ou détournée par
l'agent auteur d'une infraction ne doit pas être considérée
en soi comme perpétuellement délictueuse, au point d'entraver toute acquisition par le laps de temps. Mais alors
on objecte que, si une prescription quelconque est applicable,
ce n'est pas du moins la prescription de trente ans; en effet,
peut-on dire, il est de principe (art. 637, 638, 640 Cod. inst.
crim. combinés avec l'art. 2 du même Code), que l'action
publique et l'action civile se prescrivent par le même laps de
temps, c'est-à-dire par dix ans s'il s'agit d'un crime, par
trois ans s'il s'agit d'un délit, et par un an s'il s'agit d'une
contravention; le délai fixé pour l'extinction de l'action
civile est toujours le même, que cette action soit portée devant les tribunaux répressifs concurremment avec la poursuite du ministère public, ou qu'elle soit intentée comme
action principale devant les tribunaux civils : donc le voleur
qui n'est pas recherché dans les dix ans ou dans les trois ans,
suivant les cas, ne peut plus être en butte à aucune attaque,
de quelque nature qu'on veuille la supposer.

Nous ne saurions accepter cette manière de raisonner;
elle repose, en effet, sur une confusion évidente entre l'action civile résultant d'un crime ou d'un délit, et l'action en
restitution ou en revendication des choses frauduleusement
soustraites. L'action qui est prescrite concurremment avec
l'action publique et par le même délai qu'elle (art. 2 Code
inst. crim.), c'est l'action civile dont la source se trouve
dans l'infraction même, et dont l'objet est la réparation
de cette infraction au moyen d'une indemnité que la personne lésée réclame devant les tribunaux : il fallait bien, en
effet, la renfermer dans un terme très-court; car ici le
demandeur proclame l'existence d'un fait criminel insusceptible, le plus souvent, d'être établi autrement que par la

preuve testimoniale : or, au bout d'un certain temps, les souvenirs sont altérés, les présomptions affaiblies, les témoins dispersés, et, par conséquent, les chances de découvrir la vérité singulièrement amoindries. Le législateur, ému de ces dangers, qui atteignent également l'accusation et la défense, a dû respecter l'œuvre du temps; il a jeté un voile sur le passé, et il a interdit toute recherche qui pourrait aboutir à la révélation d'un attentat désormais impossible à vérifier. Il a considéré que l'action civile, elle aussi, pourrait imprimer sa tache, et entamer gravement l'honneur d'un prévenu peut-être innocent; il a donc décidé qu'elle s'éteindrait au même instant que l'action publique (art. 2, al. 3, Cod. inst. crim.). La revendication, au contraire, s'appuie sur le droit de propriété, établi par des titres que l'on représente : le demandeur n'a pas même besoin de parler du vol, de l'abus de confiance ou de l'escroquerie, causes occasionnelles de l'instance; il poursuit le délinquant comme possesseur illégitime, sans qu'il soit indispensable de faire la moindre allusion à l'infraction commise. J'étais propriétaire, dit-il; je fournis la démonstration victorieuse de mon droit, en exhibant des titres que la justice a reconnus bons et valables ; or, c'est vous qui détenez actuellement mon meuble; je vous en demande la restitution, au même titre que je la réclamerais *adversus quemcumque possessorem ;* car, en vertu de l'énergie du droit réel qui m'appartient, je vais directement à ma chose, et je la reprends là où elle se trouve : *Aio hanc rem esse meam.* Dans tout ceci il ne s'est pas glissé, on le voit, un seul mot ayant trait au délit ou au crime perpétrés à l'origine. Seulement le voleur qui, après avoir prescrit contre l'action publique, est actionné en revendication, ne manquera pas d'invoquer aussitôt la maxime de l'art. 2279, al. 1, qu'*en fait de meubles la possession vaut titre.* C'est ici que le demandeur en revendication devra prendre grand soin de formuler adroitement sa réponse : il faut qu'il se garde bien, pour repousser l'application de l'art. 2279, al. 1, d'alléguer l'existence d'une infraction commise *ab initio;* car aussitôt on lui opposerait à bon droit la prescription des art. 637 et 638 Cod. inst. crim. Il faut qu'il argumente uniquement de la *mauvaise foi* du défendeur. Vous ne pouvez pas, lui

dira-t-il, vous prévaloir de la maxime, qu'*en fait de meubles la possession vaut titre*, parce que cette règle n'est
destinée à protéger que les possesseurs de bonne foi : or,
non-seulement vous détenez ma chose matériellement, mais
encore vous la détenez sachant parfaitement qu'elle ne vous
appartient pas et qu'elle est à moi; donc vous êtes obligé
de la restituer. En vain, le défendeur voudrait-il soutenir que
l'action du revendiquant a, en définitive, son vrai fondement
dans une allégation de vol, d'abus de confiance ou d'escroquerie, délits déjà depuis plusieurs années prescrits; le
revendiquant maintiendra toujours les termes de sa prétention première. Je me garderais bien, répondra-t-il, de vous
accuser de vol, d'abus de confiance ou d'escroquerie, et
il vous sied mal de dévoiler vous-même votre prétendu for-
fait; car *nemo auditur propriam turpitudinem allegans*. Pour
moi, je persiste à vous considérer comme un parfait honnête
homme, complétement incapable de prendre le bien d'autrui ; seulement vous vous trouvez, par hasard, détenteur
de ma chose, à la suite de circonstances que je n'ai point à
connaître : je prouve que vous étiez renseigné sur l'illé-
gitimité de votre possession, ce qui vous constitue de mauvaise foi. Je vous somme donc, la loi en main, de me rendre
mon meuble, et vous ne pouvez vous soustraire, par aucun
moyen de droit, à cette dure nécessité.

L'on voit comment, à l'aide d'un artifice fort simple de
procédure, le demandeur en restitution pourra le plus souvent triompher dans son action, d'autant mieux que les tribunaux seront toujours portés à se prêter à ce mode d'argu-
mentation et à admettre une revendication aussi conforme
aux conceptions de la morale qu'aux principes du droit :
« Il ne faut pas, dit excellemment M. Trébutien (*Cours élémentaire de droit criminel*, t. II, p, 160), exagérer la règle suivant laquelle le délai de la prescription de l'action civile
est le même que celui de la prescription de l'action publique : cette règle s'applique exclusivement à l'hypothèse où
l'action civile se fonde uniquement sur le fait même du
crime ou du délit, et n'a d'ailleurs aucun autre fondement
à invoquer. Il en est tout autrement si le demandeur invoque un droit de propriété, ou un droit résultant d'un contrat; ce droit est alors parfaitement indépendant du délit,

a une origine distincte, une nature spéciale, et il est régi par
la prescription qui se rapporte à cette nature. Ainsi, par
exemple, il y a lieu à la prescription de *trente ans*, et non
pas à la prescription de trois ans, lorsque le propriétaire
d'un immeuble intente, devant le tribunal civil, une action
en restitution de la moitié d'un trésor trouvé sur son fonds,
et que le défendeur s'est approprié en totalité, bien que ce
fait soit puni par l'art. 401 du Code pénal; le propriétaire
intente, en effet, une revendication qui dérive non du délit,
mais de son droit de propriété (Angers, 15 juillet 1851;
Dev., 1851, 2, 491). Il en est encore de même lorsque le mandant ou le déposant agissent en restitution du dépôt ou des
sommes confiées. Vainement le dépositaire ou le mandataire opposeraient la prescription du délit de violation de
dépôt ou d'abus de mandat; cette prescription ne peut pas
s'appliquer à l'action personnelle qui naît du contrat lui-
même (Cass., 16 avril 1845; Dev., 1845, 1, 494). On a souvent eu tort de confondre ces deux hypothèses, qu'il importe
cependant de bien séparer. (Comp. Bordeaux, 15 avril 1829,
Sirey, 1829, 2, 218; — Cass., 25 janvier 1822, Sir., 1822, 1, 316;
— Cass., 3 août 1811, Dev., 1811, 1, 753; — Bordeaux,
31 juillet 1848, Dev., 1849, 2, 81; — Faustin-Hélie, *Instruction criminelle*, t. III, p. 792.)

CHAPITRE III.

QUELLE EST LA POSITION FAITE A L'ACHETEUR DE LA CHOSE MO-
BILIÈRE D'AUTRUI, VIS-A-VIS DU VÉRITABLE PROPRIÉTAIRE DE CE
MEUBLE?

161. La combinaison de l'art. 1599 avec les art. 2279
et 2280 nous amène à poser, tout d'abord, la distinction
suivante : ou bien l'achat aura porté sur un objet mobilier
ordinaire, en dehors de toute hypothèse de vol ou de perte;
— ou bien il s'agira de l'achat d'un meuble perdu ou volé.
Ces deux hypothèses ne sont point gouvernés par les mêmes
règles.

162. Supposons d'abord qu'il s'agisse de l'achat d'un *objet
mobilier* ordinaire, qui n'avait été ni *volé*, ni *perdu*. Les prin-

cipes diffèrent alors suivant que le véritable propriétaire de
ce meuble se trouvera en présence d'un tiers acquéreur de
bonne foi (1) ou en présence d'un tiers acquéreur de
mauvaise foi. La bonne foi de la part du tiers acquéreur
consiste à ignorer que le meuble qui lui a été vendu et livré
n'appartenait pas, en réalité, à son vendeur. Elle est, du
reste, toujours présumée, aux termes des art. 1116 et 2268 ;
ce serait donc à celui qui alléguerait la mauvaise foi, c'est-
à-dire la connaissance acquise par l'acheteur du vice de
la transmission opérée en sa faveur, qu'il incomberait de
fournir la démonstration victorieuse de cette affirmation :
arg. de l'art. 1315.

163. Si l'acheteur a été *de bonne foi*, lors de la conclusion et de la réalisation de la vente, le véritable propriétaire, victime de l'aliénation, verra son action en revendication paralysée et arrêtée par l'application de la maxime,
qu'en *fait de meubles la possession vaut titre*. L'art. 2279,
al. 1, forme ici un obstacle insurmontable (2) à l'action du
propriétaire, auquel restera seulement un recours, tel que
de droit, contre le vendeur, auteur de la spoliation : voyez
suprà, nᵒˢ 158 à 168.

164. Si l'acheteur a été *de mauvaise foi*, il ne peut invoquer ni l'art. 2279, ni l'art. 2280. Il reste par conséquent

---

· (1) On controverse vivement la question de savoir à quel moment il faut
que la bonne foi ait existé chez le tiers acquéreur du meuble d'autrui. Suffit-il
qu'il ait été de bonne foi au moment du contrat ? — ou bien faut-il que cette
bonne foi se soit encore rencontrée à l'époque même de la tradition? — Dans
notre étude sur la *possession des meubles*, nᵒˢ 78 à 30, nous avons essayé
d'établir, contrairement à la doctrine de M. Larombière, que la bonne foi de
l'acheteur doit avoir été persévérante depuis le contrat jusqu'au moment de
la tradition et de l'entrée en possession.

(2) La maxime qu'en *fait de meubles la possession vaut titre*, consacrée
par l'art. 2279, al. 1, empêche la mise en mouvement de l'action du droit
commun fondée sur l'art. 1599. Cette maxime établit, au profit du tiers possesseur d'une chose mobilière, une présomption de propriété absolue et irréfragable, à l'aide de laquelle il peut repousser toute action en revendication,
sans être tenu d'ailleurs de représenter aucun titre. Toutefois cette présomption ne pourrait pas être invoquée par celui qui se trouverait, en vertu d'un
contrat, d'un quasi-contrat, d'un délit ou d'un quasi-délit, personnellement
tenu de restituer le meuble. Nous avons établi que telle était la vraie portée
de l'art. 2279, al. 1, dans notre *Essai sur la possession des meubles*, nᵒˢ 17
à 25. Comparez Metz, 10 janvier 1847 (Dev. 1847-2-313); Cass., 7 décembre
1868 (Dev., 1869, 1, 160) ; Paris, 19 décembre 1871 (Dev., 1871, 2, 271, avec la
note).

11

umis à la revendication du véritable propriétaire et à l'application directe de la nullité édictée par l'art. 1599. Ce possesseur ne pourra acquérir le domaine irrévocable de l'objet mobilier qu'au bout de trente ans seulement : arg. de l'art. 2262. Comparez notre *Essai sur la possession des meubles*, nᵒˢ 27 à 30 et 119.

165. Supposons maintenant qu'il s'agisse de l'achat d'un *objet mobilier* qui avait été *volé* ou *perdu*. L'art. 2279, al. 2, autorise, dans cette hypothèse, la revendication du véritable propriétaire à l'encontre de tout acheteur et même plus généralement de tout tiers possesseur, fût-il de bonne foi. Il était impossible, en effet, de laisser le propriétaire désarmé en présence de faits aussi graves que le vol (1) : aussi il ne faut point hésiter à décider que l'action du légitime maître de l'objet mobilier serait recevable, alors même que la soustraction commise ne serait pas punissable, au point de vue de la justice répressive, soit à raison de l'âge, soit à raison de la qualité de l'auteur de cette soustraction frauduleuse. Comparez les articles 66 et 380 du Code pénal. En effet, bien que la répression pénale s'efface, il n'y en a pas moins vol (2), dans de pareilles circonstances. Ce qui le prouve

(1) Sous l'empire de notre ancienne jurisprudence française, un auteur considérable, Bourjon (dont les écrits ont constamment servi de guide aux rédacteurs du Code dans la matière qui nous occupe), n'admettait pas d'autre exception que le *vol* à la règle, en *fait de meubles la possession vaut titre* : « Cependant, dit-il, l'effet mobilier furtif peut être revendiqué même des mains de l'acquéreur de bonne foi, pourvu que le *furte soit constaté* » (Comp. Pothier, Orléans, Introd. au titre XIV, nᵒ 4). Le législateur de 1804 a ajouté l'hypothèse de la *perte* ; il a, sans doute, pensé que la situation du propriétaire était également digne d'intérêt dans les deux cas, et que, d'ailleurs, les choses *perdues* pouvaient être considérées comme susceptibles, jusqu'à un certain point, de soutenir l'assimilation avec les choses volées : la chose perdue, en effet, ne devient pas, pour cela, une *res nullius*. Dès lors, celui qui s'en empare pour se l'approprier peut être juridiquement réputé commettre un vol au préjudice d'un inconnu ; il y a de plus ici bien des raisons de préférer le véritable propriétaire au possesseur ; car le propriétaire n'aura le plus souvent à se reprocher qu'une faute très-légère, quelquefois même aucune ; le possesseur, au contraire, a eu tort de ne pas faire les diligences suffisantes pour retrouver le maître légitime du meuble. Il n'a pas dû, surtout si l'objet mobilier était d'une certaine valeur, croire facilement à un abandon qui le rendrait propriétaire par voie d'occupation dans les termes des art. 711-713 du Code civil (comp. Troplong, *Prescription*, t. II, nᵒ 1067).

(2) Toutes les fois qu'il y a eu vol proprement dit, c'est-à-dire soustraction frauduleuse de la chose d'autrui dans les termes de l'art. 379 du Code pénal, l'exception de notre art. 2279, al. 2, est pleinement applicable,

invinciblement, c'est que les complices et les recéleurs sont
atteints par la peine afférente à l'infraction commise ; l'im-
munité est toute personnelle au mineur de seize ans ou à
l'époux ; elle ne protège pas ceux qui l'ont aidé (art. 380,
al. 2). D'ailleurs, au point de vue civil, le dessaisissement
est toujours involontaire de la part du véritable propriétaire
victime de l'infraction ; le préjudice à lui causé est le même,
quoique l'auteur du vol ne soit pas punissable, et la réparation est d'autant plus légitime qu'aucune faute ne lui est imputable. Le demandeur triomphera donc dans sa revendication dirigée soit contre le voleur, ou l'inventeur, soit contre
les tiers acquéreurs, en établissant que l'objet qu'il réclame
lui appartenait au moment de la perte ou du vol. De plus,
comme ici la chose a été enlevée par suite d'un cas fortuit
et imprévu, la preuve par témoins sera recevable, et les
présomptions graves, précises et concordantes, devront être
prises en considération par les tribunaux. Le seul avantage
que la bonne foi sera susceptible de procurer au tiers acquéreur consistera à lui permettre, dans le cas où il aurait

quelle que soit la qualité de l'auteur ou des auteurs de l'infraction. Mais le
propriétaire peut aussi se trouver la victime de l'un de ces délits qui, ayant
pour résultat de le dépouiller illégalement de sa chose, ne présentent toutefois
pas les caractères précis du vol, tels que le Code pénal les a tracés (art. 379
Code pén.). Il y a notamment l'abus de confiance, la violation de dépôt et
l'escroquerie. Eh bien ! devrons-nous étendre à ces différentes hypothèses la
disposition de l'art. 2279, al. 2, et accorder en conséquence, durant trois ans,
même vis-à-vis des tiers acquéreurs de bonne foi, le droit de revendication au
propriétaire spolié ?—Nous avons soutenu dans notre *Essai sur la possession
des meubles*, n°* 115 à 118, qu'il n'y avait pas d'assimilation possible entre le
vol proprement dit d'un côté, et d'un autre côté l'abus de confiance, la
violation de dépôt et l'escroquerie. Nous avons conclu, par suite, en décidant que la revendication temporaire admise par l'art. 2279, al. 2, n'est pas
recevable à l'encontre des tiers acquéreurs de bonne foi, de la part du propriétaire qui s'est laissé dépouiller de l'un de ses effets mobiliers, au moyen
d'une escroquerie, d'un abus de confiance ou d'une violation de dépôt. Dans
ces différentes hypothèses, en présence de la faute ou de la négligence du
propriétaire, le tiers acquéreur de bonne foi reste couvert par la maxime de
l'art. 2279, al. 1, qu'*en fait de meubles la possession vaut titre* ; il ne peut
pas être atteint par l'exception de l'art. 2279, al. 2, faite uniquement en vue
de la perte, ou du vol proprement dit. Comparez MM. Aubry et Rau, t. II,
§§ 183, n° 2, note 9 ; — Cass., 23 décembre 1863 (Dev., 1865, 1, 187) ; Paris,
9 avril 1864 (D. P., 1865, 2, 55, 4e espèce, Barbault c. Byrne) ; — Cass.,
20 mai 1835 (Dev., 1835, 1, 321) ; — Rouen, 10 mars 1836 (Dev., 1836, 2, 193) ;
— Dijon, 28 novembre 1856 (D. P., 1857, 2, 130) ; — Paris, 9 janvier 1862
(D. P., 1862, 5, 218) ; — Dalloz, tables de 1845 à 1867, v° *Possession*, n° 57
à 64). — Rouen, 12 mars 1873 (Dev., 1873, 2, 80) ; — Sirey et Devilleneuve,
tables de 1861 à 1870, v° *Meubles*, n°* 9 à 16.

acheté la chose volée ou perdue dans l'une des circonstances indiquées par l'art. 2280, d'exiger, préalablement à toute restitution, le remboursement du prix qu'il aurait payé. (Comp. MM. Aubry et Rau, t. II, § 183, n° 2; Paris, 23 janvier 1868 (Dev., 1868, 2, 42.)

166. De tout ce que nous venons de dire, il résulte que le délai de trois ans, édicté par l'art. 2270, al. 2, est uniquement établi vis-à-vis des tiers acquéreurs de bonne foi : vis-à-vis de toute autre personne, il faut en revenir aux principes du droit commun (art. 2262). Mais quel est *le point de départ de ce délai de trois ans et quelle est sa nature?* L'art. 2270, al. 2, consacre-t-il, au profit des tiers acquéreurs de bonne foi de l'objet volé ou perdu, une prescription acquisitive analogue à l'usucapion triennale du droit romain? Est-ce, au contraire, une prescription extinctive ou libératoire de l'action réelle dont le propriétaire est armé? Ou bien plutôt, ne serait-ce pas une simple déchéance?

Le *point de départ* du délai de trois ans se place au *jour même de la perte ou du vol :* « Celui qui a perdu, dit l'art. 2270, al. 2, ou auquel il a été volé une chose, peut la revendiquer pendant trois ans, *à compter du jour de la perte ou du vol,* contre celui entre les mains duquel il la trouve. » De là nous pouvons, tout d'abord, conclure hardiment qu'il n'est point question d'usucapion ou de prescription acquisitive : car l'usucapion suppose une possession utile, continuée par le détenteur avec la réunion de toutes les conditions exigées par les art. 2228, 2229 et suivants, pendant tout le temps requis pour son accomplissement. Il n'est pas davantage question de la prescription extinctive ou libératoire : car ce genre de prescription a sa base dans une présomption d'abandon volontaire de la part de celui qui néglige d'exercer son action; la loi voit là une inaction blâmable et de nature à faire présumer soit l'inexistence, soit du moins l'extinction normale du droit; elle ne veut pas qu'une personne puisse être victime de la fausse sécurité dans laquelle on l'aurait volontairement laissée; le juge d'ailleurs aurait-il, après plusieurs années écoulées, le moyen de se procurer de sérieux éléments d'appréciation? Tels sont les motifs qui, venant s'ajouter aux vues générales d'utilité publique et à la nécessité de fermer l'arène des procès, ont fait admettre la prescription extinctive ou libératoire. Or, dans l'art. 2279, al. 2, au contraire, le délai est préfix ; il atteint directement l'action du propriétaire, et il l'anéantit fatalement par l'expiration du terme indiqué, sans se préoccuper du point de savoir s'il y a eu, de la part de ce propriétaire, une négligence réelle d'où l'on puisse induire l'intention de renoncer à son droit : quand même le maître légitime aurait fait toutes ses diligences, si, au bout de trois ans, il n'a point encore découvert et actionné le tiers détenteur de bonne foi du meuble, l'heure suprême du droit non encore exercé ayant sonné, la revendication lui échappe : rien, en effet, ne peut arrêter la marche impérieuse et inexorable des déchéances proprement dites, parce que les droits, que la déchéance atteint, sont tous plus ou moins des concessions directes de la loi, libre dès lors d'en restreindre la portée : « Jus adinventum per legem aut consue-« tudinem, dit avec raison le président Favre, non fuit inven-« tum, nisi ad limites modi et temporis in ea expressi. » Du reste, les auteurs sont généralement unanimes à reconnaître que le délai de trois ans, après lequel la revendication n'est plus admise (art. 2279, al. 2), constitue une simple déchéance étrangère à toute idée de prescription soit acquisitive, soit libératoire (Comp. MM. Aubry et Rau, t. II, § 183, n. 2) : et de là découlent notamment les deux conséquences considérables que voici : 1° le délai de l'art. 2279, al. 2, court contre toutes personnes, sans distinction de capacité : il est opposable au propriétaire mineur ou interdit comme au propriétaire majeur, et à la femme mariée sous le régime dotal, comme à la femme mariée sous le régime de la communauté (Comp. les art. 2252, 2255, 2256 et suivants). — 2° La déchéance triennale peut être invoquée par le possesseur actuel, quelque courte qu'ait été la durée de sa possession ; ce détenteur, eût-il acheté du voleur lui-même et ne fût-il entré en possession que de la veille, pourra repousser la revendication du propriétaire, pourvu que la soustraction frauduleuse remonte à plus de trois années : car, c'est à *compter du jour de la perte ou du vol* que le délai commence à courir, sans aucune distinction, aux termes de l'art. 2279, al. 2. Et, pour le dire en passant, ce second alinéa de notre article vient singulièrement confirmer la théorie que nous avons proposée sur l'interprétation du premier alinéa, qui édicté la maxime qu'en *fait de meubles la possession vaut titre*. Cette règle, avons-nous dit, dans notre *Essai sur la possession des meubles*, nᵒˢ 18 à 23, n'est que la consécration d'une *présomption rigoureuse* d'acquisition admise pour protéger le possesseur de bonne foi ; ce n'est pas le résultat d'une fiction créée par la loi, qui réputerait la prescription instantanément acquise : — aussi nous voyons le législateur, lorsqu'il veut écarter la règle (art. 2279, al. 2), introduire une *déchéance :* en général, dit-il au propriétaire, vous êtes dépouillé de votre droit immédiatement par le passage de votre chose entre les mains d'un tiers acquéreur de bonne foi (art. 2279, al. 1) : eh bien! par exception, au cas de vol ou de perte, vous verrez votre revendication persister pendant trois ans (art. 2279, al. 2) et vous ne serez *déchu* qu'une fois ce terme arrivé. Or, si le système de la prescription instantanée était la vraie théorie du Code, le législateur n'aurait pas manqué de tenir un tout autre langage : son premier principe aurait été celui-ci : le possesseur de bonne foi d'un meuble en deviendra à l'instant propriétaire par suite d'une fiction réputant le délai pour prescrire instantanément accompli; puis, passant à l'exception, les rédacteurs de l'art. 2279 auraient ajouté : par dérogation au principe précédent, le possesseur de bonne foi d'un meuble ne pourra plus, dans le cas de perte ou de vol, prescrire instantanément : il ne *prescrira* que par trois ans. Mais alors le point de départ aurait été nécessairement changé; car, l'exception ne portant désormais que sur la durée du temps requis, le législateur aurait dû se conformer aux principes fondamentaux qui régissent l'acquisition par le laps de temps, principes d'après lesquels le délai de trois ans n'aurait pu courir que du jour de l'entrée en possession, soit du détenteur actuel, soit de quelqu'un ayant possédé utilement pour lui. En un mot, si l'on admet notre interprétation de la maxime qu'*en fait de meubles la possession vaut titre*, les rédacteurs du Code ont été conséquents avec eux-mêmes : car, après avoir prononcé, dans l'alinéa premier de l'art. 2279, la *déchéance*, en thèse générale, *immédiate* du revendiquant, ils sont naturellement conduits à consacrer à titre d'exception, dans le second alinéa du même article, la *déchéance par trois ans*, toujours avec un point de départ identique, à savoir la dépossession du propriétaire. Si, au contraire, l'on se rallie au système de la prescription instantanée, l'harmonie disparaît et l'exception ne cadre plus avec la règle : car, d'un côté, l'on trouve une règle de prescription, et, de l'autre côté, une exception consacrant une déchéance distincte et particulière. La vérité est donc que la prescription n'a rien à faire dans tout ceci : la souveraineté sociale a cru devoir investir le possesseur de bonne foi d'une prérogative exorbitante, que la loi était maîtresse de limiter à son gré : elle a, en conséquence, sanctionné d'abord la maxime qu'*en fait de meubles la possession vaut titre*, — et ensuite elle a restreint, pour le cas de vol ou de perte, le privilège accordé, en suspendant ses effets pendant trois ans, période suffisante pour permettre au propriétaire, victime du vol ou de la perte, de faire valoir ses droits, mais aussi délai fatal et de rigueur.

167. Nous sommes ainsi tout naturellement amené à nous préoccuper de la situation faite au tiers acquéreur de la chose perdue ou volée, vis-à-vis du maître légitime qui exerce, en temps opportun, son droit de revendication. Pendant les trois ans qui suivent le vol ou la perte, le tiers acquéreur du meuble peut être obligé, malgré sa bonne foi, de le restituer, à cause de la menace d'éviction qui plane sur sa détention : mais s'il est dépossédé, il conserve son recours, tel que de droit, contre celui qui lui a transmis la chose d'autrui (art. 2270, al. 2 *in fine*).

Quant au propriétaire qui triomphe dans sa revendication, il évince purement et simplement, sans bourse délier, le possesseur : ce dernier n'a d'autre ressource, comme nous venons de le dire, que d'actionner en garantie son auteur à l'effet d'obtenir une indemnité. La position faite au tiers acquéreur est donc extrêmement dure : toutefois, pour justifier cette solution rigoureuse, on a fait observer qu'il n'était pas entièrement exempt de faute; car il aurait dû s'enquérir de la moralité de celui avec lequel il traitait, et, ne l'ayant pas fait, il doit être réputé avoir, en quelque sorte, acheté au hasard, à ses risques et périls. Comp. art. 1026.

168. Mais il était difficile de maintenir cette décision dans tous les cas : il peut, en effet, se produire certaines hypothèses où l'ignorance du tiers acquéreur sera absolument invincible, et dans lesquelles par conséquent les raisons que nous ve-

nons d'indiquer s'effaceront complétement : par exemple il
s'agit d'un meuble acheté de bonne foi, soit dans une foire
ou dans un marché, soit dans une vente publique ou d'un
marchand vendant des choses pareilles : il est impossible
alors de deviner si la chose que l'on acquiert est une chose
perdue ou volée. Lorsqu'une vente est proposée par un inconnu ou par un homme connu qui n'est pas marchand, ou
par un commerçant dont le trafic porte habituellement sur
un autre genre de marchandises, il y a place pour le soup-
çon : on peut se demander comment il se fait que la personne
offre une chose sortant du cercle de ses opérations habi-
tuelles ; on doit exiger des renseignements, il est prudent de
demander des garanties. Lorsqu'au contraire on se présente
sur un marché ou dans un magasin, il devient impossible de
vérifier l'origine et la provenance de chaque objet : la bonne
foi du tiers acquéreur devient tellement éclatante, son erreur
si légitime, que c'est bien assez d'autoriser contre lui la revendication, sans l'exposer encore à perdre à la fois et la
chose et le prix qu'il a payé. Cette situation avait, du reste,
déjà ému le législateur, avant la promulgation du Code civil,
et une loi du 28 septembre-6 octobre 1701 contenait dans son
tit. II, un art. 11 ainsi conçu : « Celui qui achètera des bestiaux *hors des foires et marchés*, sera tenu de les restituer
gratuitement au propriétaire dans l'état où ils se trouveront,
dans le cas où ils auraient été volés. » Donc, *à contrario*, celui
qui achetait des bestiaux *dans les foires et marchés* ne pouvait
être contraint d'obtempérer à la demande en restitution du
propriétaire volé, que moyennant le remboursement préalable du prix d'achat. C'est cette disposition que le Code civil
a consacrée dans l'art. 2280, en statuant toutefois d'après des
bases plus larges et plus libérales : « Si le possesseur actuel
de la chose *volée ou perdue*, dit l'art. 2280, l'a achetée dans
une foire ou dans un marché, ou dans une vente publique,
ou d'un marchand vendant des choses pareilles, le propriétaire originaire ne peut se la faire rendre qu'en remboursant
au possesseur le prix qu'elle lui a coûté. » Ainsi, dans les
hypothèses prévues par ce texte, la revendication n'est point
arrêtée sans doute ; on ne pouvait pas faire cette brèche
énorme à la perpétuité du droit de propriété ; mais le légitime propriétaire doit, du moins, rembourser au tiers acqué-

reur de bonne foi le prix que lui a coûté la chose volée ou
perdue, en y ajoutant les frais et loyaux coûts du contrat (1).
L'art. 2280 donne par là une satisfaction complète aux notions
les plus claires d'équité sociale en même temps qu'il concilie
à la fois tous les intérêts privés, celui du revendiquant qui
rentre en possession de son bien, et celui du tiers détenteur
qui, recevant un dédommagement, n'est plus exposé à perdre
à la fois la chose et le prix.

169. Le principe et les exceptions édictés par l'art. 2279 et
par l'art. 2280, s'appliquent non-seulement aux meubles
corporels considérés individuellement, mais encore aux effets
ou titres au porteur. Il y a, en effet, une connexité si étroite
entre la créance et le billet au porteur qui la constate, que
tout possesseur d'un billet est réputé, du même coup, propriétaire légitime de la créance. D'un autre côté, les titres de
cette nature sont transmissibles par voie de tradition ma-
nuelle, aux termes de l'art. 35 du Code de commerce. Voyez
les développements consacrés à cette question dans notre *Essai
sur la possession des meubles;* nos 60 à 62, et 103 à 105. Ajoutez
cass., 15 avril 1863 (D. P., 1863, 1, 393); Paris, 9 avril 1864,
D. P., 1865, 2, 53). Comparez, quant à l'application de
l'art. 2280, aux titres au porteur, les nos 138 à 146 de notre
Essai sur la possession des meubles; aj. M. Ortlieb, *Des effets de
la possession des meubles,* nos 65 à 70, p. 85 à 93. Du reste, les
difficultés si graves, soulevées dans la pratique à propos de la
négociation, du vol et de la perte des titres au porteur, ont
été, pour la plupart, résolues par la loi du 15 juin-5 juillet 1872, laquelle a organisé, au profit du propriétaire dépossédé, un système fort ingénieux d'oppositions et de notifications destinées à sauvegarder ses droits légitimes. L'art. 14
de la nouvelle loi déclare formellement qu'à l'égard des négociations ou transmissions de titres *antérieurs* à la publica-

(1) Comp. M. de Lamoignon, tit. XXI, n° 96; — M. Troplong, *Prescription,* t. II, n° 1074. L'exercice, par le véritable propriétaire, de l'action en
revendication de son meuble, au cas de perte ou de vol, et aussi au cas de
mauvaise foi de la part du tiers acquéreur, peut donner ouverture à des
prestations réciproques, à des règlements d'impenses ou au payement d'indemnités pour les détériorations, enfin à des recours successifs remontant jusqu'au voleur ou à l'envieur originaires. Nous ne rentrerons pas dans l'examen
de toutes ces questions, que nous avons précédemment étudiées en détail,
dans notre *Essai sur la possession des meubles,* nos 127-138. Comparez la
Revue pratique, année 1869, t. XXVII, p. 355 *in fine* à 375.

tion de l'opposition, il n'est pas dérogé aux dispositions des art. 2279 et 2280 du Code civil. Toutefois, la loi du 18 juin-5 juillet 1872 organise un véritable droit de suite en dehors de la maxime qu'en *fait de meubles la possession vaut titre.* D'autre part, les porteurs dépossédés ne sont plus obligés d'attendre, pour obtenir leur payement, l'expiration des délais de droit commun en matière de prescription (art. 2262). Ils peuvent, même avant l'exigibilité du capital de leur créance, se faire délivrer un nouveau titre. Comparez les savants articles publiés sur la portée de cette nouvelle loi par M. E. Fouris, docteur en droit (*Revue pratique,* t. XXXIV, p. 524 à 538) et par M. Buchère, avocat général à Rouen (*Revue pratique,* t. XXV, p. 120 et suiv., 476 et suiv.).

170. Telle est, à notre humble avis, la sphère d'application de la nullité (1) dont est atteinte toute vente de la chose d'autrui (art. 1599), lorsque cette vente a eu pour objet un meuble (art. 2279 et 2280). Toutefois, nous devons ici rappeler l'exception spéciale introduite dans la loi votée par l'Assemblée nationale à la date du 12 mai 1871 et promulguée le 19 du même mois. Voyez *suprà,* n° 50. Cette loi a déclaré les art. 2279 et 2280 inapplicables aux objets mobiliers détournés durant le règne de la Commune. Si, en effet, ces dispositions du Code civil pouvaient suffire, en temps ordinaire, pour protéger la propriété mobilière, elles devenaient évidemment insuffi-

(1) Nous devons mentionner une nouvelle décision rendue, pendant la publication de ce travail, par la cour de cassation, à la date du 30 décembre 1872 (Dev., 1873, 1, 125). Cet arrêt consacre les solutions suivantes : Si la nullité qui entache la vente de la chose d'autrui est couverte par la ratification émanée du véritable propriétaire, ce n'est qu'autant que cette ratification précède la demande en nullité formée par l'acquéreur. — La demande en nullité doit être réputée avoir précédé la ratification, alors même qu'elle serait du même jour, si antérieurement, et prévenu par le véritable propriétaire de son intention de ratifier, l'acquéreur avait déclaré protester contre la ratification offerte. — La ratification de la vente de la chose d'autrui, émanée du véritable propriétaire, ne couvre la nullité de cette vente, qu'autant qu'elle a pour effet de supprimer le péril d'éviction qui existe, sans en créer un autre du chef de celui qui ratifie. — Par suite, c'est avec raison qu'un arrêt refuse de tenir compte de la ratification consentie par le véritable propriétaire, s'il constate que, laissant l'acquéreur sous le coup de l'hypothèque légale de la femme de ce propriétaire, cette ratification entraînerait elle-même un nouveau sujet d'éviction. — En vain soutiendrait-on que l'existence de cette hypothèque légale ne constituerait qu'un danger de trouble donnant simplement à l'acquéreur le droit de suspendre le payement du prix. (Comparez la note annexée à cet arrêt et les art. 1599, 1653 et suivants du Code civil.)

santes en présence des déprédations dont la ville de Paris et les simples particuliers étaient alors les victimes. La loi des 12-19 mai 1871 décide, en conséquence, que *les biens meubles* (et immeubles), objet d'une propriété publique ou appartenant aux particuliers, « qui auraient été *soustraits*, saisis, mis sous « séquestre, ou détenus d'une manière quelconque, depuis le « 18 mars 1871, au nom ou par les ordres d'un prétendu co- « mité central, comité de Salut public, d'une soi-disante « Commune de Paris ou de tout autre pouvoir insurrec- « tionnel, par leurs agents, par toute personne s'autorisant de « ces ordres, ou par tout individu ayant agi, même sans « ordres, à la faveur de la sédition, » demeureront *inaliénables jusqu'à leur retour aux mains du propriétaire* (art. 1). L'article 2 ajoute que les aliénations, frappées de nullité par l'article 1, ne pourront pas, « .... pour les *meubles*, donner lieu à « l'application des art. 2279 et 2280 du Code civil. Les biens « aliénés en violation de la présente loi *pourront être revendi-* « *qués*, sans aucune condition d'indemnité et contre tous dé- « tenteurs, *pendant trente ans*, à partir de la cessation *officiel-* « *lement* constatée de l'insurrection de Paris. »

Ainsi, l'effet direct et principal de la nouvelle loi, quant aux *meubles* (dont seuls nous nous occupons actuellement), consiste à empêcher les tiers acquéreurs, même de bonne foi, d'invoquer les art. 2279 et 2280, et de se retrancher sous l'égide de la maxime qu'*en fait de meubles la possession vaut titre :* « La rapine et le vol, a dit l'honorable M. Bertauld dans son savant rapport sur le projet de loi, ne pourront point s'a- briter derrière des questions qui doivent leur demeurer étran- gères. » La revendication restera, en conséquence, ouverte pendant trente ans, sans préjudice des interruptions et des suspensions de droit commun (art. 2242, 2251 et suivants), au profit du véritable propriétaire d'effets mobiliers détournés durant la Commune de Paris, à l'encontre des spoliateurs ou de leurs représentants et ayants cause.

171. Il convient, en terminant ce travail, d'étudier briève- ment quelques-unes des difficultés épineuses, que soulève toujours la perception des *droits d'enregistrement*, dans le cas d'une vente de la chose d'autrui, soit que cette vente ait pour objet un meuble, soit surtout qu'elle ait pour objet un im- meuble. Comparez, sur ce point, M. Bonafos, *Étude sur la*

vente de la chose d'autrui, p. 156 à 159; MM. Championnière et Rigaud, *Traité des droits d'enregistrement*, t. III, nᵒˢ 2026 à 2036, et supplément, nᵒ 353; Garnier, *Dictionnaire des droits d'enregistrement*, t. Iᵉʳ, vᵒ *Nullité*, nᵒˢ 8075 et 8996 à 8998, et vᵒ *Vente d'immeubles*, nᵒ 14162; M. Dalloz, t. XXI, vᵒ *Enregistrement*, nᵒˢ 208, 209, 227, 236, 237, 3ᵒ, 238 à 241, 2349, 2351 et 2354 à 2360; MM. Sirey et Devilleneuve, *Jurisprudence du XIXᵉ siècle*, vᵒ *Enregistrement*, nᵒˢ 164 à 176, nᵒ 632, et *Table décennale de 1861 à 1870*, eod. verbo, nᵒˢ 271 à 273; M. Dalloz, *Table alphabétique de 1845 à 1867*, t. I, vᵒ *Enregistrement*, nᵒˢ 78, 79, 80 et 511; Cass., 18 nov. 1863, D. P., 1863, 1, 450; Cass., 5 déc. 1866, D. P., 1867, 1, 103; Dev., 1867, 1, 86; Tribunal civil de Bergerac, 10 fév. 1868, D. P., 1869, 3, 78 et 79; Cass., 15 déc. 1869, D. P., 1870, 1, 365 et 367; M. Demante, *Exposition des principes de l'enregistrement*, t. II, nᵒˢ 253 à 255, et nᵒˢ 261 à 263; comparez les numéros 48 à 51.

La loi du 22 frimaire an VII, qui pose les bases de notre droit fiscal, n'est pas toujours en harmonie avec les principes de la législation civile. Il est facile, d'ailleurs, d'expliquer cet état de choses : d'une part, cette loi est antérieure de plusieurs années à la promulgation du Code civil; d'autre part, son but direct est d'assurer l'équilibre des recettes et des dépenses et la bonne administration des finances de l'État. Ce ne sont point ici les intérêts privés qui dominent les préoccupations du législateur : l'intérêt général occupe, au contraire, la première place. Les rédacteurs de la loi du 22 frimaire an VII ont voulu, avant tout, procurer au Trésor les ressources nécessaires, fût-ce même parfois au prix du sacrifice de quelques intérêts privés. C'est à la lumière de ces principes qu'il convient d'étudier la question de savoir si la vente de la chose d'autrui peut donner lieu à la perception des droits de mutation.

Sous l'empire de notre ancienne jurisprudence française, il paraît bien avoir été admis que la vente de la chose d'autrui ne pouvait pas rendre exigibles les droits seigneuriaux. Le motif apporté à l'appui de cette solution était qu'un contrat de ce genre, tout en produisant certains effets, en soumettant le vendeur, par exemple, à l'obligation de garantie, ou au moins éventuellement à une action en dommages et intérêts, ne produisait pourtant point l'effet qui seul motive la perception des droits, à savoir la transmission réelle de la propriété : car, aucun transfert de propriété ne peut s'opérer par suite d'une vente faite *à non domino*. Voyez, en ce sens, M. Bonafos, p. 187; MM. Championnière et Rigaud, t. III, n° 2029; M. Dalloz, v° *Enregistrement*, n° 2357 et n° 240. C'est un très-ancien principe de notre droit public français, disent MM. Championnière et Rigaud, t. I°r, n°° 233 et 234, que, « toutes les fois qu'une loi établit un impôt sur un contrat, sa disposition ne s'applique qu'à un contrat régulier, valable et productif de tous les effets que le droit civil attache aux conventions qu'il sanctionne. — *Consuetudo*, dit Dumoulin (*Des fiefs*, § 33, n°° 32 et suiv.), *loquens de venditione vel mutatione, intelligitur de valida*. — *Gabellæ non debentur ex contractibus nullis, aut invalidis*. — *Indefinitum theorema traditur*, dit d'Argentré (*Des droits du Prince*, art. 80, n° 2), *quoties de contractu lege, aut consuetudine inducitur gabella, de contractu valido et qui jure consistat intelligi. De his qui nulli sunt, nec rem, nec appellationem, nec effectum convenire, nec tales dispositiones his congruere*. Depuis ces jurisconsultes, il n'en est pas un seul qui n'ait enseigné le même principe. « C'est le sentiment commun de tous les docteurs, dit Pocquet de Livonnières, p. 204, que d'un contrat nul ou annulé il n'est dû aucun droit de lods et ventes, *parce que ce qui est nul ne peut produire aucun effet, et est mis au rang des choses qui ne sont pas avenues*. » (Comparez Boutaric, *Traité des droits seigneuriaux*, p. 103; d'Argentré, *De laudimiis*, § 17; Pothier, *Traité des fiefs*, part. I, chap. v ; Dupont, sur l'art. 87, *De la coutume de Blois*, quest. 14 et suiv. ; Leprêtre, art. 3, chap. LV ; Salvoing, *De l'usage des fiefs*, chap. LXXXIX, etc.)

172. Que convient-il de décider aujourd'hui ? — Nous n'hésitons pas à penser que les principes par nous exposés *suprà*, n°° 83 et 123, conduisent nécessairement, au point de vue doctrinal, à décider que la vente de la chose d'autrui ne peut pas donner ouverture à la perception des droits de mutation. Nous ne saurions comprendre, en effet, comment le droit de vente devrait être légitimement exigé en vertu d'un acte qui, non-seulement, est impuissant à opérer une translation de propriété, mais qui, de plus, ne peut être validé, ni par le temps écoulé, ni par aucun fait ultérieur des

parties contractantes. Les lois du 5 décembre 1790, du 22 frimaire an VII, et du 15-22 mai 1850, ne nous paraissent contenir
aucune dérogation à ces conséquences directes des principes
du droit commun. Voyez, sur les règles particulières posées
par les lois relatives à l'enregistrement des actes, M. Dalloz,
v° *Enregistrement*, nᵒˢ 240 et 2357; MM. Championnière et
Rigaud, t. Iᵉʳ, nᵒˢ 235 à 272, et t. II, nᵒˢ 2028, 2033 et 2033;
M. Gab. Demante, t. Iᵉʳ, n° 50. Il est bien entendu que nous
appliquons, du reste, notre doctrine uniquement aux ventes
qui tombent sous le coup de l'art. 1599 du Code civil. La même
solution ne saurait être appliquée à ceux des traités sur la
chose d'autrui, dont la validité est reconnue par la loi ou
consacrée par l'usage : « On peut s'obliger licitement, dit
M. Demante, à faire avoir à une personne la chose qu'on n'a
pas encore, mais qu'on espère acquérir. Une pareille convention est surtout fréquente dans le commerce, à l'égard
des objets mobiliers; mais d'après les idées qui ont prévalu
en droit français, cette convention n'est pas qualifiée vente
proprement dite; les interprètes de la loi fiscale l'appellent
un *marché-vente*. — Nul doute qu'une pareille convention ne
soit aussi bien valable en fait d'immeubles; seulement, comme
elle ne constitue pas une vente proprement dite, et n'est pas
d'ailleurs actuellement translative de propriété, c'est un acte
innomé, soumis au droit fixe (2 francs, L. des 15 22 mai
1850, art. 8). » Comparez les nᵒˢ 233 et 261 du t. Iᵉʳ, *Des principes de l'Enregistrement* de M. Demante. Ajoutez MM. Championnière et Rigaud, t. III, n° 2027 et supplément, nᵒˢ 353
et 354.

173. Il s'en faut toutefois de beaucoup que notre opinion
doctrinale soit acceptée dans la pratique. L'administration
de l'enregistrement soutenue, sur ce point, par la majorité
des tribunaux de première instance et des cours d'appel, et
par la presque unanimité des décisions de la Cour de cassation, au moins depuis un arrêt très nettement motivé du
20 novembre 1844 (Dev., 1845, 1, 134 et 135), applique la
règle suivante : la nullité dont peut être entaché un acte contenant vente de la chose d'autrui ne saurait jamais être opposée à la règle pour soustraire cet acte au payement des
droits d'enregistrement, dont sont susceptibles les conventions qu'il renferme. Tout au plus pourrait-on induire de

certaines décisions, que les receveurs de l'enregistrement auraient la *faculté* de ne point exiger le payement des droits de mutation, au cas où la vente serait atteinte d'une nullité flagrante; mais, en agissant ainsi, les receveurs prendraient parti sous la réserve des responsabilités éventuelles qui pourraient ultérieurement surgir contre eux. Voyez M. Dalloz, v° *Enregistrement*, n°s 209, 210, 237, 238, 2354, 2355 et 2356. Ajoutez les autorités rapportées *suprà* au début du n° 171.

Le principal motif invoqué à l'appui de la doctrine rigoureuse qui prévaut dans la pratique, repose surtout sur cet argument, à savoir que les receveurs de l'enregistrement ne peuvent être, ni en droit, ni en fait, juges de la validité ou de la nullité des contrats qui leur sont apportés : *en droit*, parce qu'ils n'ont reçu à cet effet de la loi aucun mandat ni aucune délégation : en fait, parce qu'il est impossible de leur déférer une semblable mission. Que se passe-t-il, en effet, dans la vie ordinaire? Un acte est présenté à l'enregistrement : il offre tous les caractères extérieurs d'une vente véritable. Comment le receveur pourra-t-il deviner que l'objet de cette vente est la chose d'autrui, et que, par conséquent, toute mutation de propriété est impossible? Se considérera-t-il comme suffisamment averti par la déclaration verbale des parties, ou bien par une dénonciation émanant d'un tiers? Devra-t-il exiger une déclaration formelle et écrite, insérée dans l'acte même qui lui est soumis? Pourra-t-il se contenter des renseignements que le hasard lui aurait fait personnellement obtenir? Mais alors, le receveur modifierait singulièrement le rôle que lui assignent ses fonctions : car les droits fiscaux doivent toujours être perçus d'après la substance intime et la forme extrinsèque des actes, abstraction faite des bruits du dehors et des observations particulières des parties. D'un autre côté, le receveur de l'enregistrement n'a à sa disposition aucun moyen sérieux de vérification. Il ne peut, ni ordonner une enquête, ni interroger les parties sur faits et articles. Il ne doit donc, à aucun point de vue, être constitué le juge de la validité intrinsèque des contrats qu'il enregistre. Voyez M. Garnier, *Dictionnaire de l'enregistrement*, v° *Vente d'immeubles*, n°s 14161 à 14163.

174. Les observations, qui viennent d'être faites, vont nous permettre de résoudre facilement la question de savoir ce qui

arriverait, si la nullité de la vente était *judiciairement* prononcée, avant la perception des droits de mutation : le rece-
véur de l'enregistrement pourrait-il les exiger, au moment
de l'enregistrement du *jugement?* La difficulté peut se présenter dans le cas d'une vente, à propos de laquelle le receveur
aurait simplement perçu, en fait, le droit fixe, par application
de l'art. 8 de la loi des 15-22 mai 1850.

Il faut répondre, à notre avis, que les droits ne pourraient
pas être exigés, dans cette hypothèse, par le receveur de
l'enregistrement. Nous n'avons rencontré, il est vrai, aucune
décision judiciaire, sur ce point spécial ; mais il est clair que
les motifs donnés précédemment, pour justifier la perception
des droits quand même, ne se retrouvent plus ici. Les employés
de la régie n'ont pas à se constituer les juges de la validité
intrinsèque de l'acte, puisque les tribunaux, régulièrement
saisis, ont définitivement prononcé. Il n'y a donc à redouter
alors ni erreur, ni empiètement de pouvoirs. Le receveur de
l'enregistrement devra, en conséquence, se contenter de
percevoir le droit fixe qui est dû habituellement au trésor,
à l'occasion de tout jugement déclarant une vente nulle. Comparez M. Dalloz, t. XXII, v° *Enregistrement,* n°˙ 4200 et suivants ; loi du 22 frimaire an VII, art. 68, § 3, n° 7 ; loi
du 28 avril 1816, art. 46, 47 et 48.

175. En tout cas, les droits de mutation, lorsqu'ils sont
dus, ne peuvent être dus qu'une seule fois à propos de la
même mutation. Si donc, une vente ayant été faite, il y a lieu
à une ratification ultérieure, l'acte de ratification, une fois
réalisé, sera simplement susceptible d'être soumis à un droit
fixe. Voyez Cass. 15 décembre 1869, (D. P., 1870, 1, 366
avec la note).

176. Que décider toutefois si cet acte de ratification n'a
été consenti qu'à prix d'argent, ou moyennant la prestation
d'un corps certain, meuble ou immeuble ? Il conviendrait
alors d'observer les règles de la législation fiscale applicables
aux transactions ordinaires. Par suite, un droit proportion-
nel pourrait être exigé, si le prix de la ratification consistait
dans la prestation d'un corps certain : une seconde ou nouvelle mutation de propriété serait alors, en effet, opérée.

177. Les droits de mutation, perçus par le trésor à l'occasion d'un acte de vente, devraient-ils être restitués, dans le

cas où une décision judiciaire viendrait ensuite à déclarer la nullité du contrat, par application de l'art. 1599 du Code civil ?

L'affirmative ne saurait faire aucune espèce de doute, si nous nous référons aux principes généraux du droit : car il y a eu un payement indu dans le sens des art. 1376 et suivants.

Toutefois la jurisprudence est constante en sens contraire : jamais l'annulation d'un contrat quelconque, vente ou autre, prononcée même à raison d'une nullité radicale, n'est une cause de restitution des droits d'enregistrement perçus à l'occasion de ce contrat. Voyez Cass., 5 décembre 1866 (D. P., 1867, 1, 103, avec la note).

Deux motifs principaux, l'un de texte, l'autre d'intérêt pratique, ont été invoqués à l'appui de cette dérogation si grave aux règles ordinaires :

1° Au point de vue des textes, l'art. 60 de la loi du 22 frimaire an VII s'exprime de la manière suivante : « Tout droit d'enregistrement, perçu régulièrement, en conformité de la présente loi, ne pourra être restitué, quels que soient les événements ultérieurs, sauf les cas prévus par la loi. » Or, la loi fiscale n'a introduit aucune exception pour le cas d'annulation, par la justice, du contrat déjà enregistré : donc, le trésor doit garder toutes les perceptions acquises. Voyez toutefois l'avis du conseil d'État du 23 octobre 1808 sur l'enregistrement des adjudications d'immeubles *faites en justice*, et les cas où les droits deviennent restituables. (Codes Tripier, p. 1211 en note.)

2° Au point de vue pratique, il est facile de comprendre combien des restitutions imprévues, pouvant monter à des sommes quelquefois considérables, seraient de nature à troubler l'équilibre du budget de l'État. Cette solution, a-t-on ajouté, ne causera pas d'ailleurs un préjudice vraiment sérieux à l'acheteur évincé, puisque, d'après l'art. 1630, le vendeur sera obligé de lui restituer les frais et loyaux coûts du contrat.

L'application de ces règles est constante dans la pratique. Mais il est facile de voir combien, en même temps, de semblables solutions sont arbitraires : nous ne pouvons pas admettre que la perception sur un acte radicalement nul *ab initio* ait pu entrer dans les prévisions des lois fiscales, qui basaient

12

précisément l'impôt sur les *mutations* de propriété, et qui devaient, par conséquent, supposer le déplacement de la propriété véritablement réalisé.

Tout, du reste, dans cette importante matière des ventes portant sur la chose d'autrui, est de nature à exciter l'étonnement, non-seulement au point de vue du droit fiscal, mais aussi au point de vue du droit civil. Les textes se heurtent à chaque pas, les principes semblent se contredire à l'envi, la jurisprudence elle-même, sur une foule de points pourtant fondamentaux, se montre flottante et variable. Au milieu de toutes ces divergences d'opinions, les plaideurs risquent de voir leurs plus sérieux intérêts gravement compromis, et l'avocat qu'ils consultent, hésitant et troublé lui-même en face de tant de doutes, ne peut plus guère compter sur les succès du passé pour asseoir ses espérances quant à la décision à obtenir dans l'avenir. C'est le spectacle de toutes ces incertitudes qui nous a suggéré la pensée de soumettre, après tant d'auteurs éminents, à une nouvelle étude, le principe et les conséquences de la nullité édictée par l'art. 1599 du Code civil. Puisse ce travail, malgré ses imperfections, trouver un accueil indulgent près des critiques et des maîtres de la science! Les difficultés qu'il présentait nous serviront peut-être d'excuse.

FIN.

Corbeil. — Typ. et stér. de Crété fils.

ADDITIONS

Dans le cours de notre travail sur la vente de la chose d'autrui, notamment aux numéros 3, 50, 141, 169 et 170, nous avons été amené à mentionner la loi des 12-19 mai 1871, rendue sur le rapport de M. Bertauld, laquelle déclare inaliénables les propriétés publiques ou privées, soustraites et détournées à Paris durant la Commune. Nous avons dû également nous référer à la loi du 15 juin-5 juillet 1872, laquelle, votée à la suite d'un rapport de M. Grivart, est relative aux titres au porteur. Enfin, nous avons signalé l'existence d'un règlement d'administration publique des 10-11 avril 1873, lequel organise le mode d'exécution des art. 11 et 13 de la nouvelle loi sur les valeurs au porteur.

Nous avons pensé qu'il pourrait être utile de réunir à la fin de cet essai, le texte et les travaux préparatoires de ces différents documents législatifs qui présentent un si haut intérêt dans la pratique des affaires. Deux appendices seront donc consacrés à cette exposition, et formeront le complément de cet étude.

PREMIER APPENDICE.

Il contient le texte et les travaux préparatoires de la loi des 12-19 mai 1871, laquelle a déclaré inaliénables les propriétés publiques ou privées, saisies ou soustraites à Paris durant la Commune.

———————

PROJET DE LOI tendant à déclarer inaliénables les propriétés publiques ou privées, saisies ou soustraites dans Paris, depuis le 18 mars 1871 (Urgence déclarée), présenté par M. Thiers, chef du pouvoir exécutif de la République française, président du conseil des ministres, et par M. Dufaure, garde des sceaux, ministre de la justice. (Séance du 25 avril 1871.)

(*Journal officiel* du samedi 8 mai 1871.)

MESSIEURS,

L'insurrection qui domine Paris et inquiète la France a pris, dans son audacieux développement, des caractères qu'aucun législateur n'avait pu prévoir. Quelques aventuriers, grâce à la partie nomade de la population qui les soutient, et à la tolérance de la partie sédentaire qui tremble devant eux, ont pu devenir, dans cette immense capitale, maîtres des personnes et des biens. En même temps qu'ils multiplient les arrestations et les détentions arbitraires, ils s'emparent des propriétés publiques ou privées ; ils font tout disparaître : les monuments élevés par nos pères, témoins de nos vieilles gloires, sont menacés ; les richesses mobilières de nos établissements sont enlevées et effrontément présentées à la Monnaie ; la main des ravisseurs ne s'arrête pas devant les vases sacrés que la piété des fidèles a donnés à nos églises pour contribuer à la pompe de leurs cérémonies. Ils convoitent et ils ont commencé à piller tous les objets d'art que la passion de quelques amateurs ou le goût éclairé des Gouvernements d'époques diverses, peuvent avoir réunis dans des dépôts publics ou particuliers ; ils attaquent jusqu'aux titres de famille les plus précieux. Devant ce péril d'un nouveau genre, qu'aucune de nos trop nombreuses révolutions n'avait encore présenté, la législation nous a paru insuffisante. Nous avons voulu éviter que les spéculations de la cupidité privée ne vinssent au secours des projets de rapine ou de destruction ; nous avons cherché à préciser les conditions auxquelles se reconnaîtrait la complicité des actes coupables que nous voulons punir. Tel est le but d'un projet de loi que réclament à la fois l'intérêt de l'Etat, les droits de la propriété et l'honneur de notre pays.

PROJET DU GOUVERNEMENT.

Art. 1er. — Sont déclarées inaliénables, jusqu'à leur retour aux mains de leurs propriétaires, toutes propriétés mobilières ou immobilières appartenant à l'Etat, au département de la Seine, à la ville de Paris, aux églises, aux fabriques, à des sociétés civiles ou commerciales, à des particuliers, qui auraient été soustraites, saisies, mises sous le séquestre ou détenues d'une manière quelconque, depuis le 18 mars 1871, au nom ou par les ordres d'un prétendu comité central ou d'une soi-disant Commune de Paris, par leurs agents, par toute personne s'autorisant de leurs ordres, par tout individu ayant commis ces soustractions à la faveur du mouvement insurrectionnel.

Art. 2. — Par dérogation aux articles 2270 et 2280 du code civil, les objets ci-dessus désignés pourront être, à toute époque, revendiqués par leurs propriétaires sans remboursement des prix d'achat ou d'adjudication, à la charge seulement d'établir, par les modes de preuve ordinaires, qu'ils ont été dérobés dans les conditions prévues par l'article précédent.

Art. 3.—Tout individu qui aura concouru sciemment à la vente, à la destruction, au transport en pays étrangers ou au recel des objets mobiliers de toute nature, à l'incendie ou à la destruction des immeubles ou des objets mobiliers qui s'y trouvaient, à la fonte, altération ou transformation des matières métalliques, à la négociation des titres ou valeurs commerciales comme acheteur, créancier-gagiste ou commissionnaire, sera puni des peines portées en l'article 401 du code pénal, sans préjudice des peines plus graves auxquelles il pourrait être exposé par les circonstances particulières de son crime.

La prescription de l'action publique sera acquise par le laps de dix ans, à partir de la cessation définitive de l'insurrection.

Art. 4.—Sera puni des peines prononcées par les articles 255 et 256 du code pénal, tout individu qui aura détruit ou détourné les actes de l'état civil conservés aux mairies de Paris, les bulletins du casier judiciaire, les dépôts, minutes, et papiers des notaires et autres officiers ministériels, ou qui se sera rendu complice de ces délits.

RAPPORT fait au nom de la Commission, par M. Bertauld, membre de l'Assemblée nationale, dans la séance du 6 mai 1871.

La loi dont le Gouvernement a pris l'initiative, dans le but de défendre la propriété publique et la propriété privée contre l'agression aussi odieuse que brutale dont Paris est le théâtre et la principale victime, répond à l'un des plus pressants besoins, non pas seulement de l'ordre matériel, mais de l'ordre moral. La conscience publique la réclamait aussi impérieusement que l'intérêt de la sûreté de chacun et de tous.

Les richesses de toute nature accumulées et centralisées dans le siège privilégié que les préférences de la politique, des sciences, des arts, du commerce et de l'industrie ont comme d'un commun accord choisi, sont devenues, par une surprise sans précédents, la proie des passions et de convoitises qu'aucun sentiment de moralité ne réfrène. Des aventuriers sans nom, et le plus souvent sans patrie, livrent au pillage et à la dévastation tout ce que la nation, le département de la Seine, la grande cité et les particuliers ont de plus cher. La religion comme l'Etat, la fortune publique comme la fortune privée, n'ont pas d'établissements, de monuments et d'asiles qui soient à l'abri des ravages qu'entreprennent des cupidités déchaînées et surexcitées. Eglises, temples, communautés, palais, musées, bibliothèques, collections de tous genres, souvenirs nationaux et domestiques, rien n'est épargné ; la spoliation et le vol de biens de toute origine vont alimenter un commerce dans lequel la vileté du prix de vente sera tout profit pour les acheteurs, sans être une cause d'appauvrissement, en restant au contraire une abondante source de gain pour les vendeurs, puisqu'ils vendront la chose d'autrui, qui ne leur aura causé que la peine de l'envahir et de se l'approprier.

C'est ce honteux, mais lucratif trafic, qu'il est urgent d'arrêter en lui enlevant toutes ses conditions de succès et de prospérité.

Le projet de loi frappe d'inaliénabilité, place hors du commerce tous les biens meubles et immeubles sur lesquels l'insurrection aura exercé pour son compte, ou laissé exercer par la complicité de son inertie, une main-mise, et cette inaliénabilité durera, vis-à-vis des spoliateurs et de leurs ayants-cause, tant que les objets dont on aura voulu déplacer la propriété ne seront pas rentrés aux mains du propriétaire spolié, que ce propriétaire soit l'Etat, le départe-

ment; la Ville, un établissement public, une société de droit
ou de fait, une corporation ou un simple particulier.

Le propriétaire, dans la pensée de la loi, c'est la personnalité collective ou individuelle qui possède à titre de propriétaire, au moment de la spoliation, le bien dont une
usurpation criminelle a essayé de s'emparer.

La loi n'admet pas, et aucune loi ne saurait admettre, que
les spoliateurs, pour se dispenser de la nécessité de la restitution, quand cette restitution sera possible, ou de la nécessité de la réparation pécuniaire de leurs méfaits, puissent
contester la légitimité du titre de la possession ou la qualité des possesseurs. Les usurpateurs restitueront aux déposs-
sédés une possession conquise par violence ou par abus, ou
les indemnités seront, tous droits réservés, à l'égard des
tiers. La rapine et le vol ne pourront s'abriter derrière des
questions qui doivent leur demeurer étrangères.

L'inaliénabilité écrite dans la loi serait illusoire, et presqu'une lettre morte, si elle n'avait d'effet que contre les
spoliateurs et leurs représentants à titre universel. Elle ne
sera efficace qu'à la condition d'être opposable aux représentants à titre particulier, aux ayants-cause à titre gratuit
ou onéreux, aux donataires ou acheteurs même de bonne foi.

Si l'exception de bonne foi pouvait paralyser le titre des
spoliés, comme la bonne foi doit toujours être présumée et
que la preuve est imposée à ceux qui veulent démentir cette
présomption, les spéculations de mauvais aloi, que nous voulons empêcher, auraient trop de chances de réussite ; si la
nullité des aliénations et sous-aliénations était subordonnée
à la nécessité d'établir que les contractants ont connu les
vices des titres en vertu desquels les transmissions devaient
s'opérer, le droit du propriétaire serait trop compromis.

Votre Commission a tenu grand compte d'une distinction
que le projet de loi a peut-être négligée.

Les aliénations d'immeubles ne seront pas seulement nulles comme portant sur la chose d'autrui ; elles ne pourront servir de fondement à la prescription que la croyance à l'existence d'un titre légitime fait abréger, c'est-à-dire à la prescription décennale ou vicennale de l'art. 2265 du Code civil.

Les aliénations mobilières ne seront pas protégées par les articles 2279 et 2280 du même Code. Le donataire et l'acheteur ne pourront pas se prévaloir de ce qu'il ne serait pas juridiquement démontré qu'ils ont connu la provenance de l'objet donné ou acheté, pour repousser d'une manière absolue, par une prescription de trois ans, la revendication du propriétaire, ou pour soumettre cette revendication, quand elle serait faite avant le laps de trois ans, à la condition qu'ils recevraient le prix par eux payé.

L'action en revendication menacera les spoliateurs et leurs représentants pendant une période de trente ans, que les causes d'interruption et de suspension de droit pourront prolonger encore.

Pourquoi, en effet, garantir des négociations si peu dignes de faveur, et à vrai dire si suspectes, des raisons d'alarme qui doivent les décourager ?

Vainement objecterait-on que le commerce, et spécialement le commerce des objets d'art, souffrira de ces suspicions et des précautions qu'elles entraîneront.

L'objection s'adresserait au principe même de la loi, et non pas seulement à une de ses dispositions. L'acheteur honnête, qui voudra traiter en sécurité, ne traitera qu'avec des vendeurs, dont la moralité ou la solvabilité le rassurera.

Voilà l'économie de la loi pour les sanctions du droit civil.

Mais le projet de loi a demandé au droit pénal des sanctions plus énergiques.

Le concours à une opération ayant pour objet de tirer parti du droit des rapines ou des vols provoqués ou favorisés par l'insurrection, constitue une complicité coupable, par cela seul que ce concours s'est produit avec la connaissance de l'origine de l'objet transmis, donné en gage, recélé, transporté à l'intérieur ou à l'étranger.

Toute participation à un fait dont le résultat est de réaliser, d'une manière quelconque, le profit du vol et de la rapine, est au moins une complicité de délit ; elle peut revêtir le caractère de complicité d'un crime si la main-mise à laquelle elle vient en aide est elle-même un crime.

Les destructions, mutilations, dégradations des biens immeubles, seront punies, en vertu des dispositions du Code pénal qui les prévoient, sans que, dans aucun cas, les auteurs ou complices des délits puissent se prévaloir de prétendus ordres qu'ils auraient reçus.

Votre Commission a pensé que l'action publique devait rester soumise aux règles de la prescription de dix ans pour les crimes, et de trois ans pour les délits ; elle s'est ainsi écartée du projet du Gouvernement qui, sans distinction entre les crimes et les délits, fixe la durée de la prescription à dix ans.

Mais si nos préférences pour le droit commun nous ont fait réduire la prescription, lorsqu'il n'y aura que délit ou complicité de délit, nous avons séparé le sort de l'action privée du sort de l'action publique.

L'action civile en réparation du préjudice causé ne sera exposée qu'à la prescription ordinaire du droit civil, c'est-à-dire à la prescription de trente ans. Elle aura la même durée que l'action en restitution dont elle est distincte, qu'elle remplace, ou à laquelle elle s'allie pour la compléter.

La destruction totale ou partielle, l'altération, le détournement des actes de l'état civil, des bulletins du casier judiciaire, des dépôts, minutes et papiers des notaires et autres officiers ministériels, des archives de toute nature et autres dépôts publics font l'objet des prévisions du projet du Gouvernement, qui rappelle utilement des dispositions pénales dont l'application sera ainsi à l'abri de toute contestation.

Votre Commission a encore adopté cette partie du projet avec une addition qui n'est qu'explicative.

Notre honorable président, M. le comte Jaubert, avait proposé un amendement dont l'unanimité de la commission a accueilli la pensée.

Les directeurs, les fauteurs, les représentants de l'insurrection, les factieux usurpateurs d'une fraction de la souveraineté dont la nation entière nous a confié le dépôt, ne sont-ils pas pénalement et civilement responsables des faits qui jettent en ce moment le trouble et la désolation dans Paris ?

L'amendement l'affirmait avec une vérité à laquelle acquiescent toutes les consciences.

Mais cette affirmation ne serait-elle pas comme une expression surabondante ? N'est-elle pas écrite dans les art. 55 et 59 du Code pénal ?

Une responsabilité plus grave, plus terrible, n'est-elle pas écrite dans d'autres articles du même Code ?

Oui, les organisateurs de l'entreprise de dictature qui a momentanément placé Paris en dehors de toutes les lois, et qui nous inflige le deuil d'une guerre civile, sont responsables, non pas seulement du sang qu'ils font couler, du sang précieux de nos soldats, mais des crimes et des délits avec lesquels ils alimentent leurs finances, des crimes et des délits dont ils donnent l'exemple et encouragent la pratique.

Oui, la responsabilité qu'ils ont encourue, ils la subiront, non pas seulement devant la conscience humaine et devant

l'histoire, mais devant la loi répressive et la justice du pays
qui saura en faire une ferme application.

Loi civile, loi pénale, la loi dont nous vous proposons
l'adoption ne saurait rétroagir.

Les aliénations antérieures à sa promulgation resteront
sous la sujétion du droit commun, et les pénalités ne pourront résulter que du droit commun. Sans doute, la société
ne sera pas suffisamment armée, mais elle ne sera pas
absolument désarmée.

Nous n'avons pas pensé qu'il fût besoin de consacrer par
un texte le principe de la non-rétroactivité, parce que si ce
principe n'est plus comme le proclamaient nos constitutions
antérieures à la constitution du 22 frimaire an VIII un principe au-dessus de la puissance législative et à l'abri de
toute dérogation, il est du moins resté un principe présumé
écrit dans toutes les lois qui ne le répudient pas expressément ; s'il ne lie plus le législateur, du moins il lie le juge qui
n'est pas formellement dispensé de l'observer, et c'est attester le respect dû à son autorité que reconnaitre qu'elle s'impose par cela seul qu'on n'y attente pas.

La loi proposée aura, suivant nous, l'aveu de la raison
publique et trouvera de l'écho dans toutes les consciences.

PROJET DE LA COMMISSION.

Art. 1ᵉʳ. — Sont déclarés inaliénables jusqu'à leur retour
aux mains du propriétaire, tous biens meubles et immeubles
de l'Etat, du département de la Seine, de la ville de Paris,
des établissements publics, des églises, des fabriques, des
sociétés civiles, commerciales ou savantes ; des corporations, des communautés, des particuliers, qui auraient été
soustraits, saisis, mis sous le séquestre ou détenus d'une
manière quelconque depuis le 18 mars 1871, au nom ou par
les ordres d'un prétendu comité central, comité de salut

public, d'une soi-disant Commune de Paris ou de tout autre pouvoir insurrectionnel, par leurs agents, par toute personne s'autorisant de ces ordres ou par tout individu ayant agi, même sans ordres, à la faveur de la sédition.

Art. 2. — Les annulations frappées de nullité par l'article 1er ne pourront, pour les immeubles, servir de base à la prescription de dix ou vingt ans, et pour les meubles, donner lieu à l'application des articles 2279 et 2280 du Code civil.

Les biens aliénés en violation de la présente loi pourront être revendiqués, sans aucune condition d'indemnité et contre tous détenteurs, pendant trente ans à partir de la cessation officiellement constatée de l'insurrection de Paris.

Art. 3. — Tout individu qui, en connaissant leur origine, aura concouru soit au détournement, soit à la vente, à la destruction, au transport à l'intérieur ou en pays étranger, soit au recel des objets mobiliers de toute nature, à la fonte, à l'altération ou transformation des matières métalliques, soit à la négociation des titres ou valeurs commerciales, comme acheteur, donataire, créancier-gagiste, commissionnaire, ou à tout autre titre, sera puni des peines portées en l'art. 401 du Code pénal, sans préjudice des peines auxquelles il pourrait être exposé par les circonstances du fait. Les destructions, mutilations et dégradations des biens immeubles seront punies conformément aux dispositions du Code pénal qui les prévoient, sans que, dans aucun cas, les auteurs des crimes ou délits puissent se prévaloir des ordres qu'ils auraient reçus.

La prescription de l'action publique sera soumise aux règles de la prescription en matière criminelle ou correctionnelle, suivant qu'il s'agira de crimes ou de délits.

Mais l'action civile ne sera prescrite que par le laps de trente ans depuis la cessation officiellement constatée de l'insurrection, et ce, sans préjudice de toutes interruptions et suspensions de droit.

Art. 4. — Restera puni des peines prononcées par les articles 255 et 256 du Code pénal, et suivant les distinctions de ces articles, tout individu qui aura détruit en tout ou partie, ou détourné les actes de l'état civil, les bulletins du casier judiciaire, les dépôts, minutes et papiers des notaires et autres officiers ministériels, les archives de toute nature et autres dépôts d'intérêt public, ou qui se sera rendu complice de ces faits.

DISCUSSION PUBLIQUE ET ADOPTION.—Séance du 12 mai 1871.
(*Journal officiel* du samedi 13 mai 1871.)

M. LE PRÉSIDENT.—L'ordre du jour appelle la discussion du projet de loi tendant à déclarer inaliénables les propriétés publiques ou privées, saisies ou soustraites à Paris depuis le 18 mars dernier.

M. le comte Jaubert a la parole.

M. LE COMTE JAUBERT.—Messieurs, le projet de loi concernant les voleurs et les pillards de Paris a un but tellement déterminé et s'impose tellement à la conscience, que, cette fois, les conciliateurs d'idées inconciliables sont à bout de faux-fuyants.

Jusqu'ici les Philinte politiques, si bien connus pour être « aux méchants complaisants, » épargnent à M. le garde des sceaux et à la commission leurs doucereuses remontrances.

Quand viendra la discussion des articles, — nous en sommes à la discussion générale, — notre savant rapporteur, M. Bertauld, expliquera les modifications, en petit nombre d'ailleurs, qui ont été adoptées par la commission, d'accord avec M. le garde des sceaux.

Nous partions, comme M. le garde des sceaux, des principes suivants : inaliénabilité des biens meubles et immeubles usurpés, revendication entre les mains de toute espèce de détenteurs.

Du moment où le Gouvernement, avec une louable énergie, dans l'exposé des motifs et l'article 1er, signalait à l'indignation publique non-seulement les malfaiteurs subalternes, mais les auteurs principaux et les moteurs des méfaits, des questions graves se présentaient en foule et débordaient en quelque sorte le cadre même du projet.

M. Dufaure, s'adressant à la soi-disant Commune de Paris, lui disait son fait.

On était alors fondé à se demander dans quelles limites s'exercerait l'action de la justice lorsque l'ordre légal serait rétabli dans Paris. Dans cet ordre d'idées, le 9e bureau, à l'unanimité, avait chargé son commissaire d'accentuer, d'abord devant la commission, ensuite devant l'Assemblée, la pensée que je viens d'exprimer, et lui avait prescrit aussi de rechercher s'il n'y avait pas à compléter la législation sur certains points.

Le rapport que vous avez entre les mains s'est hautement associé à cette idée fondamentale. Les déclarations du chef de la justice, empreintes de cette vigueur qui est l'apanage de son caractère et de son talent, semblaient ne rien avoir laissé à désirer sur le point principal. Mais j'ai eu l'avantage et le très-grand profit de présider simultanément deux commissions, d'abord celle-ci, et une autre qui avait à examiner un objet analogue ; les jurisconsultes éminents qui faisaient partie de ces commissions se sont posé diverses questions que je vous demanderai la permission de passer très-sommairement en revue.

L'honorable garde des sceaux a dit :

« Soyez rassurés, quand l'ordre sera rétabli dans Paris,

c'est la loi qui régnera, rien que la loi, toute la loi. » Insistons sur ce dernier point : toute la loi.

Or, nous avons tous le droit et le devoir de nous rendre compte de ce qu'est la loi et de l'application qui en sera faite.

Or, voici quelques énonciations que je désire vous soumettre :

En premier lieu, la concordance du projet actuel avec le droit commun, avec le code pénal. — Ceci est l'affaire des jurisconsultes de profession ; l'honorable M. Bertauld n'a laissé rien à désirer dans son rapport sur ce point.

En second lieu, la solidarité personnelle, pécuniaire si cela est possible, des auteurs ou complices des méfaits qui se sont commis dans Paris. Je passe rapidement, comme vous voyez.

En troisième lieu, on s'est demandé si nous étions exposés à ce scandale de voir des malfaiteurs s'abriter derrière cette dénomination vague des crimes et délits politiques qui n'a que trop obscurci et oblitéré, chez plusieurs, le sentiment moral. Je ne fais que poser la question.

Ensuite les peines... Il y en a une, que le roi Louis-Philippe, de noble et clémente mémoire, avait une extrême répugnance à sanctionner, même pour les crimes ordinaires. Tous ceux qui ont eu l'honneur de l'approcher et de le servir peuvent en rendre le témoignage. Il a fait plus : en matière politique, jamais il ne l'a laissé appliquer, même aux plus obstinés conspirateurs.

La Constitution de 1848, Messieurs, et une loi subséquente, ont substitué la déportation à la peine dont je viens de parler.

C'est la déportation sans doute qui sera appliquée à toute la série de crimes qui sont énumérés dans le Code pénal sous la rubrique : « *Crimes tendant à troubler l'Etat par la*

*guerre civile, par l'emploi illégal de la force armée,
la dévastation et le pillage.* »

Les juridictions ! Je ne fais que rapporter ici le résultat
des discussions qui ont eu lieu dans les deux commissions.
Pas de tribunaux d'exception d'aucune espèce ! ils ont porté
des fruits trop amers pour les gouvernements qui les ont
inventés.

Les conseils de guerre tant que dure l'état de siége que
prononce le Gouvernement par délégation de l'Assemblée,
voilà le principe. Et après l'état de siége, la cour d'assises,
les tribunaux correctionnels.

Enfin, Messieurs, comme disent les jurisconsultes, *quid*
du droit de grâce et du droit d'amnistie? Ce sont des attri-
buts essentiels de la souveraineté de l'Etat. Or l'Etat,
Messieurs, c'est nous ! Les voûtes de ce palais doivent en être
bien étonnées. (Rires et mouvements prolongés. — Très-
bien ! très-bien !)

Le jour même où l'ordre sera rétabli dans Paris, il est
probable qu'on y affichera à profusion et la loi actuelle et
les articles du Code pénal. Il faudra enfin purger Paris de
ce ramassis d'étrangers qui est la lie de l'Europe. (Oui !
oui ! — Très-bien !)

A Dieu ne plaise que je range, je ne dis pas dans la
même catégorie, mais même dans le voisinage, une autre
classe d'étrangers que, pour ma part, j'aurais désiré voir
éliminer par des moyens plus doux, et tel était l'objet d'une
proposition que j'ai eu l'honneur de vous faire et qui est
arrivée à la fin d'une séance dans la discussion de la loi des
loyers.

Enfin, il y a d'autres étrangers d'une catégorie plus rele-
vée encore et dont nous aurons à nous occuper bientôt, sans
doute.

Ici ne se termine pas l'espèce d'enquête dont le commissaire du 9° bureau était spécialement chargé. On lui avait prescrit de rechercher soigneusement et de signaler les auteurs principaux des crimes et délits . (Rires dubitatifs.) La Commune de Paris d'abord, c'est entendu. Mais il fallait aussi s'occuper de ceux qui avaient si bien fait à la fois les affaires de la Prusse et celles de l'insurrection.

C'est ici qu'apparait une société illégale qui embrasse, dit-on, dans ses machinations, toute l'Europe; une société qui a absorbé, hélas ! une trop grande partie de la garde nationale, l'*Internationale*, pour l'appeler par son nom. C'est là-dessus que je désire des explications. Ma curiosité, à cet égard, semblait devoir être satisfaite, lors de la discussion qui doit s'ouvrir dans cette enceinte sur l'abrogation demandée de l'article 291 du Code pénal et de la loi de 1834, à laquelle je m'honore d'avoir pris une certaine part.

Mais, Messieurs, il faut croire que la commission chargée de l'examen de cette proposition qui, par parenthèse, a été signée aussi par un honorable membre qui a vu sa proposition de l'autre jour rejetée à 500 voix contre... le chiffre m'échappe par sa ténuité (Sourires), il paraît, dis-je, que la commission a pensé que le moment n'était pas bien choisi pour désarmer le pouvoir des garanties dont il a besoin dans l'intérêt général de la société.

C'est pourquoi, Messieurs, j'ai dû ajourner mes investigations à cet égard ; mais l'occasion qui se présente aujourd'hui est trop bonne pour que je ne la saisisse pas ; le membre dont je parle doit être, si je ne me trompe, bien informé ; c'est à lui que je prends la liberté de m'adresser en ce moment.

J'en sais déjà bien long sur l'Internationale ; je l'ai vue opérer dans mon département, dans nos centres industriels et dans les départements voisins, la Nièvre, la Saône-et-Loire, au Creuzot. (Mouvement. — Très-bien ! très-bien !) Il a surgi à cette époque des noms que vous avez revus à l'Hôtel-de-Ville de Paris. (Oui ! oui ! — C'est vrai !)

Quelle est la part spéculative qui a pu être prise par l'*Internationale* dans les événements douloureux dont je viens de vous parler ? Je dis la part spéculative tenant à ces théories téméraires sur le travail et le capital, filles illégitimes, sans doute, d'une certaine économie politique qui a le grand inconvénient de mettre aux mains des gens de désordre, comme des armes de guerre, des idées primitivement plus ou moins innocentes.

Quelle est la part spéculative, scientifique, si ce n'est pas profaner ce mot, qui appartient à l'*Internationale* ? Quelle est sa part d'action dans les mouvements criminels qui se sont produits ? Je demande une bonne fois quels sont les statuts, quels sont les actes de cette société ? Il en a été plusieurs fois parlé à mots couverts dans cette Assemblée ; aujourd'hui j'interroge publiquement...

Un membre à gauche. — Ce n'est pas la question !

M. Le Comte Jaubert. — Pardon ! Je suis dans la question ; j'espère qu'on y répondra.

Je ne demande pas mieux que d'accueillir à cet égard l'exception de la bonne foi, mais encore faut-il qu'à cette tribune on y conclue et qu'elle soit plaidée.

Messieurs, lundi dernier, par suite d'une coïncidence de discussion à laquelle personne de nous ne s'attendait, au début de la séance, M. Victor Lefranc, dans un langage plein de noblesse et qui a été en même temps une bonne action, a singulièrement contribué à éclairer notre situation... (Très-bien ! très-bien !) et il a apporté au Gouvernement et à l'Assemblée un notable secours. Voilà, Messieurs, un de ces républicains honnêtes qui servent utilement leur cause de prédilection, et avec lesquels on peut s'entendre. (Marques d'approbation.)

2

Ce jour-là, les théories anarchiques ont reçu une rude atteinte, croyez-le... (Très-bien ! très-bien !) en attendant le coup final qui va leur être porté par le Gouvernement, grâce au dévouement patriotique de l'armée, et au concours, disons-le, des bons citoyens qui sont encore restés dans Paris.

Aujourd'hui, je n'en doute pas, un vote non moins solennel accordera une première justice à tant d'outrages faits à la religion, à la morale, à la propriété.

Messieurs, cette formule est bien vieille sans doute, mais c'est la bonne. (Vives marques d'approbation et applaudissements.)

M. Bozérian. — Messieurs, si le vote réclamé tout à l'heure par l'honorable président de la commission ne devait présenter aucun danger, je ne serais pas le dernier à vous solliciter de vous associer à lui dans l'expression de ce vote ; mais je viens vous prier de ne pas le suivre dans cette voie, parce qu'au point de vue auquel je vais me placer, au point de vue pénal, le vote qu'on vous demande serait d'abord un vote inutile, et qu'ensuite il serait un vote dangereux. Comme je vous le disais, Messieurs, je ne m'occuperai que de la partie pénale de la loi...

M. Dufaure, *garde des sceaux, ministre de la justice.* — Vous pourriez peut-être attendre la discussion de l'article 3.

M. Bozérian. — Voici ce qui m'engage à prendre la parole à propos de la discussion générale.

Il y a, dans cette loi, deux parties parfaitement distinctes, ou plutôt il y a, en réalité, deux lois dans une même loi.

Les deux premiers articles règlent les questions purement civiles, et je ne m'occuperai pas de celles-là ; mais il y a, à la suite, deux autres articles conçus dans un ordre tout différent, quoique se rattachant à des idées analogues : c'est la

partie pénale de la loi. Or, comme j'entends critiquer l'ensemble de cette partie, je crois qu'il vaut mieux que je
prenne la parole dès à présent au lieu de venir la prendre, à
l'occasion d'abord de l'article 3, puis à l'occasion de l'article 4. C'est donc dans une discussion générale partielle,
mais générale cependant, que je vais entrer, et je l'aborde
immédiatement.

Comme je vous le disais, Messieurs, si cette portion de la
loi n'avait que l'inconvénient d'être inutile, je ne serais pas
monté à la tribune pour en demander le rejet ; mais, si j'y
monte, c'est que, comme je vous l'ai déjà dit, en même temps
que je la trouve inutile, je la trouve dangereuse. Je vais
tâcher de le démontrer.

Il y a un principe essentiel et fondamental dans nos lois
pénales, un principe qui a été rappelé, et dans l'exposé des
motifs, et dans le rapport de la commission : ce principe,
c'est celui de la non-rétroactivité des lois.

Eh ! bien, Messieurs, si vous voulez bien vous placer à ce
point de vue, je vous prierai de remarquer l'étrangeté de la
situation : la loi que vous allez voter va sans doute coïn-
cider, j'en ai le ferme espoir, avec la cessation des déplorables événements en vue desquels elle est faite.

Or, au point de vue de la rétroactivité, quelle serait la
conséquence ?

S'il pouvait s'élever un doute sur la question de savoir si
les délits et les crimes énumérés dans la nomenclature des
articles 3 et 4 ne sont pas déjà atteints par le code pénal,
qu'arriverait-t-il ? C'est que si, par malheur, ces crimes
que je flétris, que j'exècre comme vous, n'étaient pas
atteints par cette loi, comme ils auraient été commis avant
la promulgation de celle que vous allez voter, il en résulte
qu'ils ne seraient pas atteints par celle-ci et qu'ils demeure-
raient impunis.

Si, au contraire, il n'est pas un de ces faits qui ne soit prévu et frappé par la loi pénale, je dis qu'il serait dangereux de faire une répétition inutile, et pourquoi ? Parce que le doute que je signale pourrait s'élever au moment des débats judiciaires auxquels donneraient certainement lieu les faits que vous voulez atteindre et punir.

Voilà pourquoi, moi qui suis convaincu que tout ce qu'il y a à faire au point de vue pénal a déjà été fait, voilà pourquoi, prévoyant le danger et le signalant, je vous demande, dans un but que vous comprenez maintenant et qui explique ma pensée, de rejeter purement et simplement les articles 3 et 4 de la loi.

Que dois-je faire maintenant pour vous amener à ce parti ? J'ai à prendre les uns après les autres les faits énumérés par les articles 3 et 4, et à vous démontrer qu'il n'y en a pas un, non, pas un, qui ne soit prévu par le code pénal.

Au surplus, le texte même de la loi que je vous demande la permission de vous lire va servir d'excellente préface pour cette démonstration.

En effet, vous voudrez bien remarquer que, tandis que dans l'article 3, — nous allons le relire, car il faut en pareille matière, pardonnez-moi cette expression, mettre les points sur les i, — tandis que dans l'article 3, ou plutôt au commencement de cet article, on dit : Est puni de telle peine tel fait qu'on indique, ce qui permettrait de dire que ce sont des faits nouveaux qui n'auraient pas été atteints par des lois antérieures préexistantes, lorsqu'on arrive à d'autres faits, on vous dit : Resteront punis tels faits qu'on indique.

Si ces faits ne sont pas déjà punis, s'ils doivent seulement rester punis, c'est donc qu'ils étaient punis par les lois antérieures ; eh bien, je vous demanderai tout d'abord, au

point de vue de ces faits, quel est l'intérêt de vos dispositions pénales.

Je reprends maintenant la lecture des articles 3 et 4.

« Tout individu, dit l'article 3, qui, en connaissant leur
origine, aura concouru soit au détournement, soit à la
vente, à la destruction, au transport à l'intérieur ou
en pays étrangers, soit au recel, » — le mot est bien usuel
et bien connu, — « soit au recel des objets mobiliers de
toute nature, à la fonte, à l'altération ou transformation des
matières métalliques, soit à la négociation des titres ou valeurs commerciales, comme acheteur, donataire, créancier-
gagiste, commissionnaire, ou à tout autre titre, sera puni
des peines portées en l'article 401 du code pénal. »

Que sont donc les peines de l'article 401 ?

Ce sont les peines applicables aux vols, aux soustractions frauduleuses, « sans préjudice », ajoute l'article,
« des peines auxquelles il pourrait être exposé par les circonstances du fait. »

C'est le vol avec les circonstances aggravantes.

Si tous ces faits dont je viens de parler doivent, pour
me servir des expressions de la loi actuelle, être punis de
telle ou telle peine, ce qui semblerait permettre un doute
sur la question de savoir si ces faits n'étaient pas antérieurement punis, ce doute ne saurait exister à l'occasion des
faits qui sont indiqués à la suite des précédents.

« Les destructions, mutilations et dégradations des biens
immeubles seront punies conformément aux dispositions du
code pénal qui les prévoient. » Mais, s'ils sont prévus, c'est
votre article qui le dit, c'est donc une répétition pure et
simple des dispositions déjà existantes et inscrites dans le
code pénal.

« Sans que dans aucun cas les auteurs ou complices des

crimes et délits puissent se prévaloir de prétendus ordres qu'ils auraient reçus. »

Nous nous expliquerons plus tard sur l'utilité de ce paragraphe.

« La prescription de l'action publique sera soumise aux règles de la prescription en matière criminelle ou correctionnelle, suivant qu'il s'agira de crimes ou de délits.

« Mais l'action civile ne sera prescrite que par le laps de trente ans depuis la cessation officiellement constatée de l'insurrection, et ce sans préjudice de toutes interruptions et suspensions de droit. »

Ce sont là des questions de détail sur lesquelles nous pourrons revenir.

« Restera puni, » dit à son tour l'article 4, « des peines prononcées par les articles 255 et 256 du code pénal, et, suivant la disposition de cet article, tout individu qui aura détruit en tout ou partie... »

« Restera puni ! » Donc, c'était déjà prévu, et vous allez voir que c'était bien prévu effectivement.

Ainsi, vous le voyez, ce que prévoit l'article 4, ce sont d'abord les atteintes à la propriété immobilière, qui étaient déjà punies de certaines peines indiquées dans le code pénal, ce sont ensuite les atteintes à la propriété immobilière, lesquelles demeureront soumises au régime auquel elles étaient antérieurement soumises ; donc tous ces délits sont des délits anciens, aucun n'est nouveau.

Voilà pour l'ensemble ; arrivons aux détails.

Quand on se reporte à l'article 3, et qu'on le relit attentivement, on reconnaît promptement et sans difficulté que les premiers délits dont il parle, que les atteintes à la propriété mobilière qu'il veut atteindre pour les frapper, ne sont que des variétés d'un délit bien connu : le vol, c'est-à-dire la soustraction frauduleuse de la chose d'autrui avec circonstances ou sans circonstances aggravantes, c'est-à-dire un ou des délits prévus par les articles 379 et suivants du code pénal. A côté des auteurs principaux viennent les complices ; mais les cas de complicité énumérés par le code pénal ordinaire me paraissent suffisants pour qu'il soit possible d'atteindre ceux que, croyez-le bien, je ne songe pas le moins du monde à soustraire aux atteintes de la loi.

A ce point de vue, la démonstration me paraît facile.

« Tout individu » dit l'article 3, « qui, en connaissant leur origine » — (c'est une condition élémentaire et essentielle du délit ou de la complicité ordinaire), — « aura concouru soit au détournement », disons, pour employer les termes juridiques, au vol ou à la soustraction frauduleuse...

Mais qu'est-ce donc que celui qui concourt à un détournement ou à un vol ? C'est le co-auteur de ce délit. Donc, pour celui-là, la loi présente est inutile. Je continue.

Quiconque aura concouru à la vente de l'objet mobilier détourné ou volé. Qu'est-ce que c'est que celui-ci ? Je le reconnais encore, je l'ai vu souvent sur les bancs de la cour d'assises : c'est un complice par recelé ; car, lorsqu'un détournement ou un vol ont été commis, à côté du voleur ou plutôt après le voleur apparaît presque toujours le recéleur ; et qu'est-ce habituellement que le recéleur ? C'est le brocanteur qui a acheté le produit du vol. Mais est-ce que vous croyez que celui qui vend au brocanteur ce que celui-ci achète n'est pas, lui aussi, un complice comme le brocanteur lui-même ?

Ce point n'a jamais été contesté, et, dans toutes les affaires de cour d'assises, en matière de vol, quel personnel voit-on d'habitude sur le banc des accusés ? D'abord ce sont les voleurs, c'est-à-dire les auteurs principaux, puis leurs compagnons ordinaires, d'un côté le recéleur qui a acheté, de l'autre côté celui qui a servi d'intermédiaire et qui a concouru à la vente de l'objet volé.

Donc les individus dont parle l'article 3 sont tout simplement les complices par recel d'un délit parfaitement connu, du délit de soustraction frauduleuse.

Je continue la lecture de l'article 3 : « aura concouru à la destruction des objets mobiliers... » Mais, grâce à Dieu ! on n'a pas attendu jusqu'à l'abominable insurrection qui nous désole tous pour frapper de peines justement sévères soit la destruction des objets mobiliers, soit la destruction des objets immobiliers, soit qu'ils appartiennent aux particuliers, soit qu'ils appartiennent à l'Etat, et quel que soit le mode de destruction. Ce sont là encore des délits parfaitement connus, parfaitement caractérisés par le code pénal, ce code qui remonte à quelque soixantaine d'années. Donc, les individus dont on parle sont simplement co-auteurs d'un délit de droit commun.

Je continue : « Celui qui aura concouru au transport à l'intérieur ou en pays étrangers des choses détournées... » Qu'est-ce que c'est que ce nouveau malfaiteur, sinon un autre complice, comme dit la loi de 1810, un complice qui aura concouru à la consommation du crime ou du délit ?

« Quiconque aura concouru à la fonte, à l'altération ou à la transformation des matières métalliques. »

Ici il y a deux choses : il y a d'abord la soustraction de la matière métallique ; il y a ensuite la destruction de cette matière par voie de transformation. Or l'individu qui aura concouru à l'une ou l'autre de ces choses, c'est encore un complice connu dans le langage du code pénal.

Arrivons à un autre délinquant : « Celui qui aura concouru à la négociation de valeurs commerciales comme acheteur. » Qu'est-il celui-là ? Je le connais encore. C'est encore un complice par recélé ; c'est celui qui, dans certaines affaires, joue le rôle du brocanteur, celui qui achète des objets détournés.

Et maintenant cet autre : « Celui qui aura concouru à la négociation de valeurs comme donataire... ». J'avoue que l'expression, — c'est une simple question de rédaction, — me paraît un peu aventurée ; car concourir à une négociation de valeurs comme donataire, est un mode de donation que je ne connaissais pas jusqu'à présent. Mais enfin laissons de côté l'incorrection de l'expression. Il est incontestable, quel que soit le mot dont il faille se servir, il est incontestable, dis-je, que ce mode de concours est un acte de recélé, un acte de complicité ordinaire.

J'en ai autant à dire des autres modes de concours à la négociation des valeurs commerciales, au concours comme créancier gagiste, comme commissionnaire, que sais-je encore ? Ce que je dis de ces modes spéciaux, je puis le dire et je le dis, Messieurs, de tous en général.

J'en ai fini, Messieurs, avec l'énumération de l'article 3. Après cet examen, je crois vous avoir démontré jusqu'à l'évidence que les actes prévus par cet article sont des faits de droit commun. Eh ! bien, je renouvelle ici l'observation que je faisais au début de ce discours : faites bien attention et prenez bien garde ! Le principe de la non-rétroactivité des lois jouera, soyez-en sûrs, un rôle considérable dans les procès criminels qui seront engagés à l'occasion des faits en vue desquels la loi présente a été faite.

Je suppose que vous votiez l'article 3. Qu'arrivera-t-il ? Le ministère public organisera sa poursuite. Il traduira les coupables devant la justice. Le débat s'engagera. Au lieu de viser l'article ordinaire du code pénal, on visera l'article 3 de la présente loi. Or, comme cette loi ne pourra produire d'effet avant le jour où vous l'aurez votée, immédiatement le défenseur qui, je le suppose, ne sera pas un maladroit,

car il y en aura encore de cette catégorie... (On rit), le
défenseur, dis-je, va tenir ce langage : Quelle est donc la
date de votre loi? — Elle est, si vous le voulez, du 12 mai
1871. Or à quelle époque a été commis le crime par suite
duquel cet individu a été poursuivi? — Le 1er mai ! — Oh !
mais alors, si le fait date du 1er mai et si la loi date du 12,
au nom du grand, du tutélaire, du salutaire principe de la
non-rétroactivité, je vous demande l'acquittement de mon
client.

Voilà quel serait le résultat.

Si, au contraire, vous revenez à la réalité des choses,
vous repoussez l'article 3 comme inutile. Si, lorsqu'un individu, le coupable que vous voulez atteindre, que je veux
atteindre comme vous, comparaîtra devant la justice, il
ne peut s'élever aucun doute sur l'application de la loi pénale ordinaire ; s'il est certain que les faits qu'il s'agira de
punir en 1871 étaient prévus et punis par le législateur
sexagénaire de 1810, toutes les difficultés que je vous signale disparaîtront et ne pourront trouver place dans une
discussion de ce genre... Ah ! soyez sûrs, Messieurs, que
si je ne voyais dans votre loi qu'une inutilité, je n'insisterais
pas ; mais c'est parce qu'en elle je vois un danger, et un
danger considérable, que j'insiste et que j'insiste énergi-
quement.

Sur le surplus des faits prévus par l'article 3 et par
l'article 4, nous ne pouvons être en désaccord, puisque
l'exposé, le rapport, les articles de loi vous disent : « Seront
frappés de telle ou telle peine, par les articles du code pénal
qui les prévoit, tels ou tels faits, etc... » Puis : « Restera
puni des peines prévues par les articles 255 et 256 du code
pénal, tout individu, etc... »

Si tout cela a déjà été dit, à quoi bon le redire? Encore
une fois, si ce n'était qu'une répétition inutile, je me tai-

rais ; mais c'est par ce que c'est, suivant moi, une répétition dangereuse, que je parle et que je résiste.

L'évidence de ces répétitions, que je soutiens inutiles et dangereuses, est saisissante. Veuillez vous reporter à l'article 4. Rapprochez la rédaction du projet du Gouvernement de celle du projet de la commission. Le projet du Gouvernement était ainsi conçu :

« Art. 4. — Sera puni des peines prononcées par les articles 255 et 256 du code pénal, tout individu qui aura détruit ou détourné les actes de l'état civil conservés aux mairies de Paris, les bulletins du casier judiciaire, les dépôts, minutes et papiers des notaires et autres officiers ministériels ou qui se sera rendu complice de ces délits. »

Je comprends, Messieurs, la préoccupation q   dû inspirer le rédacteur de cet article au moment où   l'a écrit. Mais je crois que si, au lieu de viser simplement les articles 255 et 256 du code pénal, il avait visé aussi l'article 254, il aurait promptement reconnu que sa préoccupation était chimérique, et cela par une raison péremptoire, parce que les délits qu'il a pris soin d'énumérer étaient littéralement prévus par l'article 254. Et, en effet, quels sont ces délits ?... Ce sont « la destruction ou le détournement des actes de l'état civil conservés aux mairies de Paris. » Eh bien, je lis l'article 254, celui du vieux code pénal de 1810 : « Quant aux soustractions, dit cet article, destructions, enlèvement de pièces ou de procédure criminelle, ou d'autres papiers, registres ou effets contenus dans les archives, greffes, dépôts, ou remis à un dépositaire public en cette qualité, les peines seront contre les greffiers, archivistes, notaires ou autres de... » suivent les peines. Quant aux articles 255-256, ils prévoient identiquement les mêmes délits, lorsqu'au lieu d'être commis par le dépositaire lui-même, ils sont com-

mis par des personnes étrangères au dépôt, c'est-à-dire par
de simples particuliers...

Aussi, dans le bureau dont je fais partie, lorsque le projet
de loi a été examiné, à la lecture de l'article 4 quelques-
uns de mes collègues se sont écriés : Comment ? « sera puni
des peines prononcées » ; mais c'est une erreur, ce délit est
déjà puni. La commission, reconnaissant très bien la portée
de l'observation, a remplacé le mot « sera puni » par le mot
« restera puni par les peines édictées par les articles 255-
256 » ; mais, encore une fois, si les faits sont les mêmes, si
les délits sont les mêmes, si les peines doivent être les mêmes,
à quoi bon le dire ? Je ne vois à cela aucune utilité, et de
plus j'y vois un danger.

Il y a cependant une petite distinction entre le projet du
Gouvernement et celui de la commission ; mais cette distinction est si légère qu'il suffit de relire l'article 4 pour se
convaincre de son inutilité.

« Sera puni ou restera puni des peines prononcées par
les articles 255 et 256 du code pénal, et suivant les distinctions de ces articles, tout individu qui aura détruit en
tout ou partie... »

Le projet du Gouvernement avait dit seulement « aura
détruit ». La commission a cru devoir ajouter « en tout ou
partie. » Pourquoi cette addition ? Est-ce que la destruction
partielle n'est pas coupable aussi bien que la destruction
totale ? Ne voyez-vous pas que votre addition peut donner
naissance à une difficulté sérieuse ?

Alors que le code pénal avait dit très sagement et très
simplement : « Quiconque aura détruit, » ce qui suppose
évidemment la destruction totale comme la destruction partielle, vous venez dire, vous : « Quiconque aura détruit
tout ou partie. » Mais si vous croyez utile de vous expliquer
sur la destruction partielle pour l'assimiler à la destruction

totale, c'est donc, pourra-t-on dire, que la destruction partielle n'était pas atteinte par le code pénal de 1810 ? Car, si
elle était atteinte comme la destruction totale, il n'y avait
pas besoin d'un nouvel article de loi.

Je poursuis la nomenclature de l'article 4 : « les bulletins du casier judiciaire. » Si je comprends aisément l'intérêt
de ceux qui font disparaître ces bulletins, je comprends
moins aisément l'utilité de l'article à ce nouveau point de
vue, car ces bulletins sont des papiers publics ; or, la destruction ou l'enlèvement des papiers publics en général
étaient déjà atteints et punis par le code pénal de 1810. A
quoi bon parler de l'espèce, quand on a parlé du genre ?

Je continue : « les papiers des officiers ministériels. »
Mais, encore une fois, tout cela était prévu et puni par le
code pénal.

J'en ai fini, Messieurs, avec cette nomenclature.

Je crois avoir démontré numériquement et arithmétique-
ment, pour ainsi dire, que, soit au point de vue des faits
eux-mêmes, soit au point de vue des cas de complicité par
les modes ordinaires ou par la voie du recélé, il n'y a pas
un des délits, pas un des crimes spécifiés dans la loi nouvelle qui n'ait été prévu et puni par la loi ancienne. Si cela
est, encore une fois, pourquoi répéter ce qui a été dit, surtout lorsque la répétition est périlleuse ?

Permettez-moi maintenant, Messieurs, de répondre à
quelques considérations présentées par l'honorable préopinant, et qui seraient, suivant lui, de nature à justifier, non
pas l'insertion dans la loi de dispositions nouvelles, mais le
rappel de dispositions anciennes.

La première de ces considérations, c'est que les crimes et
les délits qui ont été commis dans les circonstances dou-
loureuses, épouvantables, au milieu desquelles nous nous
trouvons, pourraient être considérés comme des crimes ou

des délits politiques, et que l'on pourrait craindre qu'on s'abritât derrière cette qualification pour arriver à l'impunité au lieu d'arriver à la punition.

Suivant moi, Messieurs, je ne crois pas que cette préoccupation soit légitime, et je vais vous dire pourquoi. Au point de vue de la qualification, de la caractérisation des délits qu'elle énumère, la loi actuelle est muette, et elle devait l'être ; elle ne tranche pas, et ne pouvait pas trancher la question de savoir si, réellement, les crimes ou les délits dont elle parle ne sont pas politiques. Donc, à ce point de vue, l'insertion ou le rappel dans la loi des dispositions dont il s'agit ne saurait se justifier.

Et, puisqu'il s'agit de savoir si ces crimes ou ces délits sont ou ne sont pas politiques, permettez-moi de vous dire que je comprendrais qu'on se préoccupât de cette question s'il s'agissait de savoir à quelle juridiction on devrait en attribuer la connaissance ; mais au point de vue, non de la procédure, mais de la répression, je ne comprends pas qu'on s'en préoccupe.

Qu'importe, en effet, à ce point de vue, la juridiction ? Que ce soit celle de la police correctionnelle, ou celle du jury, il n'y a pas un seul honnête homme, — et il y a d'honnêtes gens sur les bancs de la magistrature comme sur ceux du jury... (Exclamations et rires.)

Lorsque je me suis permis de décerner ce modeste brevet d'honnêteté à des citoyens sortis de nos rangs et à ceux qui font partie de la magistrature, je ne croyais pas commettre une inconvenance vis-à-vis de qui que ce soit. (Non ! non ! — Parlez !)

Je dis donc, Messieurs, que soit qu'il s'agisse de jurés, soit qu'il s'agisse de magistrats, il est évident qu'il n'y en a pas un, pas un seul, — j'en suis convaincu à l'avance, — qui chercherait à trouver pour le coupable un prétexte d'impunité dans cette considération que tel fait, condamné par la loi, aurait été commis dans des circonstances politiques, dans cette considération qu'il aurait un caractère politique.

Non, Messieurs, politique ou non, le fait doit être puni et frappé ; et je suis convaincu qu'il le sera, à quelque juridiction qu'il soit déféré. (Assentiment.)

Donc, l'observation faite tout-à-l'heure à la tribune, que des considérations tirées du caractère politique des faits pourraient exercer une influence au point de vue de la solution, ne me paraît avoir aucune importance.

On a parlé encore de la nécessité de rappeler les règles relatives aux complices, afin d'établir la solidarité pécuniaire, au point de vue de la restitution et des dommages et intérêts.

Mais, ces règles datent de 1810 et des lois antérieures. Il y a un article de loi qui dit que les restitutions et les dommages-intérêts sont dûs solidairement par l'auteur et par les complices d'un délit. Donc cette considération ne justifie et n'explique pas encore l'utilité de la loi.

Enfin, au point de vue de la juridiction, on dit : La loi est utile, parce qu'elle aura pour résultat, implicitement et virtuellement, de déférer la connaissance des faits qu'elle prévoit aux juges ordinaires, c'est-à-dire au jury, et non pas au conseil de guerre.

Si telle est votre espérance, Messieurs, vous vous trompez étrangement. En effet, voici ce qui s'est passé, — ce n'est pas vieux, — à la date d'hier.

Une question analogue s'est posée devant la plus haute magistrature de la France, devant la cour de cassation. Il s'agissait d'un abominable crime qui avait été commis dans une ville de province et qui était devenu l'occasion de poursuites exercées devant la juridiction militaire, en vertu du décret rendu, à la date du 8 août 1870, sous le régime impérial. Certaines personnes pensaient que ce décret, rendu sous un régime qui n'existait plus, ne pouvait pas produire des effets juridiques et utiles après la disparition du régime duquel il émanait. (Oh ! oh.)

Un membre. — Qui est-ce qui croyait cela ?

M. Bozérian. — Certaines personnes l'ont cru et pourraient peut-être justifier leur opinion. (Réclamations sur plusieurs bancs.)

Soit ! je n'aborderai pas cette question-là ; mais, si j'avais à l'aborder, on me permettrait de ne pas me tenir tout de suite pour battu. (Mouvements divers.)

Laissons-là la discussion de cette question, voici le côté utile de mon observation.

La cour de cassation a pensé que, jusqu'à ce que le décret du 8 août 1870 ait été abrogé par une loi rendue par l'Assemblée nationale, il devait conserver sa vigueur.

Vous voyez donc bien, Messieurs, qu'au point de vue de la juridiction, l'observation présentée tout-à-l'heure par notre honorable collègue ne saurait justifier l'utilité de la loi. On croit que cette loi est utile parce qu'elle aura pour conséquence d'attribuer aux juges ordinaires, c'est-à-dire aux juges, la connaissance des crimes qu'elle prévoit : c'est une erreur. Par sa propre force, par sa propre individualité, elle n'aura pas cet effet : cet effet ne se produira que quand vous aurez rapporté les décrets rendus sous l'Empire et qui, ayant proclamé l'état de siége dans le département de la Seine et dans d'autres départements, ont eu pour résultat d'attribuer aux conseils de guerre la connaissance des crimes et des délits commis pendant la maintenue de cet état.

J'ai rappelé les considérations présentées par l'honorable préopinant pour justifier l'utilité du projet de loi au point de vue pénal, le seul dont je m'occupe. Je crois en avoir fait justice.

Maintenant, je me résume en disant que ce projet, à ce point de vue, est non-seulement inutile, mais qu'il est dangereux : je crois l'avoir démontré.

Permettez-moi, pour finir, de me servir d'une comparaison vulgaire, qui vous fera bien saisir ma pensée.

Suivant moi, vous avez dans le code pénal un canon qui me paraît excellent.

Un membre. — Comment ! un canon ?

M. Bozérian. — A vous, il ne vous paraît pas suffisant. Il vous faut une mitrailleuse juridique. (Exclamations et rires.) J'accepterais la mitrailleuse si je ne voyais pas d'inconvénient à son emploi ; mais, à cet emploi, je vois un inconvénient et un danger : c'est qu'il pourrait faire croire à l'inefficacité du canon. Par ce motif, je vous demande de laisser la mitrailleuse dans l'arsenal pour vous en tenir tout simplement au canon. (Mouvements en sens divers. — Approbation sur quelques bancs.)

M. Le Président. — La parole est à M. le rapporteur.

M. Bertauld, *rapporteur.* — Messieurs, la loi d'honnêteté publique proposée à votre sanction a été, de la part de notre honorable collègue qui descend de la tribune, l'objet de quatre reproches. Suivant lui, elle a, en premier lieu, le tort de cumuler des dispositions de droit civil et de droit pénal ; en second lieu, elle est rétroactive ; en troisième lieu, elle est inutile et, partant, dangereuse, et en quatrième lieu elle est incorrecte. Enfin, reproche général, ce n'est pas un canon normal, régulier, ordinaire, usuel, c'est une mitrailleuse exceptionnelle. (On rit.)

Permettez-moi de réserver la discussion de la qualification générale, et de répondre tout de suite aux objections spéciales.

3

On dit que notre loi renferme deux lois : une loi pénale et une loi civile.

C'est là une grande erreur : il n'y a qu'une loi, une indivisible loi, une loi politique, dûe à des circonstances politiques qui lui impriment la plus grande des légitimités : celle de la plus impérieuse nécessité.

Quel est le but de cette loi? D'empêcher un trafic odieux, immoral, un commerce indigne. Quand on décrète le pillage, la dévastation, et qu'on va jeter sur le marché tant d'objets d'art, tant de collections précieuses, croyez-vous qu'il soit inutile de dire que les acheteurs n'auront pas à se préoccuper de l'origine des objets qu'ils achèteront à vil prix? Croyez-vous qu'il serait bien prudent de les laisser sous la protection des articles 2279 et 2280 du Code civil?

D'après l'article 2279, si les objets volés sont achetés, non pas dans un marché, non pas de marchands qui vendent des choses pareilles, le vrai propriétaire sera dépouillé s'il ne réclame pas dans le délai de trois ans ; toutes les fois qu'il ne pourra démontrer la mauvaise foi du détenteur, l'expiration du délai de trois ans constituera une fin de non-recevoir invincible. Or, je me figure bien que les spéculateurs auxquels la loi s'attaque prendront leurs précautions... (On rit.) et qu'ils ne mettront pas en saillie, en lumière, les objets qu'ils considèrent comme de bonne prise. D'un autre côté, si les acheteurs traitent dans un marché, s'ils achètent à des marchands vendant des choses pareilles, — permettez-moi de les appeler de leur nom, quelque trivial qu'il soit, — à des marchands de bric-à-brac, ils auront à de bonnes conditions des objets d'un grand prix et sur lesquels le marchand aura gagné, car ils ne lui auront rien coûté ; et, aux termes de l'article 2280 du code civil, l'acheteur dira au vrai propriétaire : Je garde l'objet, car, dans mon heureuse innocence, je n'en ai pas connu l'origine, je n'en ai pas su la provenance ; si vous voulez recouvrer votre objet d'art, eh bien, vous le payerez. Le projet de loi vient dire que ces deux dispositions ne doivent pas, dans les circonstances actuelles, recevoir leur application.

Est-ce que vous ne pensez pas, Messieurs, que cette loi-là, à l'heure qu'il est, a beaucoup d'à-propos?

Sur un grand nombre de bancs. — Si ! si !

M. LE RAPPORTEUR. — On me dit : Mais l'application de cette loi va très-prochainement cesser, car nous sommes à la fin des troubles.

Messieurs, hier on vous lisait, je vous lisais un arrêté, une disposition de la Commune, qui décrète le pillage et la dévastation de l'hôtel de M. Thiers. Est-ce que vous pensez que les objets qui seront pillés, spoliés, distraits, enlevés, ne seront pas jetés dans le commerce ? Eh bien, il faut immédiatement flétrir leur origine et obliger les acheteurs à s'enquérir d'où ils proviennent.

Voilà, Messieurs, le but de la loi... (Approbation sur un grand nombre de bancs), son vrai but; tout le reste ne constitue que des sanctions, d'abord des sanctions du droit civil, ensuite des sanctions du droit pénal; mais si je suis parvenu à me faire bien comprendre de l'Assemblée, elle aura déjà acquis la conviction que la loi lui offre de l'unité, qu'elle ne peut pas être divisée en deux lois, scindée en deux fractions. C'est, en effet, au plus haut degré, une seule et identique loi ; une loi qui proclame l'inaliénabilité du bien d'autrui ; l'inaliénabilité, non pas de la part du vrai propriétaire, mais de la part de l'usurpateur qui s'est substitué au véritable propriétaire.

Et, Messieurs, s'il me fallait rechercher des antécédents à cette loi, je ne serais pas bien embarrassé. Les articles 2270 et 2280 ne sont pas applicables pour le mobilier de la couronne ; il y a trois lois spéciales qui écartent l'application de ces articles, précisément par la raison plus générale adoptée par l'auteur du projet de loi qui vous est soumis.

Voilà le caractère de la loi ; c'est un caractère politique, c'est un caractère préventif, c'est un grand avertissement qui est l'écho de la conscience sociale, de la conscience publique.

Telle est ma réponse à la première objection.

Mais on m'en fait une seconde, on ajoute : Votre loi est rétroactive. On a divisé cette objection en deux ; on m'a dit : Elle cessera bientôt d'être appliquée. Tant mieux. Mais les ventes, mais les transactions qui sont antérieures à la loi est-ce qu'elles échapperont à nos dispositions ?

Oh ! les aliénations antérieures seront protégées par les art. 2279 et 2280. Oui, mais il restera, grâce à Dieu ! dans les principes généraux du droit, des moyens d'atteindre le vol, la soustraction, la complicité et la mauvaise foi, des moyens qui, à l'heure actuelle, n'offrent pas de suffisantes garanties ; mais, pour les aliénations postérieures, elles tomberont sous le coup d'une répression efficace. Je dis même, car notre loi, si vous l'adoptez, aura des effets préventifs, elle empêchera ces négociations (C'est évident !); elle les écartera, elle les rendra non pas seulement difficiles, mais je dis légalement, moralement impossibles. (Très-bien !)

M. DUFAURE, *garde des sceaux*. — C'est toute la question de la loi.

M. LE RAPPORTEUR. — C'est-là, si je ne me trompe, un grand résultat. (Oui ! — Très-bien !)

Quant au principe de rétroactivité qui subirait des atteintes, comment ? Mais nous déclarons que la loi ne sera applicable qu'aux négociations qui seront postérieures à sa promulgation. Dès lors, il me semble que le principe de la rétroactivité est sauf (Parfaitement !), qu'il n'est, sous aucun rapport, violé !

Troisième objection. On nous dit : Votre loi est inutile. En effet, est-ce que notre Code pénal, qui est vieux, ne renferme pas des dispositions sur la complicité ? Oui ! il prévoit quatre sortes de complicité.

Une voix. — Cinq !

M. BERTAULD. — Cinq, si vous voulez (On rit), mais je les réduirai à quatre : la complicité réelle qui se divise elle-même en trois... (Oh ! oh !)

Oh ! ne craignez pas que je convertisse cette tribune en chaire.

M. JULES SIMON, *ministre de l'instruction publique.* — Nous y gagnerions beaucoup.

M. BERTAULD. — Si j'ai indiqué ces divisions, c'est que j'y ai été provoqué et qu'on avait fait appel à mes souvenirs.

Il y a la complicité présumée ; enfin, il y a la complicité à laquelle on faisait allusion, la complicité de recel. Messieurs, cette complicité, prévue par l'article 62, est déjà une complicité exceptionnelle, spéciale, dérogatoire ; car qu'est-ce que la complicité en général ? C'est la responsabilité attachée à des faits qui, en eux-mêmes, ne sont pas coupables, mais qui prennent un caractère de culpabilité, parce qu'ils sont un secours donné à des faits d'autrui qui sont coupables. C'est le secours matériel ou moral, c'est la facilité donnée, c'est l'encouragement, c'est la provocation.

Tous ces faits-là sont antérieurs au crime et au délit ou concomittants au crime ou au délit. Mais la complicité résultant de faits postérieurs, on ne la comprend guère, à première vue, car quand un fait est accompli, il est difficile de l'aider ; le fait est consommé, il semble donc qu'il n'y a plus de place à la complicité. Eh bien, la loi cependant, par des dispositions exceptionnelles, a frappé le recel. Oui, mais elle frappe à titre d'exception, dans des conditions rigoureusement déterminées auxquelles le jurisconsulte est tenu d'obéir. Il doit observer les restrictions de la loi pénale, car toute loi pénale doit être interprétée limitativement. Eh bien, Messieurs, je vous demande si tous les faits qui sont prévus dans l'article 3 du projet du Gouvernement et dans l'article 3 du projet de la commission, tomberaient sous l'application de l'article 62 ?

Grâce à Dieu, dans cette Assemblée qui compte tant de lumières, les lumières juridiques ne sont pas exclues. Eh bien, il n'y a pas un juriste qui ne sache que l'article 62 du code pénal ne pourrait pas trouver son application dans la plupart des cas qui sont prévus dans l'article 3.

En effet, à quelles conditions le projet du Gouvernement, le projet de la commission subordonnent-ils l'application d'une pénalité rigoureuse ? A la seule condition que celui qui a traité avec le voleur, avec le spoliateur, ait connu l'origine ou la provenance des objets détournés ou volés. Cette seule connaissance suffira pour rendre l'acheteur, le donataire, le créancier gagiste passible de l'application de cette loi pénale spéciale.

Eh bien, je maintiens qu'en nous renfermant dans les termes du droit commun, nous ne rencontrerions pas le concours de circonstances exigé pour la complicité normale, pour la complicité ordinaire.

Voilà ma réponse pour l'article 3.

Ma réponse pour l'article 4, c'est-à-dire pour les mutilations, destructions des immeubles, sera double, complexe, comme l'objection.

D'abord, il me semble qu'il n'y a pas de danger, quand il s'agit de faire une loi qui s'adresse, non pas à des juristes, mais à des voleurs et à leurs complices, (On rit.) de parler nettement et clairement et de montrer que vis-à-vis d'eux la société n'est pas désarmée ; mais, d'un autre côté, est-ce

que vous croyez qu'il est inutile d'avertir qu'il y a une exception qui ne sera pas admise devant nos juridictions
répressives, à savoir qu'on ne pourra pas se prévaloir des
ordres et instructions donnés par les usurpateurs de notre
souveraineté?

Sans cette loi, des gens peu éclairés, de conscience équivoque, auraient dit : Nous avons traité non pas seulement
publiquement, mais sur la foi d'une autorité publique dont
nous n'avions pas à apprécier, nous, la légitimité ; nous
nous sommes trompés, on nous a trompés ; nous avons
acheté, nous avons payé: nous sommes légitimes possesseurs
et légitimes propriétaires.

Nous avons dit que ceux qui auraient traité avec les
voleurs et les spoliateurs ne pourraient à aucun titre se
prévaloir de prétendus ordres qu'ils auront reçus.

Voilà ma double réponse à la double objection résultant
de ce que notre loi serait inutile. (Très-bien ! très-bien ! sur
un grand nombre de bancs.)

Maintenant on me dit : « Mais elle est incorrecte. »

Ah ! cela ne serait pas bien grave, ce serait presque un
péché véniel, un péché mignon. (On rit.) Mais voyons pourtant si, même à ce point de vue, notre loi est vulnérable.

L'honorable orateur auquel j'essaie de répondre a fait
l'honneur à la commission de lui demander ce que signi-
fiaient les mots : « participation à une négociation frauduleuse à titre de donataire. »

Il me semble que notre texte ne renferme que des prévisions parfaitement raisonnables. Nous n'avons pas voulu
seulement atteindre l'acheteur ou l'échangiste à titre onéreux, le créancier gagiste ; nous avons voulu atteindre
même celui qui recevait de honteux cadeaux, le donataire,
l'ayant-cause à titre gratuit, (Assentiment) le détenteur,
quelle que fût la nature de son titre, parce que sa possession,

à nos yeux, avait une tache indélébile, quand celui qui a traité avec le voleur connaissait l'origine délictueuse des objets.

A la lumière de ces explications, voudriez-vous me permettre, bien que je sache que les lectures sont, et souvent avec beaucoup de raison, très-malvenues, de vous lire notre rédaction, puisqu'il s'agit d'une question de texte.

« Tout individu qui, en connaissant leur origine, aura concouru soit au détournement, soit à la vente, à la destruction, au transport à l'intérieur ou en pays étrangers, soit au recélé des objets mobiliers de toute nature, à la fonte, à l'altération ou transformation des matières métalliques, soit à la négociation des titres ou valeurs commerciales, comme acheteur, donataire, créancier gagiste, commissionnaire. » — Ah ! que nos prévisions sont allées encore au-delà !... (Rires. —) « ou à tout autre titre. »

Nous avons désiré qu'il n'y eût pas de lacune ; alors, nous avons employé une formule générale qui répond, si je ne me trompe, aux besoins de la situation exceptionnelle que nous traversons.

L'article ajoute que ces faits seront punis des peines portées en l'article 401 du code pénal, sans préjudice des dispositions plus graves qui pourraient atteindre les infractions quand, à raison des circonstances qui auront accompagné les faits, c'est-à-dire des circonstances de nuit, d'effraction, du nombre de ceux qui auront participé à l'infraction, le délit aura cessé d'être un délit et sera devenu un crime.

Voilà ma réponse aux reproches qui étaient adressés à notre formule ; mais, en laissant l'honorable orateur qui descend de cette tribune parfaitement libre de nous offrir une autre rédaction, que nous adopterons avec empressement si elle est meilleure... (Hilarité.) restent, Messieurs, ses observations générales.

Ah ! je me croyais bien dispensé de les remuer. La question générale avait été traitée avec une bien grande autorité par l'un des vétérans de nos assemblées parlementaires, qui, avec la bonne grâce qui le caractérise, avait envoyé le salut à une recrue. La recrue accepte le salut avec une respectueuse reconnaissance, et soyez bien sûrs qu'elle ne reviendra sur aucune des idées qui ont été si bien exprimées, si bien formulées par l'honorable comte Jaubert. (Très-bien ! très-bien !)

Mais l'observation générale à laquelle j'ai à répondre consiste dans une qualification dure, presque brutale... (Oh ! oh !) ; brutale, entendons-le, dans le langage de la courtoisie qui se parle à cette tribune ; il n'y a que cette langue que l'on emploie contre la loi, et surtout quand on défend la loi.

Mais, chose singulière, après avoir reproché à la loi de ne rien dire que d'oiseux, de n'être que la répétition de dispositions qui sont dans notre droit commun, on m'a dit : le droit commun, c'est le canon, et votre loi spéciale, c'est une mitrailleuse. (Hilarité générale.)

Mais si la loi spéciale n'est, suivant l'honorable préopinant, que la reproduction, la seconde édition, l'écho de la loi générale, il me semble que loi générale et loi spéciale ne devraient emporter que la même qualification.

Messieurs, je reconnais, moi, que la loi spéciale qui est aujourd'hui l'objet de vos délibérations aggrave la situation, sinon des voleurs, de ceux du moins qui veulent profiter du vol. (Très-bien !)

Messieurs, je suis bien rassuré sur le caractère de notre loi ; car si c'était une loi inhumaine, cruelle, monstrueuse, ah ! je suis bien sûr qu'elle ne serait pas accueillie comme vous l'accueillez ici ; vos consciences seraient inquiètes. Vos sourires et vos rires sont pour moi le témoignage que cette loi vous paraît répondre, dans une convenable mesure, à une nécessité du moment. (On rit.)

M. Bozérian. — Je demande la parole.

M. le Président.—M. Langlois était inscrit avant vous.

M. Bozérian monte à la tribune.—(Exclamations.—Aux voix !)

M. le Président. — M. Langlois cède-t-il la parole à M. Bozérian ?

M. Langlois.—Je tiens à conserver mon tour de parole ; mais je ne veux traiter la question qu'au point de vue civil, et, en ce moment, on la discute au point de vue pénal.

M. le Président. — Alors la parole est à M. Bozérian. (Assez ! assez !)

M. Bozérian.—Messieurs, si je n'étais profondément préoccupé des conséquences de la décision que vous allez prendre, je ne viendrais pas une seconde fois à cette tribune m'imposer à l'Assemblée, au risque de l'importuner ; mais c'est parce que, dans mon esprit et dans ma conscience, les observations que j'ai pris la liberté de vous soumettre me paraissent avoir une importance capitale, que je vous supplie de me permettre quelques mots de réponse à ce qui vient d'être dit par l'honorable M. Bertauld.

Je n'ai pas reproché à la loi qui vous est soumise d'être trop rigoureuse ; si elle avait été sévère, j'aurais applaudi à sa sévérité. Ce sont d'autres reproches que je lui ai adressés. Or, à ce point de vue, il me semble qu'après avoir répondu à beaucoup d'objections que je n'avais pas faites, l'honorable rapporteur n'a pas répondu à plusieurs des arguments que j'avais cependant nettement formulés.

Et d'abord, un premier mot de réponse à une première observation.

L'honorable orateur vous disait : notre loi est un tout

indivisible. Pourquoi ? Parce qu'au point de vue civil et au point de vue pénal, elle se rattache à des idées communes.

Messieurs, l'argument ne pêche-t-il pas par son exagération ?

S'il était juste, au lieu de compter cinq ou six codes, comme on les compte dans le recueil de nos lois usuelles, on devrait n'en compter qu'un seul, car il est certain que ces codes s'occupent la plupart du temps de faits analogues, pour les apprécier tantôt au point de vue civil, tantôt au point de vue pénal.

Par conséquent, il est vrai de dire que, dans la loi actuelle, il y a en réalité deux lois, et que, tout en étant favorable à la première partie du projet, — pour ma part, je l'adopte et l'approuve, — on ne peut pas se montrer favorable à la seconde partie.

Or, au point de vue de cette seconde partie, la seule dont je me sois occupé, la seule dont je veuille m'occuper encore, l'honorable orateur n'a pas pu contester sérieusement que les auteurs principaux, — nous parlerons tout-à-l'heure des complices, — que les auteurs principaux des délits énumérés par la loi nouvelle ne fussent déjà atteints par la loi ancienne ; quand il vous rappelait ce fait abominable dont on a parlé hier, est-ce qu'il a pu entrer dans la pensée de quelqu'un que ce fût là un fait pour la répression duquel une loi nouvelle était indispensable ? Est-ce que notre vieux code pénal n'avait pas été assez prudent, je ne dirai pas pour prévoir, mais pour punir à l'avance le pillage, la dévastation, la destruction de la demeure du chef illustre de notre pouvoir exécutif ?

M. DELSOL. — La loi pénale s'applique à ces faits.

M. BOZÉRIAN. — Si elle s'applique à ces faits, elle s'applique aussi à tous les autres ; l'honorable orateur qui descend de cette tribune n'a pas démontré le contraire.

Maintenant, et quant aux cas de complicité, veuillez remarquer la différence de la rédaction par vous adoptée avec celle adoptée par le législateur de 1810. Combien celle-ci était plus sage, et combien la vôtre est dangereuse !

Le législateur de 1810 s'est demandé, comme vous vous l'êtes demandé vous-mêmes, s'il fallait énumérer ou même définir les cas de recélé; c'est après réflexion, et, suivant moi, il a sagement fait de se borner à inscrire dans le code les dispositions suivantes : « Ceux qui sciemment auront recélé en tout ou en partie des objets provenant d'un crime ou d'un délit... »

Oui, en procédant ainsi, par une formule générale, il a bien et sagement agi, parce que, quelles que soient la prévoyance et la sollicitude du législateur, il lui est impossible de prévoir à l'avance tous les cas, et qu'en présence d'une semblable impossibilité, il vaut mieux laisser aux juges le soin d'apprécier si telles ou telles circonstances constituent un cas de recélé ! Cela vaut mieux, parce que, s'il avait procédé par énumération, si, par malheur, il avait oublié un cas de complicité, par cela seul, ce cas de complicité aurait échappé à l'action de la loi pénale.

Vous avez cru devoir suivre une marche différente ; et voilà pourquoi je crains qu'avec les meilleures intentions du monde, vous n'arriviez à un but contraire à celui que vous poursuivez. La loi de 1810 a été sage en proscrivant le recélé sans le définir, et je crois qu'en procédant par ces énumérations, vous faites une chose dangereuse, après avoir fait une chose inutile.

Que dit-on encore ? Que la loi est utile, parce qu'elle déclare expressément que pour se soustraire à la responsabilité pénale on ne pourra pas se prévaloir des ordres reçus. Est-ce que la question de savoir si le simple fait d'exécuter des ordres reçus est ou non un délit n'est pas résolue depuis

longtemps ? Est-ce qu'il n'est pas de règle que cette circonstance ne peut avoir pour résultat de faire disparaître
la culpabilité ?

Cette considération, pas plus que les autres, ne saurait
justifier l'utilité de votre loi ; je persiste à vous demander
le rejet pur et simple des articles 3 et 4 du projet. (Aux
voix !)

M. Langlois. — Je demande la parole. (Aux voix !)

Messieurs, soyez tranquilles, je ne veux pas parler sur la
question pénale, ni sur les articles 3 et 4 du projet qui vous
est soumis ; je crois que tout a été dit par M. Bertauld et par
M. Bozérian, et je me permettrai tout simplement de dire
ici mon opinion : c'est que je trouve que M. Bertauld a
prouvé encore mieux, s'il est possible, que M. Bozérian, que
la loi actuelle est très-bonne, excellente, et qu'elle a tout
prévu ; cela me prouve une chose : c'est qu'il faut savoir
être conservateur vis-à-vis des législations qui existent
depuis soixante ans. Depuis soixante ans, aucune objection,
aucune protestation ne s'est produite contre cette législation.
Eh bien ! quand un représentant ou un ministre vient ici
demander une dérogation à une telle législation,
législation, je le répète, qui, dans un pays aussi tourmenté
que le nôtre, n'a été l'objet d'aucune réclamation, d'aucune
protestation, je dis qu'il faut, *à priori*, savoir être conservateur et se dire : voilà une législation qui est bonne ;
il se peut que, dans l'esprit de celui qui veut la modifier,
il y ait quelque chose d'utile ; mais sa proposition ne peut
pas être discutée d'urgence. Ce serait s'exposer, sous l'influence d'un mouvement d'éloquence, à détruire une législation excellente ; c'est pour cela que j'ai voté contre
l'urgence.

Maintenant, Messieurs, je laisse de côté la question pénale.

Si vous supprimez les articles 3 et 4 de la loi, il n'en reste plus que les articles 1 et 2. Le premier n'est rien de plus, permettez-moi de le dire, que le texte même de la loi, allongé beaucoup, mais enfin ce n'est jamais qu'un texte de loi ; il consiste à dire : la présente loi a tel but ; mais l'article 2, c'est tout, c'est la dérogation aux articles 2279 et 2280 du code civil.

Ces deux articles, comme je le disais tout-à-l'heure, existent depuis 60 ans. Or, pendant ces 60 ans, il y a eu des vols, il y en a eu de toutes sortes.

M. DE PEYRAMONT. — Il n'y en a pas eu de cette sorte !

Un membre. — Il n'y a jamais eu une insurrection pareille !

M. LANGLOIS.—Plaçons-nous au point de vue du législateur de 1810.

L'article 2279 porte : « En fait de meubles, la possession vaut titre. » Si j'ai un parapluie sous le bras, il est à moi. (On rit).

Néanmoins si quelqu'un a été volé de ce parapluie et vient prouver que ce parapluie lui a été volé, il a le droit de le reprendre, et si je suis ou le voleur ou le complice du voleur, ou le recéleur ou le détenteur de mauvaise foi, il me le prend et il ne me donne rien du tout. Voilà l'article 2279 : c'est fort simple.

Mais si je suis un acheteur de bonne foi, si j'ai été acheter ce parapluie chez un marchand de parapluies et si je le prouve, quoique le parapluie ait été volé… (Interruptions diverses).

Un membre. — Il ne s'agit pas de parapluie.

M. LANGLOIS. — Permettez ! il s'agit d'un parapluie comme de tout autre objet.

J'en demande bien pardon à l'interrupteur, l'article 1er du projet de loi en discussion porte :

« Tous biens, meubles et immeubles » tous, entendez bien, sans exception aucune. Ah ! s'il y avait tous objets de bric-à-brac, je dirais : c'est une loi spéciale; mais ce que vous faites ici, c'est bien une loi générale.

L'article 2280 dit, et je continue par l'exemple du parapluie. (Assez ! assez ! — Parlez ! parlez !)

Supposez, si vous voulez, que ce soit une montre, par exemple, ce sera la même chose. Comment ! j'aurai acheté une bague rue de la Paix, chez un bijoutier ; une personne viendra dire que cette bague a été volée ; je prouverai que je l'ai achetée chez un bijoutier, rue de la Paix ; je défie qui que ce soit de venir me prouver que je ne suis pas couvert par l'article 2280.

Mais, avec la loi qui vous est proposée, si elle est votée, une dame ayant une bague au doigt achetée rue de la Paix, chez un bijoutier... (Interruptions et rires.)

De divers côtés. — Ce n'est pas sérieux !

M. LANGLOIS. — Messieurs, c'est très-sérieux, ce que je dis-là.

Enfin, Messieurs, l'acheteur de bonne foi, d'après l'article 2280, est celui qui a acheté chez un marchand vendant habituellement des marchandises connues ou sur un marché, chez un marchand vendant avec la permission de M. le maire, comme on dit. Eh bien, l'article 2280 n'existe qu'au profit de l'acheteur de bonne foi. Eh bien, si j'ai été victime d'un vol, il y a deux ans, par exemple, lorsque je viendrai à reconnaître l'objet volé et à prouver qu'il m'a été volé, s'il est dans les mains du voleur ou de son complice, ou d'un recéleur ou d'un acheteur de mauvaise foi, je pourrai, en vertu de l'article 2279, reprendre l'objet sans rien avoir à payer à l'acheteur de mauvaise foi ; si au contraire il se trouve que celui dans les mains de qui j'ai reconnu l'objet qui m'a été volé prouve qu'il l'a acheté chez un marchand

vendant habituellement de ces objets-là, en somme, qu'il
est acheteur de bonne foi, je pourrai lui reprendre l'objet,
mais à la condition d'en payer l'indemnité à l'acheteur de
bonne foi, ou de la faire payer par l'acheteur de mauvaise
foi, ou par le recéleur.

Voilà la différence entre l'acheteur de bonne foi et l'acheteur de mauvaise foi.

Mais, avec votre loi, vous ne faites aucune espèce
d'exception, et votre suspicion va peser pendant trente ans
sur toute espèce d'objets. Alors, de deux choses l'une, ou
la majorité des citoyens français ne tiendra aucun compte
de votre loi, c'est-à-dire chaque citoyen français ira acheter
chez les marchands comme il le fait aujourd'hui, et alors
je dis que votre loi est absolument inutile ; ou bien chacun
se dira : Voilà que je ne puis plus rien acheter sans qu'on
me prouve d'où viennent les objets mis en vente ; et alors
vous rendez les transactions impossibles pendant trente
ans ; toutes les branches du commerce vont se trouver pa-
ralysées. (Mais non ! mais non !)

Plusieurs membres. — Ce n'est pas sérieux !

M. LANGLOIS. — Si, au contraire, on ne s'y arrête pas, si on
achète comme par le passé, votre loi est inutile, et cela ne
prouve qu'une chose, c'est que le législateur de 1810 a bien
compris ce qu'il faisait, et que, quand il a fait cette distinction
entre l'acheteur de bonne foi et l'acheteur de mauvaise foi —
j'en appelle à tous les membres de cette Assemblée qui se sont
occupés de législation, — c'est qu'il y a, en effet, une différence essentielle entre eux. (Assez ! Assez !)

Vraiment, Messieurs, on dirait que vous ne savez pas ce
que c'est que la propriété ! (Exclamations et rires). Qu'est-
ce que c'est que le propriétaire légitime ? C'est celui qui a
acheté de bonne foi, conformément aux lois existantes. Ce
n'est pas autre chose que cela. (Oh ! oh !)

Après tout, vous n'avez pas créé ce que vous avez ; vous l'avez acheté. Et, en somme, quand vous êtes propriétaire légitime, avant qu'on ne vous vole, vous n'êtes qu'un acheteur de bonne foi, rien de plus. Et vous voudriez que celui qui a acheté, dans les mêmes conditions que vous, n'ait pas une indemnité, alors qu'on vous accorde, à vous, le droit de revendiquer ? Mais ce serait établir qu'il y a en France deux sortes d'acheteurs de bonne foi et deux sortes de propriétaires de bonne foi. Ce serait jeter, je le répète, la perturbation dans le commerce, et vous le savez bien, puisque vous dites : c'est ce que nous voulons. Comment, à Paris, vous allez rendre les transactions impossibles pendant trente ans ! Cela n'est pas admissible. Plus votre loi aura de durée, plus, par l'impossibilité de plus en plus grande pour les marchands de contrôler et de certifier l'origine, vous rendrez impossible le commerce si important à Paris de la bijouterie et des objets d'art ; de plus, par les mêmes raisons, vous rendrez impossibles les ventes légales après décès ; plus grande deviendra la nécessité d'abroger la loi qu'on vous propose de voter et que je repousse. (Aux voix ! aux voix !)

M. LE RAPPORTEUR se lève pour parler.

Plusieurs voix. — Ne répondez pas !

M. BERTAULD, *rapporteur*.—Messieurs, je monte uniquement à la tribune pour constater le désaccord qui existe entre les adversaires du projet du Gouvernement, amendé par la commission.

L'honorable M. Bozérian nous donne un *satisfecit* pour la partie civile ; il nous fait presque des compliments.

Au contraire, toutes les objections de M. Langlois sont concentrées sur la partie civile, et ces objections, si je suis parvenu à les dégager de ses observations, se réduisent à

4

dire que les articles 2279 et 2280 sont absolument nécessaires pour la sécurité des relations commerciales en
matière mobilière.

Eh bien, chose singulière, les articles 2279 et 2280 ont
reçu, de trois lois spéciales, une dérogation pour le mobilier
de la couronne ; je ne lis pas le texte, j'indique seulement
la date des lois : 3 février 1810, 3 novembre 1814, et,
enfin, 2 mars 1832 ; de cette dernière loi, j'extrais ceci :
« Les biens meubles et immeubles de la couronne sont
inaliénables et imprescriptibles. »

M. GASLONDE. — Et les livres de la bibliothèque nationale ?

M. LE RAPPORTEUR. — Je ne veux pas lire tous les textes.
« La donation mobilière comprend les diamants, les ca-
mées, etc. »

L'Assemblée peut se tenir pour assurée que la question
a été étudiée par la commission sous tous ses aspects.

Est-ce une inspiration républicaine bien avouable que de
ne pas vouloir, dans les circonstances actuelles, étendre au
profit du domaine public et du domaine des particuliers la
protection dont plus d'un demi-siècle a voulu pour le domaine spécial de la couronne ! (Très-bien !)

Nous vous demandons, dans des circonstances exceptionnelles, à l'encontre de ceux qui traiteront avec les
représentants des pouvoirs insurrectionnels, une garantie
dont on a besoin contre le désordre, le vol, la spoliation,
et, cette protection, vous ne la refuserez pas aux intérêts
publics et à la conscience sociale. (Très-bien ! très-bien ! —
Aux voix ! aux voix !)

M. LE PRÉSIDENT. — La parole est à M. Martel.

M. MARTEL. — Messieurs, je n'ai qu'une simple question à
adresser à la commission, et c'est afin qu'il ne reste pas
d'obscurité dans la loi.

L'article 3 du projet de la commission vise l'article 401 du code pénal, et l'article 4 vise les articles 255 et 256 du même code. Le projet de loi ne parle pas de l'admission des circonstances atténuantes.

Si la commission entend que les tribunaux ne puissent pas admettre de circonstances atténuantes, elle a raison de garder le silence ; mais si les tribunaux correctionnels peuvent et doivent, suivant les cas, dans la pensée de la commission, admettre des circonstances atténuantes, il faut pour cela ajouter un article au projet de loi. (Mouvements divers.)

M. LE RAPPORTEUR. — Messieurs, la réponse de la commission sera très-nette et très-précise.

La commission a pensé qu'elle n'avait pas besoin de rappeler l'article 463 du code pénal quand les faits à punir constitueront des crimes, car l'article 463 est applicable aux crimes, quelle que soit la nature des lois qui les prévoient.

Mais la commission a entendu que l'article 463 du code pénal ne serait pas applicable aux délits, parce que cet article ne s'applique que pour les lois qui sont renfermées dans le code pénal. Il faudrait, en effet, nous l'avons parfaitement reconnu, une disposition expresse pour rendre l'article 463 applicable aux délits spéciaux que nous avons prévus. Mais, Messieurs, c'est avec réflexion, après un examen très-mûr, qu'en comparant la gravité des faits à la peine qui était écrite dans la loi, la majorité a pensé que l'indulgence, l'appréciation bienveillante du juge trouverait assez d'indépendance, une liberté suffisante dans l'écart entre le *maximum* et le *minimum* de la peine. Nous avons pensé que, n'ajoutant aucune aggravation à la loi, nous pouvions au moins écarter des délits l'application des circonstances atténuantes. (Approbation sur plusieurs bancs. — La clôture ! la clôture !)

M. Alfred Giraud. — N'est-ce pas faire acte de défiance envers la magistrature ?

M. Edmond Turquet. — Je demande la parole.

M. le Président. — La clôture est demandée, je dois la mettre aux voix.

(La clôture, mise aux voix est prononcée).

M. le Président. — Je consulte l'Assemblée pour savoir si elle entend passer à la discussion des articles.

(L'Assemblée, consultée, décide qu'elle passe à la discussion des articles.)

« Art. 1er. — Sont déclarés inaliénables jusqu'à leur retour aux mains du propriétaire, tous biens meubles et immeubles de l'État, du département de la Seine, de la ville de Paris, des établissements publics, des églises, des fabriques, des sociétés civiles, commerciales ou savantes, des corporations, des communautés, des particuliers, qui auraient été soustraits, saisis, mis sous le séquestre ou détenus d'une manière quelconque depuis le 18 mars 1871, au nom ou par les ordres d'un prétendu comité central, comité de salut public, d'une soi-disant Commune de Paris, ou de tout autre pouvoir insurrectionnel, par leurs agents, par toute personne s'autorisant de ces ordres, ou par tout individu ayant agi, même sans ordres, à la faveur de la sédition. »

M. Berlet. — Je demande la parole.

M. le Président. — Vous avez la parole.

M. Berlet. — Messieurs, tout-à-l'heure, M. le rapporteur disait que la loi soumise à votre appréciation était une loi politique. Je le concède ; mais il ne faut pas, parce que cette loi a revêtu un caractère politique, qu'elle ne soit ni claire ni précise en plusieurs de ses dispositions ; il faut, surtout, que les magistrats n'éprouvent aucune hésitation quand ils auront à en faire l'application. Or, si je m'en réfère aux paroles de M. le rapporteur et à certaines parties du rapport de la commission, si je rapproche les énonciations faites à la tribune et cette partie du rapport de la disposition de l'article 1er et celle de l'article 2, il me semble qu'il existe des contradictions. Je demande à M. le rapporteur de vouloir bien dire si c'est simplement une erreur de mon esprit ou si ces contradictions n'existent pas, en réalité.

Il s'agit, Messieurs, du principe de la non-rétroactivité. A ce sujet, voici ce que je lis dans le rapport :

« Loi civile, loi pénale, la loi dont nous vous proposons l'adoption ne saurait rétroagir ; les aliénations antérieures à sa promulgation resteront sous la sujétion du droit commun... »

Je m'arrête ici, car je ne veux m'occuper de la question qu'au point de vue du droit civil.

Par voie de conséquence, il en résulte que les objets mobiliers soustraits avant la promulgation de la loi ne pourront être revendiqués contre les détenteurs, même de mauvaise foi, que dans le délai de trois ans imparti par les articles 2279 et 2280 du code civil.

Mais si je me reporte à l'article 1er du projet de loi et aux dispositions de l'article 2, qui n'est que la sanction légale de l'article 1er, voici ce que je trouve :

« Sont déclarés inaliénables jusqu'à leur retour aux mains du propriétaire, tous biens meubles et immeubles de l'Etat..., *soustraits et saisis depuis le 18 mars 1871....* »

Et voyons immédiatement la sanction.

« Art. 2. — Les aliénations frappées de nullité par l'article 1er ne pourront, pour les immeubles, servir de base à la prescription de dix ou vingt ans, et, pour les meubles, donner lieu à la prescription des articles 2279 et 2280 du code civil.

« Les biens aliénés, en violation de la présente loi, pourront être revendiqués, sans aucune condition d'indemnité et contre tous détenteurs, pendant trente ans à partir de la la cessation officiellement constatée de l'insurrection de Paris. »

Ne voyez-vous pas que cette disposition, en supprimant les articles 2270 et 2280 du code civil, et en donnant au propriétaire dépossédé une action trentenaire contre les détenteurs, lui donne cette action pour tous les objets dérobés depuis le 18 mars 1871 ?

Voilà qui semble contredire l'affirmation de la commission, que le principe de la non-rétroactivité n'est point violé par la loi ; voilà la contradiction apparente que je signale à M. le rapporteur ; je le prie de venir à la tribune pour dire si la contradiction n'existe que dans mon esprit, ou si elle n'existerait pas par hasard dans la loi elle-même.

M. Le Président. — M. le rapporteur a la parole.

M. Bertauld, *rapporteur.*—Messieurs, il me semble que les objections que vous venez d'entendre reposent sur deux erreurs faciles à démontrer: la première est une erreur de droit commun.

Notre honorable contradicteur paraît croire que, d'après l'article 2279, l'acheteur de mauvaise foi d'un objet volé n'est soumis à une revendication que pendant trois ans. Qu'il me permette de le lui dire, il ne trouverait pas un juriste qui se ralliât à cette idée. La revendication dure trente ans contre l'ayant-cause du voleur, lorsqu'il a traité avec mauvaise foi. Voilà un point que l'Assemblée peut considérer comme certain, comme inébranlable. (Assentiment.)

Il y a ensuite une erreur d'interprétation de notre article premier.

Nous reconnaissons que les négociations qui auront été faites même avec le voleur, même avec le spoliateur, ne pourront être atteintes par la loi spéciale qu'autant qu'elles auront eu lieu à une époque postérieure à cette loi. Mais, où notre honorable collègue qui descend de la tribune s'est trompé, c'est quand il a cru que nous avions contredit cette idée par l'énonciation de la date du 18 mars 1871. La date du 18 mars 1871 n'a pas pour objet d'indiquer quand notre loi spéciale deviendra applicable; elle n'a pour objet d'indiquer que le point de départ pour l'origine des objets qui seront transmis, quelle que soit la date des transmissions.

Eh bien, voilà des objets volés depuis le 18 mars jusqu'à l'heure où je parle; ces objets-là, le voleur les a gardés; il n'en a pas fait argent; mais s'il les vend depuis la promulgation de notre loi, oui ou non, notre loi peut-elle lui être appliquée sans rétroactivité? Evidemment la loi devra s'appliquer à l'ayant-cause du voleur, puisque nous avons dit : « Tous les objets volés depuis le 18 mars. » En sorte que, si l'Assemblée veut bien prendre la peine de relire le texte de l'article, elle sera convaincue que nous ne disons pas le moins du monde que les dispositions seront applicables à partir du 18 mars; mais nous disons que ces dispositions seront applicables à tous les objets volés depuis le 18 mars 1871. (C'est cela ! — Très-bien! Aux voix! aux voix!)

M. LÉON CLÉMENT. — Je propose à l'Assemblée d'ajouter un seul mot à l'article 1er, pour combler une lacune très-légère, mais qui cependant a son importance.

Vous savez que, dans la ville de Paris, on a transporté plusieurs mairies de communes suburbaines; vous savez aussi que, dans l'espace occupé par les insurgés, il y a plusieurs communes dans lesquelles des vols ont dû être commis. Or, dans l'article 1er, le mot de communes ne se trouve pas.

Ce mot doit nécessairement y être inséré. Je propose d'ajouter le mot « des communes » après les mots « de la ville de Paris. »

M. LE RAPPORTEUR. — La commission ne s'oppose pas à cette addition. Elle ne la croit pas absolument nécessaire parce qu'elle se trouve comprise sous l'expression générique, compréhensive d'établissements publics, de communautés ; mais je le répète, la commission ne s'oppose pas à ce qu'elle soit introduite dans la loi.

M. GASLONDE. — Il faudra dire « . . . de la ville de Paris et des communes suburbaines. » (Oui ! oui) !

M. LE PRÉSIDENT. — Je relis l'article avec cette addition :

« Art. 1er. — Sont déclarés inaliénables jusqu'à leur retour aux mains du propriétaire tous biens meubles et immeubles de l'Etat, du département de la Seine, de la ville de Paris et des communes suburbaines, des établissements publics, des églises, des fabriques, des sociétés civiles, commerciales ou savantes, des corporations, des communautés, des particuliers, qui auraient été soustraits, saisis, mis sous le séquestre ou détenus d'une manière quelconque, depuis le 18 mars 1871, au nom ou par les ordres d'un prétendu comité central, comité de salut public, d'une soi-disant Commune de Paris ou de tout autre pouvoir insurrectionnel, par leurs agents, par toute personne s'autorisant de ces ordres ou par tout individu ayant agi, même sans ordres, à la faveur de la sédition. »

(L'article 1er, mis aux voix, est adopté.)

« Art. 2. — Les aliénations frappées de nullité par l'article Ier ne pourront, pour les immeubles, servir de base à la prescription de dix ou vingt ans, et, pour les meubles, donner lieu à l'application des articles 2270 et 2280 du Code civil.

« Les biens aliénés en violation de la présente loi pourront être revendiqués, sans aucune condition d'indemnité et contre tous détenteurs, pendant trente ans à partir de la cessation officiellement constatée de l'insurrection de Paris. » (Adopté.)

« Art. 3. — Tout individu qui, en connaissant leur origine, aura concouru soit au détournement, soit à la vente, à la destruction, au transport à l'intérieur ou en pays étrangers, soit au recel des objets mobiliers de toute nature, à la fonte, à l'altération ou transformation des matières métalliques, soit à la négociation des titres ou valeurs commerciales, comme acheteur, donataire, créancier-gagiste, commissionnaire, ou à tout autre titre, sera puni des peines portées en l'article 401 du Code pénal, sans préjudice des peines auxquelles il pourrait être exposé par les circonstances du fait. Les destructions, mutilations et dégradations des biens immeubles seront punies conformément aux dispositions du Code pénal qui les prévoient, sans que, dans aucun cas, les auteurs ou complices des crimes ou délits puissent se prévaloir de prétendus ordres qu'ils auraient reçus.

« La prescription de l'action publique sera soumise aux règles de la prescription en matière criminelle, suivant qu'il s'agira de crimes ou de délits.

« Mais l'action civile ne sera prescrite que par le laps de trente ans depuis la cessation officiellement constatée de l'insurrection, et ce, sans préjudice de toutes interruptions et suspensions de droit. »

M. LE PRÉSIDENT. — Quelqu'un demande-t-il la parole sur cet article ?

M. DE MARCÈRE. — Je proposerai à la commission de remplacer l'énumération indiquée dans l'article, par ces mots : « comme détenteur à quelque titre que ce soit. »

M. LE RAPPORTEUR. — La commission pense que l'explication ne nuit pas, qu'elle est utile, et que surtout, eu égard au caractère de la loi, la disposition qui est sanctionnée par une pénalité doit être très-nette, très-précise, et ne laisser place à aucune espèce d'équivoque.

M. DE MARCÈRE.—Si vous voulez atteindre tout le monde pourquoi ne pas mettre : « Comme tout détenteur à quelque titre que ce soit. » Cela comprend tout le monde, et cela vaut mieux.

M. LE RAPPORTEUR.—On peut concourir à la négociation sans être détenteur. Or nous avons voulu atteindre tous les intermédiaires de la négociation, alors même qu'ils ne seraient pas les bénéficiaires, alors qu'ils n'auraient pas la possession, la détention, et, par conséquent, l'énumération a un but d'utilité ; elle a même un caractère de nécessité.

M. LE PRÉSIDENT.—Je consulte l'Assemblée sur l'amendement...

M. DELSOL.—Mais, si on adopte cet amendement, toute la rédaction est à changer ; l'article ne marche plus. On ne concourt pas à une négociation comme détenteur : la négociation est un fait postérieur.

M. LE PRÉSIDENT.—La proposition et la réponse qui lui a été faite ne comportent que très-peu de mots.

M. de Marcère a demandé que toute l'énumération de l'article 3 fût remplacée par ce seul mot : « Comme détenteur à quelque titre que ce soit. »

M. le rapporteur de la commission a répondu qu'il considérait l'énumération telle qu'elle était faite dans l'article comme nécessaire, attendu qu'il y avait des coupables qui ne seraient pas des détenteurs, et qui, par conséquent, ne seraient pas atteints par l'article, si l'on se bornait à la désignation proposée.

M. LE RAPPORTEUR.—En effet, la détention n'est pas le moins du monde une des conditions de la culpabilité. Quiconque aura mis la main dans l'affaire et y aura concouru de telle ou telle manière sera atteint. Avec la généralisation qui nous est proposée, nous écarterions de la pénalité des personnes qui, certes, l'auraient bien légitimement encourue.

M. LE PRÉSIDENT. — L'amendement est-il appuyé? (Non ! non !)

Alors, je n'ai pas à le mettre aux voix.

(L'article 3 est mis aux voix et adopté.)

« Art. 4. — Restera puni des peines prononcées par les articles 255 et 256 du code pénal, et suivant les distinctions de ces articles, tout individu qui aura détruit en tout ou partie, ou détourné les actes de l'état civil, les bulletins du casier judiciaire, les dépôts, minutes et papiers des notaires et autres officiers ministériels, les archives de toute nature, et autres dépôts d'intérêt public, ou qui se sera rendu complice de ces faits. »

M. LE PRÉSIDENT. — Quelqu'un demande-t-il la parole sur cet article?

M. HENRI BRISSON. — Nous demandons qu'on nous explique le sens des mots « Restera puni », qui nous semblent singuliers... dans un document législatif.

M. LE RAPPORTEUR. — Une seule observation pour justifier les mots « Restera puni. »

Dans le projet de rédaction que la sous-commission avait préparé, le mot « Restera » n'avait pas été introduit. On avait seulement dit « Sera puni ». Mais la majorité de la commission a pensé que le mot « Restera » devait être substitué au mot « Sera », et voici pourquoi : notre article 4 n'introduit aucun élément nouveau. (Interruptions.)

Un membre. — Alors quelle est son utilité?

M. LE RAPPORTEUR. — Permettez, il n'est que la reproduction d'une disposition qui est écrite dans notre Code. Vous m'arrêtez et vous me dites : Cette répétition est surabondante; elle est inutile !

Elle est utile, Messieurs, eu égard au caractère de la loi, et c'est là une explication que j'ai déjà donnée.

Comme notre loi s'adresse à un certain public, nous avons voulu que son texte fût complet et pût avertir tout ceux qui seraient exposés à ses menaces et à son application, qu'il y a des dispositions suffisamment prévoyantes pour les atteindre, quel que soit le caractère des faits auxquels ils se livrent, du moment qu'ils voudront mettre à profit une spoliation. C'est pour cela que nous avons employé à dessein le mot *restera;* c'était, non pas afin d'ajouter à la sévérité de la loi, mais afin d'indiquer à tous qu'il y a une loi déjà existante qui sera applicable non pas seulement aux faits commis à partir de la promulgation de la loi actuelle, mais à tous les faits accomplis depuis le 18 mars.

M. COCHERY. — Au lieu de « *Restera* puni, » il vaudrait mieux dire « Restera *punissable.* »

M. LURO. — « Restera *passible* des peines... »

M. LE RAPPORTEUR. — Je ne crois pas que la rédaction « Sera puni, » emporte l'idée que la punition devra s'appliquer en dehors de toute justice et de toute appréciation. Mais je ne vois aucun inconvénient à accepter la rédaction proposée « Restera punissable ou restera passible. » Vos scrupules, sous ce rapport, obtiendraient satisfaction.

M. HENRI BRISSON, *de sa place.* — Je ferai observer...

Voix nombreuses. — A la tribune ! à la tribune !

M. HENRI BRISSON, *à la tribune.* — Je ne voulais pas monter à la tribune parce que je n'avais qu'un mot à dire, et le voici : c'est qu'il résulte des explications de M. le Rapporteur que l'on sollicite l'Assemblée de faire non pas une loi, mais une circulaire. (Vives réclamations. — C'est vrai , à gauche.)

M. LE RAPPORTEUR. — Une circulaire qui sera l'œuvre de l'Assemblée.

M. Dufaure, *garde des sceaux.* — Je ne sais pas, Messieurs, ce qu'a voulu faire entendre l'honorable préopinant en venant, au dernier moment de la discussion, vous dire que votre loi ne serait qu'une circulaire. Vous faites plus, Messieurs, vous êtes témoins d'attentats inouïs commis dans la capitale, à quelques lieues de vous, en votre présence. Vous avez compris, comme le Gouvernement, qu'il était nécessaire d'y porter remède, et que surtout au milieu de tant d'esprits aveugles qui étaient égarés et entraînés, il était bon de leur faire connaître la gravité des actes auxquels ils se livraient et des peines auxquelles ils s'exposaient. Ce n'est pas une circulaire, c'est une loi complète, une loi explicite, une loi grâce à laquelle, il faut bien qu'on le sache, tous ceux qui, pendant ces jours néfastes, se sont livrés à ces vols, à ces destructions de monuments publics, à ces suppressions de propriété privée, tous ceux-là seront punis suivant la rigueur d'une loi qui, on l'a dit avec raison, n'est empreinte d'aucun caractère cruel et excessif, mais qui apprend à tous les auteurs et complices de ces actes qu'ils seront punis de la peine des voleurs ! (Vives marques d'approbation et applaudissements.)

M. de Colombet. — Et nous espérons que vous saurez en assurer l'exécution sévère.

M. le Président. — Je mets aux voix l'article 4 avec la modification consentie par la commission, c'est-à-dire avec le mot « passible » à la place du mot «punissable. »

M. Gaslonde. — « Passible » est le mot technique !

(L'article 4, mis aux voix, est adopté.)

M. le Président. — Deux articles additionnels conçus à peu près dans les mêmes termes, mais ayant le même sens et le même but, ont été présentés, l'un par M. Turquet, l'autre par MM. Martel, Bottieau, Albert Desjardins, Adnet,

Tallon, Ch. Boreau, Mathieu-Bodet, Bigot, Perrot, Dufour, marquis de Partz, de Salvandy, Bienvenue.

Voici le premier :

« L'article 463 du code pénal pourra être appliqué à tous les délits prévus et punis par la présente loi. »

Voici le second :

« L'article 463 du code pénal sera applicable aux délits prévus par la présente loi. »

M. Turquet. — Je demande la parole pour motiver mon amendement.

M. le Président. — M. Turquet a la parole.

M. Turquet. — Messieurs, c'est avec une profonde émotion... (Oh ! oh !) Oui, Messieurs, c'est avec une émotion très-profonde, croyez-le bien, que j'ai entendu tout-à-l'heure l'honorable rapporteur déclarer à cette tribune que c'était de parti pris et volontairement que la commission avait décidé que l'article 463 du code pénal ne serait point applicable aux délits prévus et punis par la loi que vous allez voter.

M. le rapporteur nous a dit que la loi que l'on présentait à votre adoption était une loi politique.

Si cela est vrai, raison de plus pour que l'article 463 soit déclaré applicable à cette loi.

Mais je veux bien, pour un instant, oublier cette qualification de « loi politique » et voir tout bonnement une loi de droit commun en matière criminelle. Nous voulons punir d'une façon sérieuse, efficace, les crimes et les délits que l'on commet, en ce moment, à Paris ; en cela, j'approuve complètement le projet de loi ; il importe que ces crimes et délits soient punis, et, dans certains cas, très-sévèrement punis, impitoyablement punis, si vous le voulez ; mais n'oubliez pas, Messieurs, qu'en matière criminelle, il y a toujours, à côté des grands coupables, des hommes qui méritent

l'indulgence. Si, comme moi, vous aviez vu souvent com-
paraître devant vous des gens égarés, des gens trompés par
d'affreux coquins qui les avaient entraînés et perdus, vous
comprendriez qu'il est indispensable que vous décrétiez qu'il
y aura des cas où la justice de France devra déclarer qu'il
y a des circonstances atténuantes quand elle appliquera la
loi que nous discutons.

Savez-vous quel est le minimum de la peine que les tribunaux vont être appelés à appliquer aux délits que la loi
va punir ? C'est un an de prison. (Eh bien ? Eh bien ?)

Un membre à droite. — Ce n'est pas trop !

M. EDMOND TURQUET. — Comment ! Ce n'est pas trop !
Pour moi, Messieurs, une année d'emprisonnement sera beaucoup trop dans bien des cas. (Mouvements en sens divers.)

Voulez-vous, oui ou non, punir les auteurs des délits et
des vols qui se commettent à Paris en ce moment ?

Voix nombreuses. — Oui ! oui !

M. EDMOND TURQUET. — Oui ? Eh bien, moi aussi.

Mais si vous voulez les punir équitablement, il faut que
vous laissiez aux tribunaux une latitude très-grande pour
leur permettre de faire une juste application de la peine.
Punira-t-on également ces femmes, ces enfants égarés, qui
auront peut-être volé à côté des infâmes coquins qui les
auront entraînés ? Croyez-vous, par exemple, qu'une femme,
pressée par la faim, qui aura suivi une bande de pillards
dévalisant une boulangerie ou une boutique de comestibles
devra se voir appliquer, toujours et quand même, la peine
sévère d'un an d'emprisonnement ? Ce serait chose dangereuse, mauvaise.

Je vous supplie, Messieurs, de vous rappeler ce qui s'est
passé en 1863, lors de la réforme du code pénal par l'ancien Corps législatif. A cette époque, une certaine école de
jurisconsultes s'est écriée : « La répression faiblit en

France ! » Et le Gouvernement s'était empressé de proposer au Corps législatif une modification au code pénal. Je
me rappelle très-bien quelle fut l'angoisse des magistrats,
lorsqu'on eut décidé que les tribunaux correctionnels ne
pourraient jamais, en certaines matières, prononcer une
peine de moins de six jours d'emprisonnement, en matière de
vol, par exemple. Avec l'ancien article 463 du code pénal,
les tribunaux pouvaient, quand ils le jugeaient bon, ne
condamner le voleur qu'à une simple amende ; en vertu de
la loi du 10 mai 1863, les tribunaux correctionnels ne
peuvent plus condamner à moins de six jours d'emprisonnement.

Je fais appel ici au témoignage de M. le garde des sceaux.
Combien de recours en grâce ne sont-ils pas adressés à la
chancellerie, fondés sur ce que la peine a été réellement
trop sévère. Je fais appel aussi aux magistrats qui ont eu la
douleur de requérir ou d'appliquer, dans certains cas, une
peine de six jours d'emprisonnement, quand ils auraient
souhaité n'avoir à requérir ou à appliquer qu'une peine
moins forte.

Dans toutes les affaires auxquelles je fais allusion, la
répression était nécessaire, indispensable ; mais une peine
de six jours d'emprisonnement était souvent trouvée trop
cruelle par les magistrats correctionnels de la France ; et
ce qui le prouve, ce sont les nombreuses lettres de grâce
accordées par le Gouvernement en pareille matière.

Quand, dans un mois, dans quinze jours, nos parquets
auront à agir en matière semi-politique, quand ils auront à
faire juger ces voleurs de Paris, et que les magistrats se
trouveront dans la cruelle nécessité de condamner des
égarés, des gens trompés, comme le disait tout-à-l'heure
M. le garde des sceaux, vous verrez les magistrats déses-

pérés d'avoir à prononcer d'une façon que leur conscience trouvera impitoyable.

Laissez-donc, Messieurs, laissons la magistrature que vous respectez faire une juste répression ; laissons-la maîtresse de déclarer si, oui ou non, il y a des circonstances atténuantes dans les faits criminels ou délictueux qui lui seront soumis ! Ne lui liez pas les mains d'avance ! Si vous voulez bonne justice, n'oubliez pas que vous vivez dans une société chrétienne, c'est-à-dire dans une société où il doit toujours y avoir place pour l'indulgence. A côté du droit de grâce qui appartient au Gouvernement, il doit y avoir pour la magistrature ce droit d'appréciation de la faute, ce droit de graduer, pour ainsi dire, dans des limites larges ou restreintes, la peine qu'elle serait obligée de prononcer.

C'est sous la protection de ces réflexions que je place mon amendement, et, encore une fois, je vous adjure de ne pas déclarer dans une loi pénale qu'il n'y aura pas de place pour l'indulgence ; en France, en 1871, dans une société chrétienne, je le répète, il faut toujours qu'il y ait de la place pour l'indulgence ! (Applaudissements sur plusieurs bancs.)

M. Alfred Giraud. — M. Turquet a fait allusion à une disposition législative qui a été rapportée par un décret du Gouvernement de la défense nationale.

M. le Rapporteur. — Messieurs, toutes les lois pénales sont des lois politiques, car elles sont la sanction et l'arme de la société politique. La loi qui vous est soumise est, par excellence, une loi politique... (Réclamations sur quelques bancs.) car son but principal est un but préventif.

M. Albert Desjardins. — Je demande la parole.

Un membre. — Un but d'intimidation.

M. le Rapporteur. — Permettez ! Je vais répondre à votre objection.

5

M. ALFRED GIRAUD. — C'est une loi sociale plutôt que politique.

M. VICTOR LEFRANC. — C'est une loi de police.

M. BERTAULD, *rapporteur*. — Je ne suis pas l'homme de l'intimidation, mais je crois être en mesure d'apprécier le caractère des lois pénales. Eh bien, il n'y a pas un criminaliste qui ne reconnaisse que la loi pénale, à la différence de la loi civile, est principalement dominée par des considérations politiques (Réclamations sur quelques bancs.), des considérations de sécurité.

Je crains, Messieurs, qu'il y ait entre mes interrupteurs et moi un malentendu. (Oui ! oui !)

Un membre. — Oui ! Expliquez-le.

M. LE RAPPORTEUR. — Un vrai malentendu.

Pour moi, la politique ne consiste pas en expédients ; la politique, la bonne, la sage politique consiste à donner satisfaction aux intérêts durables, aux intérêts permanents de toute société. (Mouvements divers.)

Elle consiste aussi à donner, dans les limites de la justice, des satisfactions temporaires aux besoins résultant de certaines circonstances politiques heureusement exceptionnelles. Eh bien, j'avoue que j'ai éprouvé quelque étonnement quand j'ai entendu appeler égarés des hommes qui sont des agents du vol, du pillage, de la dévastation. (Interruptions et mouvements divers.)

M. GASLONDE. — Ils égarent les objets, mais ils ne sont pas égarés.

M. LE RAPPORTEUR. — Non, ces hommes ne cèdent pas du tout à un égarement, ils cèdent aux inspirations d'une mauvaise conscience ; ils sont un danger, un fléau pour la société.

Votre commission était placée entre deux opinions extrêmes : les uns auraient voulu qu'à ces délits, eu égard aux circonstances spéciales dans lesquelles ils se produisaient, le juge fût toujours dans la nécessité d'appliquer le maximum de la peine. (Exclamations.)

M. Victor Lefranc. — Je demande la parole.

M. le Rapporteur. — Une autre minorité a, au contraire, pensé qu'il fallait admettre l'existence de circonstances atténuantes.

Un membre. — Il y a des espèces à l'infini.

M. Tirard. — Vous venez de prononcer la condamnation de votre loi.

M. le Rapporteur. — Je vois bien que M. Tirard condamne la loi. (Bruit.) Eh bien, cela m'étonne.

M. Tirard. — Vous la condamnez vous-même.

M. le Rapporteur. — Est-ce qu'il y a une différence entre l'honnêteté publique et la politique ? Pour moi l'honnêteté et la vraie politique se confondent... (Interruptions.) et c'est précisément parce que notre loi répond à un besoin d'honnêteté publique que je m'étais fait cette illusion qu'elle ne rencontrerait pas, au moins dans ses grands principes, dans ses grandes lignes, de contradicteur de quelque côté de l'Assemblée que ce fût. Oh ! je m'attendais à ce que des détails fussent contestés, à ce que des vices de rédaction fussent signalés, mais quand il s'agit... (Interruption et bruit prolongé.)

M. Vente. — Je demande la parole.

M. le Rapporteur. — Il me semble, Messieurs, qu'on ne peut pas m'accuser de rudesse pour l'opinion qui réclame l'application de l'article 463 (Interruption.).

Je disais que je n'avais pas dû rudoyer vos scrupules, ou bien mon langage m'aurait singulièrement trompé ; car j'ai donné à cette assemblée une première satisfaction : je lui ai indiqué qu'une minorité importante de la commission avait été d'avis de l'amendement que je combats au nom de la majorité ; j'ai dû en même temps lui indiquer qu'une autre minorité avait été d'avis que le maximum de la loi fût toujours applicable. Eh bien, la majorité a adopté une opinion intermédiaire ; elle a pensé que le juge aurait assez de latitude entre le maximum et le minimum. Si vous voulez que la loi soit un avertissement salutaire, efficace, énergique, je crois qu'il ne faut pas commencer par abdiquer. Il faut écrire dans la loi une disposition assez sévère pour qu'elle soit une cause suffisante d'alarme. Au reste, voilà les trois pensées qui se sont produites dans la commission. L'Assemblée appréciera. (Aux voix ! aux voix !)

M. LE PRÉSIDENT. — Plusieurs personnes ont demandé la parole : ce sont MM. Desjardins, Victor Lefranc, Tirard.

M. Desjardins a la parole.

Plusieurs membres. — (Non ! non ! — Aux voix !)

M. ALBERT DESJARDINS. — Messieurs, j'avais eu l'honneur de déposer, avec M. Martel et plusieurs de nos collègues, un article additionnel pour demander l'application de l'article 463 sur les circonstances atténuantes aux délits prévus par la nouvelle loi. Cet article additionnel, je suis heureux de pouvoir le dire, est admis par M. le garde des sceaux, qui m'a autorisé à le déclarer. (Très-bien ! très-bien !)

M. VICTOR LEFRANC. — Donnez-en la raison ! C'est pour assurer la répression, pour qu'il n'y ait pas d'acquittements déterminés par l'excès de la pénalité.

M. ALBERT DESJARDINS. — Dans toutes les lois pénales, faites depuis 1832, l'on inscrit l'application des circonstances atténuantes. La loi que nous allons voter l'écartera-t-elle ? Voyez si vous voulez prendre cette lourde responsabilité ! Non ! non ! — Très-bien !)

M. COCHERY. — Cela n'est pas possible.

M. LE RAPPORTEUR. — Du moment où le Gouvernement pense que la société sera suffisamment armée, malgré l'introduction de l'article 463 dans la loi, la commission n'entend pas être plus sévère que le Gouvernement. (Très-bien !)

M. LE PRÉSIDENT. — Plusieurs membres de l'Assemblée soutenant l'amendement présenté, le Gouvernement et la Commission étant d'accord pour l'accepter, j'en donne lecture et je consulterai ensuite l'Assemblée :

« L'article 463 du code pénal sera applicable aux délits prévus par la présente loi. »

Cet amendement n'est autre qu'un article nouveau, qui formera l'article 5 de la loi.

Je le mets aux voix.

(L'article 7 est mis aux voix et adopté pour prendre le n° 5 dans la loi.)

Quelques membres. — Il faut dire « aux délits et aux crimes. »

M. LE GARDE DES SCEAUX. — Monsieur le Président, je demande à dire un mot.

M. LE PRÉSIDENT. — M. le garde des sceaux a la parole.

M. LE GARDE DES SCEAUX. — Je voulais seulement demander à l'Assemblée une addition que M. le président fait en ce moment, je le vois, à l'article qu'elle vient d'adopter.

Comme, dans un des articles de la loi, on prévoit de faits qui entraînent la peine de la réclusion, il en résulte que ce sont des crimes, et, par conséquent, il faut mettre dans l'article : « aux crimes et délits. » — (Oui ! c'est cela !)

M. LE PRÉSIDENT. — L'article sera alors ainsi rédigé :

« L'article 463 du code pénal sera applicable aux crimes

et aux délits prévus par la présente loi. » (Marques générales d'assentiment.)

L'Assemblée a maintenant à voter l'ensemble du projet
de loi.

Il a été déposé une demande de scrutin.

Plusieurs voix — Les noms !

M. LE PRÉSIDENT. — La demande de scrutin est signée
par MM. de La Borderie, Malartre, G. de Belcastel, Bour-
geois, de Largentaye, Gusman Serph, marquis de Pontoi-
Pontcarré, Jaffré, de Brettes-Thurin, Vandier, marquis de
Sers, Hervé de Saisy, Bouché, Aclocque, L. Godet, Huon
de Pennanster, H. de Bois-Boissel, Depasse.

(Le scrutin est ouvert et les votes sont recueillis.)

M. LE PRÉSIDENT. — Voici le résultat du dépouillement
du scrutin sur le projet de loi qui vient d'être discuté par
l'Assemblée :

Nombre des votants	525
Majorité absolue	263
Pour	505
Contre	20

L'Assemblée a adopté le projet de loi.

TEXTE DÉFINITIF DE LA LOI DU 12-19 MAI 1871.

Art. 1er. — Sont déclarés inaliénables jusqu'à leur retour
aux mains du propriétaire tous biens meubles et immeubles
de l'État, du département de la Seine, de la ville de Paris
et des communes suburbaines, des établissements publics,
des églises, des fabriques, des sociétés civiles, commerciales
ou savantes, des corporations, des communautés, des particuliers, qui auraient été soustraits, saisis, mis sous séquestre ou détenus d'une manière quelconque, depuis le 18
mars 1871, au nom ou par les ordres d'un prétendu comité
central, comité de salut public, d'une soi-disant Commune

do Paris ou de tout autre pouvoir insurrectionnel, par leurs agents, par toute personne s'autorisant de ces ordres ou par tout individu ayant agi, même sans ordres, à la faveur de la sédition.

Art. 2.—Les aliénations frappées de nullité par l'art Iᵉʳ ne pourront, pour les immeubles, servir de base à la prescription de dix ou vingt ans, et, pour les meubles, donner lieu à l'application des articles 2279 et 2280 du Code civil. — Les biens aliénés en violation de la présente loi pourront être revendiqués, sans aucune condition d'indemnité et contre tout détenteur, pendant trente ans, à partir de la cessation officiellement constatée de l'insurrection de Paris.

Art. 3. — Tout individu qui, en connaissant leur origine, aura concouru, soit au détournement, soit à la vente, à la destruction, au transport à l'intérieur ou en pays étrangers, soit au recel des objets mobiliers de toute nature, à la fonte, à l'altération ou transformation des matières métalliques, soit à la négociation des titres ou valeurs commerciales, comme acheteur, donataire, créancier-gagiste, commissionnaire, ou à tout autre titre, sera puni des peines portées en l'article 401 du Code pénal, sans préjudice des peines auxquelles il pourrait être exposé par les circonstances du fait. Les destructions, mutilations et dégradations des biens immeubles seront punies conformément aux dispositions du Code pénal qui les prévoient, sans que, dans aucun cas, les auteurs ou complices des crimes ou délits puissent se prévaloir de prétendus ordres qu'ils auraient reçus. —La prescription de l'action publique sera soumise aux règles de la prescription en matière criminelle ou correctionnelle, suivant qu'il s'agira de crimes ou de délits. Mais l'action civile ne sera prescrite que par le laps de trente ans depuis la cessation officiellement cons-

tatée de l'insurrection, et ce sans préjudice de toutes interruptions et suspensions de droit.

Art. 4. — Restera passible des peines prononcées par les
articles 255 et 256 du Code pénal, et suivant la distinction
de ces articles, tout individu qui aura détruit en tout ou
partie, ou détourné les actes de l'état civil, les bulletins du
casier judiciaire, les dépôts, minutes et papiers des notaires
et autres officiers ministériels, les archives de toute nature
et autres dépôts d'intérêt public, ou qui se sera rendu complice de ces faits.

Art. 5. — L'article 463 du Code pénal sera applicable
aux crimes et délits prévus par la présente loi.

FIN DU PREMIER APPENDICE.

SECOND APPENDICE.

—

Cet appendice contient le projet de loi sur les titres au porteur, tel qu'il a été présenté à l'origine par le Gouvernement, le savant rapport de M. Grivart, la discussion publique, le texte définitif de ladite loi (qui porte la date du 15 juin-5 juillet 1872), enfin le règlement complémentaire d'administration publique des 10-11 avril 1873, relatif aux oppositions sur les titres au porteur.

La loi nouvelle apporte une amélioration notable à la condition de ceux qu'un accident a dépouillés de leurs valeurs au porteur. Elle met, en même temps, les compagnies à l'abri de tout recours en raison des paiements qu'elles pourraient faire. De plus elle maintient au profit des tiers porteurs de bonne foi les garanties que ceux-ci peuvent équitablement exiger.

Ces modifications étaient, du reste, réclamées impérieusement par l'opinion publique. Dès l'année 1862, une pétition fut adressée au Sénat pour solliciter la promulgation de dispositions législatives concernant les titres au porteur perdus ou volés. M. Bonjean présenta son rapport sur la question dans la séance du 2 juillet 1862. Ce rapport, remarquable à tous égards, est rapporté dans le *Moniteur* du jeudi 3 juillet. Il se trouve également en l'appendice de notre essai sur la *Possession des meubles* et sur la *Revendication des titres au porteur* perdus ou volés, p. 282-300.

En 1868, une commission fut nommée par le ministre de la justice pour étudier les problèmes difficiles que soulève la destruction des titres au porteur. Mais aucun projet de loi ne fut voté à la suite du dépôt des conclusions de cette commission. C'est seulement à la date du 27 juillet 1871, que fut présenté le projet qui est devenu la loi du 15 juin 1872 sur la matière. Comparez, pour le commentaire de cette loi, M. Buchère, avocat général à la Cour de Rouen, *Des titres au porteur perdus, volés ou détruits*, brochure extraite de la *Revue pratique de droit français*, t. 35, p. 129 et 476, et M. Fouris, docteur en droit, *Perte du titre au porteur* (Revue pratique, t. 34, p. 524 à 538).

Il ne nous reste plus qu'à donner les termes du projet de loi et des travaux préparatoires. Voyez aussi Duvergier, *Collection des lois et décrets,* année 1872, p. 263 à 270.

PROJET DE LOI sur les titres au porteur (Urgence déclarée) présenté par M. Thiers, président du conseil des ministres, chef du pouvoir exécutif de la République française, et par M. Dufaure, garde des sceaux, ministre de la justice. (Séance du 27 juillet 1871.)

(Journal officiel du 13 août 1871.)

I.

1. — Messieurs, notre fortune mobilière est pour 10 milliards environ représentée par des valeurs au porteur. Ces valeurs sont transmissibles sans formalités, sans retard et sans frais ; mais leur possession est précaire et fragile.

Déjà bien des fois les tribunaux ont dû statuer sur les conséquences juridiques des accidents qui atteignent cette nature de titres. Dans le silence de la loi, les tribunaux ont fait ce qu'ils ont pu, réglant, en vertu des principes généraux du droit appliqués par analogie, les rapports du capitaliste dépossédé, soit avec la compagnie qui a émis les titres disparus, soit avec le tiers-porteur actuel de ces mêmes titres, soit enfin avec l'intermédiaire qui les avait négociés au tiers-porteur.

2. — En 1868, une commission nommée par le Ministre de la Justice, se livra pendant plusieurs mois à l'étude approfondie des problèmes divers que soulève la matière des titres au porteur. Les conclusions de la commission furent doubles ; elle demanda qu'une série de textes consacrât les solutions principales qu'après controverse la jurisprudence avait adoptées ; elle demanda de plus qu'on fît passer dans notre législation financière un système présenté par un jeune maître de la faculté de droit de Paris, M. J. Léveillé, qui ne tendait à rien moins qu'à introduire la publicité dans le commerce des titres au porteur.

3. — Les événements douloureux auxquels nous avons assisté depuis un an rendent à cette question si difficile et si complexe une opportunité singulière. La guerre étrangère a déchaîné sur nos départements l'invasion et le pillage ; la guerre civile nous a valu dans Paris la violation des domiciles et l'incendie. Il est urgent que le législateur intervienne, et qu'en réglant la circulation des titres de crédit, il apporte enfin à cet élément si important de la fortune française une sécurité qui lui a jusqu'à ce jour presque absolument manqué.

4. — L'hypothèse qu'il s'agit d'étudier se pose dans les termes suivants : un capitaliste est dépouillé d'un ou de plusieurs titres au porteur ; il est dépouillé par un accident quelconque, un vol, une escroquerie, un abus de confiance, une perte, un incendie. Comment la loi peut-elle le secourir ?

Notre capitaliste court deux dangers différents : 1° la compagnie qui a émis les titres peut les payer aux mains de celui qui les a volés ou qui les a trouvés dans la rue ; le capitaliste écarte ce premier danger en signifiant au plus tôt à la compagnie une opposition à payement ; — 2° le capitaliste dépossédé peut se heurter à un tiers porteur qui a reçu de bonne foi les titres, soit du voleur, soit de l'inventeur, et qui, pour peu qu'il ait acheté la valeur en Bourse, paralysera, par l'exception de l'article 2280 C. civil, la revendication de l'ancien propriétaire. D'après le projet de loi, ce capitaliste écarte ce second danger qui le menace en signifiant au plus vite au syndicat des agents de change de Paris une opposition à négociation. Cette opposition est aussitôt publiée.

II. *De l'opposition à payement.*

5. — Pour empêcher la compagnie qui a émis le titre d'en payer les revenus ou d'en rembourser le capital au voleur ou à l'inventeur qui le présenterait, le capitaliste dépossédé signifie par voie d'huissier une opposition à la compagnie. C'est la pratique actuelle. Le projet ne pouvait que la confirmer. Seulement le projet détaille les indications que l'opposition devra, autant que possible, contenir. Les mentions exigées ont leur raison d'être : il faut directement entraver les oppositions lancées à la légère, et le propriétaire prétendu d'un titre au porteur serait quelque peu suspect, qui ne pourrait dire d'où il tenait le titre qui lui a été volé, ni quand il a touché les derniers coupons. Ces déclarations précises, formulées par écrit, resteront ; elles permettront, en cas de procès, de contrôler après coup la sincérité de l'opposant et de discuter plus facilement la légitimité de sa plainte.

6. — L'opposition faite, il s'agissait d'en déterminer les conséquences légales. Il est certain que la compagnie s'exposerait en payant quoi que ce fût aux mains d'un tiers-porteur du titre qui ne serait pas l'opposant lui-même.

Mais l'opposant, quel bénéfice positif tirera-t-il de son acte d'huissier ? Pourra-t-il, dès le lendemain de la signification, encaisser les coupons d'intérêts et de dividendes, au

fur et à mesure de leur échéance ? Pourra-t-il encaisser le
capital du titre, si le capital du titre devient exigible par un
tirage au sort ou par l'échéance d'un terme fixe de remboursement ? Pourra-t-il réclamer de la compagnie un
duplicata, remplaçant exactement la pièce originaire qui
lui avait été remise et qu'il a égarée ? La loi doit procéder
ici avec une extrême prudence. L'opposition n'est par elle-
même qu'une prétention ; un effronté peut, en effet, adresser à la compagnie une injonction sans fondement. Il est
possible que le titre désigné comme perdu ou volé se trouve
dès maintenant aux mains d'un tiers-porteur, qui en était,
à l'exclusion de l'opposant, ou qui en est devenu depuis la
dépossession de l'opposant, légitime propriétaire (art. 2279
Code civil). Or la compagnie doit à sa signature ; elle doit
au détenteur de son papier ; elle ne peut dès lors être contrainte de payer une première fois à l'opposant, sur le vu
seul de l'acte d'huissier, quand elle serait contrainte de
payer une seconde fois au tiers-porteur, sur la justification
ultérieure de sa propriété. La compagnie donc répond très-
justement à l'opposant : « Je ne vous verserai pas un cen-
time tant que le droit d'un tiers-porteur possible ne sera pas
tout d'abord éteint par prescription ; je ne vous payerai
qu'à la condition d'être définitivement libérée vis-à-vis d'un
tiers-porteur, qui peut exister quelque part, bien qu'il me
soit inconnu et bien qu'il ne m'ait pas encore donné signe
de vie. »

La jurisprudence la plus récente autorise la compagnie
à tenir ce langage, après tout très-correct. En conséquence,
l'opposant ne touchera les coupons échus que lorsqu'ils
seront vieux de cinq ans ; il ne touchera le capital que lorsqu'il sera remboursable depuis trente ans. Ainsi le père de
famille qui perd un paquet de valeurs au porteur en 1870,
encaissera, en 1875, les intérêts ou dividendes de 1871, et

ainsi de suite ; il encaissera le capital, s'il devenait remboursable en 1895, trente ans après, c'est-à-dire en 1925 seulement. Si donc ce père de famille comptait sur son portefeuille pour acquitter ses dettes, pour doter ses filles, il aura largement le temps de faire faillite, et ses filles de vieillir.

Le projet de loi modifie cet état de choses. Sans diminuer les garanties de la compagnie, il améliore d'une façon sensible la situation du capitaliste dépossédé. Les délais de prescription sont abrégés. Trois ans après leur échéance successive, les coupons sont prescrits par la compagnie contre le tiers-porteur. Dès lors, les coupons deviennent payables à l'opposant. Cinq ans après son exigibilité, le capital du titre est prescrit par la compagnie contre le tiers porteur possible, et dès lors le capital devient payable à l'opposant. Cette abréviation des délais de prescription ne saurait être critiquée. Nous vivons plus vite que nos pères. Les titres au porteur sont le plus souvent des titres commerciaux ; or les prescriptions commerciales sont courtes : ainsi, les dettes résultant de lettres de change s'éteignent par trois ans (art. 189 C. commerce) ; ainsi, les responsabilités d'actionnaires sont annales (loi de 1867). Enfin, dans les mœurs financières, l'usage s'est introduit des échéances, non plus annales, mais semestrielles, pour le payement des coupons : aussi, un tiers porteur qui laisserait passer trois ans sans réclamer les intérêts ou dividendes échus ne commettrait pas trois omissions seulement, mais six omissions consécutives, ce qui est grave ; son inaction prolongée à ce point explique que le législateur dise à la compagnie : « Après trois ans, après cinq ans de retard ne vous inquiétez plus du tiers-porteur; de deux choses l'une, en effet : ou il n'y a pas de tiers-porteur du titre qui vous a été dénoncé, ou s'il en existe un, il mérite de perdre le droit qu'il a trop de fois négligé d'exercer. »

7.—Le projet de loi favorise plus encore dans l'article 8 le capitaliste dépossédé. Si dix ans se sont écoulés sans qu'aucun tiers-porteur se soit présenté, comme l'existence d'un tiers-porteur est devenue presqu'une impossibilité, puisque vingt échéances semestrielles ont sonné l'une après l'autre sans que le titre originaire ait été produit, l'opposant pourra réclamer de la compagnie la délivrance d'un duplicata semblable au titre originaire désormais caduc. L'opposant, en usant pendant dix ans du titre, a vraiment acquis le droit du tiers-porteur, si tant est qu'il y eût un tiers-porteur. Mais l'usurpation ne court que si l'opposition est publiée, conformément à l'art. 6 de la loi. Cette décision s'inspire du Code civil, qui ne transforme en possession les prescriptions acquisitives que lorsque les possessions sont publiques au regard de celui qu'elles peuvent léser (Arg. de 2265 et 2228 C. civil).

Voilà par quels principes, les uns anciens, les autres nouveaux, le Gouvernement propose de régler dans l'avenir les rapports du capitaliste dépossédé avec les compagnies émissionnaires des titres.

III. *De l'opposition à négociation.*

8.—Les rapports du capitaliste dépossédé avec le tiers-porteur actuel des titres ou avec l'agent de change, négociateur de ces mêmes titres, sont la principale difficulté du sujet.

Les tribunaux décident que le tiers-porteur peut invoquer l'art. 2280 contre la revendication de l'ancien propriétaire. Si donc le tiers-porteur a acheté à la Bourse les titres perdus ou volés, il ne les restitue au demandeur que contre remboursement de son prix d'acquisition. Dans le cas contraire, il est évincé sans indemnité, alors que rien pourtant ne lui avait révélé au début le vice qui affectait les valeurs.

La situation faite jusqu'à ce jour aux agents de change est plus fâcheuse encore. Des agents de change ont été déclarés responsables de négociations qu'ils avaient faites, bien qu'ils n'eussent été individuellement touchés par aucune opposition régulière, et par cela seul qu'ils n'avaient pas suffisamment contrôlé le domicile ou la solvabilité des présentateurs de titres. Il faut reconnaitre que, sur ce point, la jurisprudence française n'a, du reste, que des solutions hésitantes et quelque peu arbitraires.

Il importe cependant que des articles nets et invariables président au mouvement si considérable, au commerce si délicat des titres au porteur.

9. — Selon le projet que nous vous soumettons, le capitaliste qui veut prévenir la négociation des titres au porteur volés ou perdus dénonce par acte d'huissier, au syndicat des agents de change de Paris, l'opposition qu'il a déjà notifiée à la compagnie émissionnaire des titres. Ainsi, toutes les oppositions relatives aux valeurs françaises aboutiraient au parquet de la Bourse de Paris. On comprend que le syndic ainsi interpellé s'abstienne de négocier plus tard les numéros qui lui ont été signalés. Mais comment les autres agents de change de Paris, comment les agents de change de province, comment les banquiers ordinaires, comment les simples particuliers, sauront-ils que les titres portant tel numéro ne circulent plus qu'aux risques et périls des preneurs et des intermédiaires ?

Un seul acte d'huissier peut-il avoir cette vertu d'avertir d'un coup tout le monde que telle valeur au porteur est momentanément indisponible ? Nous proposons de résoudre cette difficulté de la manière suivante:

Chaque opposition doit être, par les soins du syndic des

agents de change de Paris, publiée dans un bulletin quotidien, toujours tenu au courant et qui donne chaque jour la liste exacte et complète des numéros égarés. Centralisation des oppositions, publicité au moyen d'un journal sans cesse remanié, tout le système est là.

La publicité résultant d'un bulletin quotidien serait pratique et efficace. Elle serait facile à mettre en mouvement, puisqu'elle se produirait au moyen d'un rouage unique. Elle ne serait pas locale, mais très-générale dans sa portée, puisque le bulletin irait, comme un journal ordinaire, à tous les coins de la France; elle ne serait pas intermittente, puisqu'elle serait chaque jour renouvelée et deviendrait par là permanente; elle serait d'une vérification aisée, car elle n'imposerait pas de recherche rétrospective; elle deviendrait populaire, car elle serait presque gratuitement consultée par le premier venu et sans déplacement; elle ne serait pas onéreuse pour les opposants; un règlement d'administration publique déterminerait la rétribution modérée qu'il leur faudrait payer; elle n'engagerait pas le Gouvernement; enfin, elle ne nécessiterait pas la création d'un corps de fonctionnaires; elle s'effectuerait au profit mais sous la responsabilité du syndicat des agents de change de Paris.

Grâce à cette organisation simple, puissante, rapide, les titres égarés sont, en vingt-quatre heures, partout mis à l'index. Le voleur qui les offrirait à quelqu'un se livrerait lui-même; il n'osera plus offrir, s'imaginant que tous ont lu le bulletin qui les révèle. Les titres volés ne peuvent plus s'écouler: l'industrie des voleurs de titres s'arrêtera comme toute industrie qui n'a plus de débouchés.

Sans doute le projet de loi arrive à ce résultat remarquable que les revendications de titres volés ou perdus seront presque toujours fructueuses. Mais la revendication

6

des titres se conçoit mieux que la revendication des meubles ordinaires. Les revendications de meubles ordinaires réussissent rarement, parce que, pour des chevaux, pour des pendules, les questions d'identité sont souvent difficiles à trancher ; beaucoup de chevaux, beaucoup de pendules se ressemblent. Mais un titre au porteur s'individualise, il a un numéro : ce numéro est tout un signalement.

La circulation des titres au porteur sera-t-elle entravée par une réforme aussi radicale ? Non. La publicité qu'institue le projet de loi est combinée de telle sorte qu'elle ne porte que sur les titres viciés par la perte ou le vol. Le commerce des titres restés purs n'est en rien gêné. Les particuliers, au contraire, les banquiers, les agents de change, se diront, avec une certitude entière : « Sont libres et peuvent être achetés, peuvent être reçus en garantie d'avances faites, peuvent être négociés tous les titres qui ne sont pas frappés d'une opposition inscrite au bulletin d'aujourd'hui. »

Ainsi sera respecté pour l'immense majorité des valeurs le secret des transmissions ; la loi ne met obstacle qu'à la vente des titres gangrenés ; la publicité ne met au jour que ceux-ci ; et le projet de loi, en définitive, produit ce double effet que non-seulement il n'inquiète pas, mais qu'il assure et moralise le commerce des titres au porteur.

Le Gouvernement le présente avec confiance à l'Assemblée. Le projet ne répond pas seulement à des besoins actuels et pressants ; il donne satisfaction à des intérêts permanents, car il garantit la sécurité de notre marché financier. Cette question préoccupe partout en Europe les hommes d'affaires et les hommes de droit ; il ne saurait être mauvais que la France, cruellement éprouvée sur les champs de bataille, reprenne au plus tôt, dans le domaine de la législation, l'initiative des idées.

PROJET DU GOUVERNEMENT.

Le Président du Conseil, Chef du pouvoir exécutif de la République française, propose à l'Assemblée nationale le projet de loi suivant, qui lui sera présenté par le Garde des sceaux, Ministre de la Justice, chargé d'en exposer les motifs et d'en soutenir la discussion :

SECTION 1ʳᵉ. — *De la prescription des titres au porteur*.

Art. 1ᵉʳ.—L'action en payement des intérêts et dividendes afférents aux titres au porteur émis par des sociétés et autres établissements ayant leur siége principal en France, se prescrit par trois ans.

L'action en remboursement du capital des mêmes titres se prescrit par cinq ans à compter du jour où ce capital est devenu exigible par suite du tirage au sort ou autrement.

Ces prescriptions courent contre les mineurs, les interdits, les femmes mariées, même sous le régime dotal, sauf leur recours contre leurs tuteurs ou maris.

Les prescriptions commencées avant la promulgation de la présente loi, et pour lesquelles il aurait fallu plus de trois ou cinq ans, seront accomplies par ce laps de temps.

SECTION II. — *Des titres au porteur perdus, volés ou détruits*.

Art. 2. — Le propriétaire de titres au porteur qui en est dépossédé par quelque événement que ce soit peut se faire restituer contre cette perte dans la mesure et sous les conditions déterminées dans la présente loi.

A. — *Opposition à payement*.

Art. 3. — Le propriétaire dépossédé fera notifier, par

huissier, à l'établissement qui a émis les titres, un acte indiquant autant que possible :

1° Le nombre, la nature, la valeur nominale et le numéro des titres ;

2° L'époque et le lieu où il est devenu propriétaire, ainsi que le mode de son acquisition ;

3° L'époque et le lieu où il a reçu les derniers intérêts ou dividendes ;

4° Toutes les circonstances qui ont accompagné sa dépossession ;

5° Enfin, une élection de domicile dans la commune où est établi le siége de l'établissement qui a émis les titres.

Cette notification vaudra opposition au payement tant du capital que des intérêts ou dividendes dûs ou à échoir.

Effets de l'opposition au payement.

Art. 4. — Si l'opposition n'est contredite par aucun tiers-porteur, elle confère de plein droit et sans autre procédure à l'opposant les avantages suivants :

1° L'opposant peut exiger le dépôt à la Caisse des dépôts et consignations, des intérêts, dividendes et du capital non encore prescrits, conformément à l'article 1er.

Il peut toutefois, en donnant caution ou en fournissant un nantissement suffisant, obtenir le payement immédiat des intérêts, dividendes et capital exigibles mais non encore prescrits. La caution sera libérée et le nantissement restitué, quand la prescription sera acquise à l'établissement débiteur contre le tiers-porteur éventuel ;

2° L'opposant a le droit de recevoir, après les délais de prescription, les intérêts ou dividendes et, s'il y a lieu, le capital des titres indiqués dans la notification.

Les payements faits à l'opposant après les délais de prescription libèrent définitivement l'établissement débiteur envers tout tiers-porteur qui se présenterait ultérieurement.

Le tiers-porteur au préjudice duquel lesdits payements auraient été faits, conserve seulement une action personnelle contre l'opposant qui aurait formé son opposition de mauvaise foi et sans cause.

Art. 5. — Avant l'expiration des délais de prescription, s'il se présente un tiers-porteur des titres frappés d'opposition, l'établissement débiteur doit provisoirement retenir ces titres, contre un récépissé remis au tiers-porteur ; il doit, de plus, avertir l'opposant de l'incident ; les effets de l'opposition restent alors suspendus jusqu'à ce que la justice ait prononcé entre l'opposant et le tiers-porteur.

B. — *Opposition à négociation.*

Art. 6. — L'opposant qui voudrait prévenir la négociation des titres dont il a été dépossédé pourra dénoncer, par exploit d'huissier, au syndicat des agents de change de Paris, l'opposition signifiée à l'établissement débiteur. L'exploit contiendra réquisition de faire publier les numéros des titres.

Cette publication sera faite dans les vingt-quatre heures, par les soins et sous la responsabilité du syndicat des agents de change de Paris, dans un bulletin quotidien, établi dans les formes et sous les conditions déterminées par un réglement d'administration publique.

Le même réglement fixera le coût de la rétribution annuelle dûe par l'opposant pour frais de publicité. Cette rétribution annuelle sera payée d'avance à la caisse du syndicat, faute de quoi la dénonciation de l'opposition ne sera pas reçue, ou la publication ne sera pas continuée à l'expiration de l'année pour laquelle la rétribution aura été payée.

L'insertion cessera quand les délais de prescription seront écoulés.

Effets de l'opposition à négociation dûment publiée.

Art. 7. — Toute négociation postérieure au jour où le bulletin est parvenu ou aurait pu parvenir dans le lieu où elle a été faite, sera sans effet vis-à-vis de l'opposant, sauf le recours du tiers-porteur contre son vendeur et contre l'agent de change par l'intermédiaire duquel la négociation aura eu lieu.

Le tiers-porteur pourra même, au cas prévu par le présent article, contester l'opposition faite irrégulièrement ou sans droit.

Les agents de change ne seront responsables des négociations faites par leur entremise qu'autant que les oppositions leur auront été signifiées personnellement ou qu'elles auront été publiées dans le bulletin par les soins du syndicat.

Art. 8. — L'opposant pourra, lorsqu'il se sera écoulé dix ans depuis la première publication sans que personne se soit présenté pour recevoir les intérêts ou dividendes, exiger de l'établissement débiteur qu'il lui soit remis un titre semblable et subrogé au premier, mais portant avec la date de son émission spéciale, un numéro à la suite des émissions déjà faites par l'établissement.

Le temps pendant lequel l'établissement n'aurait pas payé de dividende ou d'intérêts ne sera pas compté dans le délai ci-dessus.

Dans le cas du présent article, le titre primitif sera frappé de déchéance, et le tiers-porteur qui le représentera après la remise du nouveau titre à l'opposant n'aura qu'une action personnelle contre celui-ci, dans le cas où l'opposition aurait été faite de mauvaise foi.

L'opposant qui réclamera de l'établissement un duplicata payera les frais qu'il occasionnera ; il devra, de plus, garantir que la publication de l'opposition s'appliquant au titre primitif frappé de déchéance sera entretenue pendant dix années encore.

Disposition particulière.

Art. 9. — Les dispositions de la présente loi sont applicables aux titres au porteur émis par les départements, les communes et les établissements publics ; mais elles ne sont pas applicables aux billets de la Banque de France, ni aux rentes et autres titres au porteur émis par l'Etat, lesquels continueront à être régis par les lois, décrets et règlements en vigueur.

Toutefois les cautionnements exigés par l'administration des finances pour la délivrance des duplicatas de titres perdus, volés ou détruits, seront restitués, si, dans les trente ans qui auront suivi, il n'a été formé aucune demande de la part des tiers-porteurs, soit pour les arrérages, soit pour le capital. Le Trésor sera définitivement libéré envers le porteur des titres primitifs, sauf l'action personnelle de celui-ci contre la personne qui aura obtenu le duplicata.

RAPPORT fait au nom de la commission chargée d'examiner le projet de loi sur les titres au porteur, par M. Grivart, membre de l'Assemblée nationale, dans la séance du 10 mai 1872.

Messieurs, les titres au porteur représentent un élément considérable de la fortune publique. Leur mobilité est extrême, et grâce à la facilité de leur transmission, ils servent chaque jour d'aliment à de nombreuses et importantes transactions. Cependant cette forme spéciale de créance, si remarquable par ses propriétés, n'a été l'objet d'aucune réglementation particulière. Nos lois sont presque muettes à son égard, et confondus dans la masse des valeurs mobilières, les titres au porteur ne sont pas soumis à d'autres règles que celles qui assurent la conservation des meubles corporels ou qui président à leur transmission.

Cette omission de la loi serait inexplicable si on ne savait que la forme du titre au porteur, malgré l'ancienneté de son origine, était à peine connue au moment de la publication de nos codes. Elle avait alors une importance si limitée qu'elle échappait à l'attention. Depuis, elle s'est singulièrement développée en même temps que la richesse mobilière du pays recevait un prodigieux accroissement ; elle s'est répandue sur le marché et y a trouvé une faveur que n'ont pu décourager les imperfections du régime auquel elle est restée assujettie.

Ces imperfections cependant sont sensibles, et depuis longtemps l'expérience en a révélé toute la gravité. Les titres au porteur sont fragiles, et mille accidents divers en menacent la possession. Lorsque l'un d'eux se produit, le propriétaire dépossédé n'a presque aucun moyen d'en réparer les conséquences, et si son droit ne périt pas d'une manière irrémédiable, il est au moins paralysé pendant une période de temps qui dépasse souvent la durée de l'existence du créancier.

Celui-ci, sans action vis-à-vis de l'établissement débiteur, ou du moins n'en pouvant exercer une qu'à l'expiration des délais si longs de la prescription ordinaire, doit toujours craindre que, dans l'intervalle, les titres dont il a été dépouillé ne passent entre les mains d'un tiers-acquéreur de bonne foi, contre lequel sa revendication serait nécessairement impuissante. C'est là pour lui un danger toujours présent et que rien dans la législation actuelle ne permet de conjurer.

Les événements si graves et si douloureux que la France vient de traverser, en multipliant dans une énorme proportion les cas de destruction ou de détournement de titres, ont rendu plus urgente une réforme de la loi sur ce point. Cette réforme, souvent sollicitée, et qui avait fait l'objet des études approfondies d'une commission nommée en 1868, le Gouvernement est venu demander à l'Assemblée de l'accomplir. Il lui a soumis un projet de loi destiné à donner plus de sécurité à la possession des titres au porteur, en créant dans l'intérêt des propriétaires dépossédés un système complet de restitution.

Remédier en faveur des propriétaires aux inconvénients et aux dangers de la dépossession, tel est certainement le but du projet de loi présenté par M. le garde des sceaux. Cependant sa première disposition semble avoir un objet différent. S'appliquant indistinctement à tous les titres au porteur, elle réduit d'une manière notable, en ce qui les concerne, les délais de la prescription : l'action en payement des intérêts ou dividendes est limitée à trois ans ; l'action en remboursement du capital, à cinq ans à partir de l'exigibilité. Ces prescriptions abrégées sont déclarées opposables à tous les ayants-droit, même aux incapables, mineurs, interdits ou femmes mariées.

Une disposition si grave a dû frapper tout d'abord l'attention de votre commission. Répond-elle à quelque besoin reconnu, à de pressantes et légitimes réclamations ? doit-elle réaliser dans notre législation sur les titres une amélioration et un progrès ? Telle est la première question que nous avons eu à résoudre.

Après un examen sérieux, nous avons été amenés à reconnaître, à la presqu'unanimité, que le changement proposé avait plus d'inconvénients que d'avantages, et qu'il était loin de se recommander par ce caractère d'utilité générale et incontestable qui seul peut motiver une dérogation aux principes de nos lois civiles consacrés par le temps.

Les prescriptions ont été créées en faveur des débiteurs : elles sont pour eux un secours et une protection. Il semble donc qu'on ne doit les abréger que dans le cas où leur intérêt le réclame. Or, il faut reconnaître que les débiteurs des titres dont nous nous occupons n'ont fait entendre jusqu'ici aucune plainte au sujet de la durée des prescriptions. Le droit commun leur suffit et ils en acceptent l'application sans murmure. Il y a plus, la plupart de ces grandes compagnies, dont les titres couvrent le marché, donnent, en cette matière, un exemple de loyauté et de délicatesse auquel il est juste de rendre hommage. Loin de prétendre à une prescription abrégée, toutes les fois qu'elles sont convaincues de la bonne foi des porteurs elles renoncent à profiter des prescriptions qui leur sont acquises aux termes de la loi.

N'est-il pas clair, du reste, que si l'intérêt des débiteurs avait dicté la proposition du Gouvernement, l'application en aurait été plus générale ? Quel motif y aurait-il de distinguer entre les titres nominatifs et les titres au porteur, de créer des différences essentielles au point de vue des délais de prescription entre des créances qui ont souvent la même origine, le même débiteur, le même objet et qui ne se distinguent que par leur forme matérielle et les conditions de leur transmission ?

Ce n'est pas l'intérêt du débiteur qui a inspiré la pensée de l'article 1er du projet, c'est l'intérêt des créanciers, ou plutôt d'une certaine catégorie de créanciers, de ceux qui ont perdu leurs titres et qui, dans l'état de la législation, ne peuvent exercer les droits qui leur appartiennent contre les établissements débiteurs, que lorsque ces derniers sont couverts par la prescription. La prescription se fait longtemps attendre ; on a jugé qu'en l'abrégeant on ferait une chose très-utile pour les propriétaires dépossédés.

Certes, nous sommes loin de reconnaître que la situation des propriétaires dépossédés est fâcheuse et qu'il est à la fois nécessaire et urgent de leur venir en aide. Mais faut-il, pour le faire, créer une disposition qui porte atteinte aux droits de tous les porteurs de titres, en limitant étroitement la durée de leur action ? Faut-il, pour l'avantage d'un petit nombre, sacrifier les garanties et la sécurité de tous ? Nous ne l'avons pas pensé. Déjà, en ce qui concerne les intérêts, la limitation à trois ans du délai utile pour les réclamer nous a paru excessive.

L'expérience apprend en effet qu'un grand nombre de porteurs, pour des raisons diverses, laissent souvent s'écouler plus de trois années sans présenter leurs titres à paiement. Dira-t-on que cette longue inaction accuse une impardonnable négligence, et qu'un créancier, si peu soucieux de ses intérêts, n'est pas digne de la protection de la loi ? On peut répondre qu'il n'y a pas de motifs pour se montrer plus exigeant vis-à-vis des propriétaires de titres au porteur qu'à l'égard des créanciers ordinaires ; que du reste l'inaction du porteur n'est pas toujours volontaire, qu'elle peut dépendre de circonstances dont il subit la fatalité.

Tantôt il s'agit d'un titre soustrait ou égaré dont le propriétaire n'a pas retenu le numéro, tantôt le porteur est un incapable, et, s'il y a négligence, le reproche ne peut atteindre que ceux qui sont chargés de gérer ses intérêts. D'autres fois, enfin, la connaissance de l'existence même des titres échappe aux véritables ayants-droit. C'est ce qui arrive souvent à l'ouverture d'une succession ; une partie des valeurs qui en dépendent demeurent, pendant un temps plus ou moins long, ignorées des héritiers, soit qu'elles aient été détournées, soit que l'excès même des précautions prises par le propriétaire ait eu pour effet de les rendre introuvables. Dans ces cas, dont nous pourrions multiplier les exemples, peut-on dire que le propriétaire est en faute, et n'est-il pas bien rigoureux de le soumettre à l'application d'une prescription exceptionnelle ?

Mais c'est surtout quand il s'agit du capital que le système de l'article 1er du projet nous paraît présenter de sérieux inconvénients. La prescription est réduite de trente ans à cinq ans, et elle a pour point de départ l'exigibilité du titre, par suite de tirage au sort ou autrement. Or, quand il s'agit de valeurs à tirage, et le plus grand nombre des titres au porteur présente ce caractère, est-on sûr que le porteur sera toujours exactement informé du fait qui donne ouverture à son droit ? La publication des numéros sortis peut-être insuffisante ou incomplète. Mais en la supposant faite par les établissements débiteurs dans les meilleures conditions de bon vouloir et de bonne foi, on peut croire qu'elle échappera souvent aux intéressés. Rien n'est plus fugitif en effet qu'une publication isolée, et ce serait imposer aux porteurs de titres une sujétion bien incommode que d'exiger d'eux qu'ils aient les yeux constamment fixés sur les tableaux de tirage.

Il est vrai qu'on peut croire qu'à l'époque du paiement du coupon, le titre sorti au tirage sera, lors de sa présentation, retenu par la compagnie, et qu'à ce moment au moins, le porteur sera nécessairement averti de l'événement qui, en créant l'exigibilité du titre, donne ouverture à la prescription. Mais on aurait tort de compter d'une manière absolue sur l'infaillibilité de cet avertissement. Il arrive souvent que le porteur transmet ses coupons au moment de l'échéance au lieu d'en faire le recouvrement direct ; dans cette hypothèse, il est facile de prévoir des cas où le refus de paiement des coupons ne lui sera pas dénoncé. Est-il bien sûr d'ailleurs que l'établissement débiteur suspendra toujours le paiement des coupons à partir de l'exigibilité du titre ? Déjà on a vu plus d'une fois le paiement des intérêts ou des dividendes se continuer avec régularité à une époque où, par l'effet du tirage, le titre était amorti. C'était le résultat d'une erreur ; le même fait ne pourrait-il pas se produire avec un autre caractère de la part d'une compagnie sans scrupule qui, à l'aide de sa réticence, s'assurerait l'avantage d'ajourner indéfiniment le remboursement du capital exigible, qui peut-être même se préparerait de cette manière au moyen de prescription !

Le fait du paiement des coupons ne laisse, en effet, point de traces entre les mains du porteur du titre ; il peut être contesté par le débiteur qui seul détient tous les éléments de preuve de nature à l'établir, et une semblable contestation se produisant à l'expiration des délais de la prescription abrégée trouverait presque toujours le porteur des titres entièrement désarmé.

Il serait fort dangereux, du reste, au point de vue de la sécurité du commerce des titres, de soumettre les droits du porteur à une prescription si courte, car, à quels signes pourrait-on reconnaître sur le marché ceux des titres qui, par la négligence du propriétaire à en toucher les intérêts, seraient atteints de déchéance ou du moins menacés d'une manière si prochaine qu'il y aurait urgence à en interrompre la prescription ?

Ces considérations nous ont paru décisives, et elles nous ont conduit à retrancher la section première du projet. Nous avons d'autant moins hésité à le faire que nous avons reconnu qu'il était facile, sans recourir au moyen extrême de l'article 1er, d'arriver au but qu'on s'est proposé d'atteindre, c'est-à-dire d'améliorer le sort des propriétaires dépossédés. Pour abréger en leur faveur la durée de la période d'attente, il n'est pas nécessaire en effet de réduire au profit de l'établissement débiteur les délais de prescription. Il suffit de les autoriser à recevoir le paiement du capital et des intérêts de leur titre, sans attendre l'expiration de la prescription, en assurant à ce paiement des effets aussi complètement libératoires pour le débiteur que si la prescription était accomplie. De cette manière, on accorde aux créanciers dépossédés de leurs titres le secours justement réclamé pour eux sans imposer à la masse des porteurs le sacrifice d'aucun de leurs avantages, d'aucun des éléments de leur sécurité.

Ainsi la disposition générale du projet du Gouvernement, celle qui s'appliquait à tous les titres au porteur, disparaît d'une manière complète, et dans le projet soumis à l'Assemblée, il n'y a plus que des dispositions spéciales qui régissent exclusivement les rapports des propriétaires de titres au porteur dépossédés, soit avec l'établissement débiteur, soit avec les tiers.

I. — Lorsqu'un propriétaire de titres au porteur en a été dépossédé par suite d'un événement quelconque autre qu'une transmission régulière, son premier soin doit être de notifier une opposition à paiement à l'établissement débiteur. Cette opposition, le projet de loi en détermine la forme ; elle doit être faite par acte d'huissier. A cette condition, elle aura toujours date certaine, et sa notification sera authentiquement constatée. D'autre part, la nécessité de l'intervention d'un officier ministériel offrira le double avantage d'assurer la régularité matérielle de l'acte et de rendre plus rares les oppositions formées à la légère.

L'exploit contenant l'opposition devra désigner d'une manière précise, par leur numéro d'ordre, les titres qui en sont l'objet. C'est là une énonciation essentielle ; quels

effets pourrait produire une opposition qui ne déterminerait
pas dans leur individualité les titres quelle veut atteindre ?
D'autres énonciations sont demandées ; elles seront très-
utiles pour contrôler la sincérité de la déclaration de l'opposant, et au besoin pour diriger les recherches de la justice.
Mais elles sont de telle nature qu'il n'était pas possible de
les imposer d'une manière rigoureuse. L'exploit les contiendra autant que possible. On ne doit pas perdre de vue,
en effet, que l'auteur de l'opposition sera souvent un héritier qui n'aura jamais possédé les titres, et ce serait exiger
de lui plus de renseignements qu'il n'en peut fournir, que
de lui demander d'indiquer soit l'époque et le lieu où ont été
touchés les derniers coupons, soit même les circonstances
précises dans lesquelles a été dépouillée la succession qu'il
représente.

L'opposition produit un effet immédiat, c'est d'arrêter le
paiement, tant du capital que des intérêts. Il n'y a rien de
nouveau dans cette disposition, et la jurisprudence assigne
déjà pour conséquence à l'opposition d'obliger les compagnies, sous leur responsabilité, à suspendre le paiement des
titres frappés entre leurs mains. Mais là s'arrête, dans
l'état actuel du droit, l'avantage que l'opposant en retire.
S'il veut exercer les droits attachés aux titres dont il est
dépossédé, les compagnies résistent, et leur résistance est
fondée. Ne sont-elles pas, en effet, obligées à l'égard du
porteur de titre quel qu'il soit ? Si ce titre reparaît, il faudra
bien payer entre les mains de son détenteur, sans pouvoir
exciper des paiements faits à l'opposant. Et le danger
existerait pour l'établissement débiteur, quand même il
aurait lieu d'être pleinement convaincu de la sincérité de
l'opposition, car, au moment où ils reparaîtront, les titres
perdus ou détournés peuvent être possédés par un acquéreur

de bonne foi, que ne saurait atteindre une exception tirée du vice de leur origine.

Les compagnies restent donc dans l'expectative : elles ne paient pas, et cette suspension des paiements dûs aux titres frappés d'opposition, se prolonge jusqu'à l'expiration des délais de prescription, c'est-à-dire jusqu'au moment où l'établissement débiteur est protégé d'une manière infaillible contre l'action du porteur éventuel des titres.

Est-il besoin de faire ressortir combien les opposants ont à souffrir d'un semblable état de choses ? Leurs droits sont paralysés pendant des délais si longs que beaucoup d'entre eux sont exposés à n'en pas voir le terme. Aussi est-ce un point sur lequel l'intervention législative est depuis longtemps appelée par les meilleurs esprits. On demande à la loi, au nom des propriétaires dépossédés, d'avancer l'époque à laquelle il leur est permis de rentrer dans l'exercice de leurs droits suspendu par suite de l'accident dont ils ont été victimes.

Cette réclamation est juste, et elle a acquis un caractère particulier d'autorité, par suite des malheurs inouïs que le pays vient de subir, et qui ont amené la dépossession d'un si grand nombre de porteurs de titres. Il est donc impossible de n'en pas tenir compte. Seulement, la légitime sympathie qui s'attache à une situation malheureuse, ne doit pas faire perdre de vue qu'il y a d'autres intérêts dont la loi doit aussi se montrer préoccupée et qui pourraient souffrir gravement de l'abandon de toutes les précautions et de toutes les garanties. Il y a d'abord ceux de l'établissement débiteur, qui a droit à une sécurité entière et, qui, lorsqu'il paie suivant les prescriptions de la loi, doit pouvoir compter sur une libération définitive. Il y a ensuite ceux du porteur éventuel, qui peut être le véritable propriétaire. Son existence et ses droits ne sont qu'à l'état d'hypothèse, et l'opposition les contredit formellement. Mais ils n'en doivent pas moins être présumés jusqu'à ce que, par le concours des circonstances et par l'effet du temps, l'hypothèse n'ait perdu tout caractère de vraisemblance. Appelée à concilier ces intérêts divers et souvent opposés, la loi doit opérer entre eux un règlement équitable, le meilleur possible pour le plus grand nombre des cas. C'est ce que nous nous sommes efforcés de faire dans le projet que nous soumettons à l'Assemblée, et qui emprunte ses principales dispositions au projet du Gouvernement.

L'opposition qui n'est que l'affirmation d'une partie intéressée, ne constitue pas une preuve et on ne saurait, sans méconnaître les principes les plus rationnels et les plus constants, en faire la base de l'exercice d'un droit, dès l'instant où elle se produit. Mais lorsqu'il s'est écoulé une année depuis la déclaration du propriétaire dépossédé, et que, durant cette sorte de temps d'épreuve imposé à sa sincérité, les titres déclarés perdus ou détruits n'ont pas été présentés à l'établissement débiteur, bien qu'ils y fussent convoqués par la mise en distribution de deux termes au moins de dividendes ou d'intérêts, on ne peut contester que le bien-fondé de l'opposition acquiert une sérieuse vraisemblance. Ce n'est qu'une présomption, toutefois, et elle n'a pas encore assez de consistance pour permettre à l'opposant de réclamer paiement sans autre formalité.

Avant de s'adresser à l'établissement débiteur, il devra se pourvoir auprès du président du tribunal civil du lieu de son domicile et solliciter de lui l'autorisation de toucher les intérêts ou dividendes échus et ceux à échoir au fur et à mesure de leur exigibilité.

Le magistrat saisi de cette demande vérifiera la régularité de l'opposition : il se rendra compte des circonstances allé-

7

guées et provoquera, s'il est nécessaire, les explications personnelles de l'opposant. Surtout il s'enquerra de sa moralité, et on comprend que les renseignements qu'il lui sera toujours facile de prendre sur le caractère, la position sociale et les antécédents de son justiciable exerceront une grande influence sur sa décision.

Supposons l'autorisation accordée ; l'opposant est armé d'un droit vis-à-vis de l'établissement débiteur. Mais il ne serait pas encore prudent d'en affranchir l'exercice de toutes restrictions. Trop peu de temps s'est écoulé depuis l'opposition pour qu'on n'ait point à compter avec l'éventualité de l'apparition des titres présentés par un porteur de bonne foi.

L'opposant ne pourra donc recevoir les termes échus et s'assurer le paiement régulier des termes à échoir, qu'en fournissant une caution. Du reste, s'il le préfère, au lieu de la remise personnelle des sommes afférant à ses titres, il pourra toujours en réclamer la consignation.

A ces conditions, les droits du porteur éventuel sont sauvegardés pourvu qu'il se présente avant l'expiration de trois années, à compter de l'opposition. Mais les trois années s'écoulent sans que l'opposition ait été contredite, ce qui suppose que, durant cette période, les titres qu'elle frappe n'ont pas été présentés à paiement, malgré l'interpellation périodique qui résultait de l'échéance des intérêts ou des dividendes. Ne faut-il pas reconnaître que les présomptions en faveur de la sincérité de la déclaration de l'opposant se sont accrues au point de devenir presque décisives, et, s'il en est ainsi, est-il excessif de lui accorder la libre disposition des fonds dont il ne pouvait, dans la période antérieure, disposer qu'à charge de caution ? La caution fournie sera donc déchargée ; les fonds déposés seront retirés de la caisse des dépôts et consignations, et le paiement des intérêts ou dividendes à échoir se poursuivra dorénavant sans formalités et sans garanties.

Sans doute, on peut prévoir que, même après trois années, des titres frappés d'opposition viendront à reparaître entre les mains d'un porteur de bonne foi. Mais un tel cas sera rare et le plus souvent ne se produira que par la négligence des intéressés. D'ailleurs, même en supposant illusoire le recours personnel contre l'opposant, il n'y aura de compromis que le droit aux intérêts, et dans l'hypothèse la plus défavorable, la perte à subir par le véritable propriétaire ne dépassera pas la limite de cinq annuités.

Mais le capital du titre peut devenir exigible, et c'est alors surtout qu'il convient d'abréger les délais excessifs que la législation actuelle fait subir aux propriétaires dépossédés. Le projet de loi propose de le faire dans une large mesure sans sacrifier toutefois légèrement les intérêts du porteur éventuel à ceux de l'opposant. Lorsque dix ans se sont écoulés depuis l'exigibilité, lorsque, durant cet intervalle, et au moins depuis cinq ans, l'autorisation dont nous venons de parler a été demandée et obtenue, la non-présentation persistante du titre crée au profit de l'opposant une présomption si forte qu'elle équivaut à une véritable preuve. Tout concourt à démontrer qu'il est le véritable propriétaire des titres dont il a déclaré la perte et dont il touche les revenus depuis plusieurs années, et dès lors il est juste de lui permettre d'en exercer tous les droits.

L'autorisation du président du tribunal civil joue un rôle considérable dans le système du projet. Elle sert de point de départ aux plus importants délais, et nous en faisons la condition de la recevabilité des demandes adressées par l'opposant à l'établissement débiteur. Cependant, l'utilité de cette intervention judiciaire a été l'objet d'une discussion dans le sein de la commission, et plusieurs membres l'ont vivement combattue. Le président du tribunal civil, ont-ils dit, n'aura devant lui aucun contradicteur de l'opposant, puisque la compagnie débitrice ne sera pas même appelée ; il accordera donc toujours l'autorisation demandée. Son ordonnance sera un acte de pure formalité qui n'aura d'autre résultat que de grever l'opposition de frais inutiles. Ces objections, développées avec force et avec insistance, n'ont pas convaincu la majorité.

Nous avons pensé qu'il était non-seulement utile, mais indispensable de soumettre l'opposition à un contrôle judiciaire. Ne faut-il pas, en premier lieu, que la forme matérielle de l'acte soit vérifiée? On pourrait sans doute charger les compagnies d'un tel soin ; mais ce serait leur imposer une responsabilité qu'elles ont le droit de décliner. De plus, il est nécessaire que les circonstances dans lesquelles se produit l'opposition soient examinées et appréciées. Ce n'est qu'à cette condition qu'on pourra prévenir ou déjouer certaines tentatives d'oppositions frauduleuses qui, en se portant sur des titres dont l'opposant connaît d'avance ou peut présumer la destruction, seraient assurées du succès si, pour réussir, il leur suffisait de n'être pas contredites pendant la durée des délais légaux. On pense que l'autorisation présidentielle ne sera jamais refusée.

Nous sommes convaincus au contraire que le magistrat, justement préoccupé de la gravité des conséquences qui y sont attachées, n'usera du droit de l'accorder qu'avec une sage et prudente réserve. Du reste, en exigeant une ordonnance d'autorisation, nous n'avons fait qu'emprunter au Code de commerce une disposition déjà établie pour la lettre de change. C'est la règle des articles 151 et 152 du Code de commerce que nous transportons dans la matière des titres au porteur, sans d'autre changement que ce qui tient à la désignation du magistrat compétent, et il ne nous semble pas que, dans sa nouvelle application, elle se présente avec un caractère de moins impérieuse nécessité.

Cependant le président du tribunal peut refuser d'accorder l'autorisation qui lui est demandée. Un tel refus devrait-il paralyser d'une manière irrémédiable l'exercice des droits de l'opposant ? Nous ne l'avons pas pensé.

Peut-être les circonstances au milieu desquelles se produit l'opposition n'ont-elles pas été appréciées d'une manière complétement exacte et équitable ; peut-être le sentiment d'une responsabilité qui n'est pas partagée et qui peut paraître lourde, dans le cas surtout où des intérêts importants sont en jeu, a-t-elle exercé sur l'esprit du magistrat une influence excessive. Nous autorisons l'opposant à tenter une nouvelle épreuve. Il saisira par voie de requête le tribunal de son domicile et sollicitera de lui l'autorisation qu'il n'a pu obtenir du président du siège. Dans le but d'épargner des frais, nous n'avons pas cru devoir exiger la mise en cause de l'établissement débiteur ; mais, informé du dessein de l'opposant par la demande en délivrance du certificat destiné à attester que l'opposition n'a pas été contredite, il lui sera loisible de faire parvenir au juge ses observations, et au besoin le ministère public, sur la vigilance duquel on peut compter pour contrôler rigoureusement la demande, saura réclamer de lui tous les renseignements qui peuvent servir à éclairer la religion du tribunal.

Dans un cas, nous avons cru devoir affranchir l'opposant de tout recours à l'autorité judiciaire : c'est quand il s'agit de la perte de coupons d'intérêts ou de dividendes détachés du titre. La valeur est alors en général minime et il était important de réduire le plus possible la somme des frais. Dans cette hypothèse, du reste, à raison même de la faible importance des sommes engagées, le danger d'une opposition frauduleuse n'est guère à redouter, et quand il s'est écoulé trois ans depuis l'échéance et depuis l'opposition, sans que les coupons déclarés perdus aient été présentés à la compagnie, on doit reconnaître que les présomptions en faveur de l'opposant sont assez fortes, pour qu'il soit permis de l'autoriser de plein droit à recevoir paiement.

La loi a tracé les conditions auxquelles le paiement des titres frappés d'opposition peut être réclamé de l'établissement débiteur.

Lorsqu'elles sont accomplies, l'opposant est considéré comme investi de la possession légale de la créance résultant des titres, et l'établissement qui le paye se libère définitivement. C'est une garantie qu'il était nécessaire de donner aux compagnies. Quand elles payent entre les mains du créancier que la loi leur désigne, elles doivent être placées à l'abri de toute réclamation. Il leur suffira donc de se conformer aux prescriptions de la loi nouvelle, simples et faciles à observer en ce qui les concerne, pour être aussi complètement protégées contre l'éventualité de tout recours, que si elles étaient couvertes par la prescription.

L'article 10 prévoit le cas où, avant que l'établissement débiteur ne soit libéré, les titres frappés d'opposition viendraient à reparaître et seraient présentés par un tiers-porteur. Il impose à la compagnie le devoir de les retenir et d'informer aussitôt l'opposant de cet incident d'un si haut intérêt pour lui. L'opposant et le tiers-porteur seront ainsi mis en présence et les effets de l'opposition demeureront suspendus jusqu'à ce que la justice ait prononcé entre eux.

II. — La seconde partie du projet de loi est consacrée aux rapports du propriétaire dépossédé avec les tiers. C'est un point de grande importance et sur lequel des innovations d'une portée considérable sont proposées par le Gouvernement. Aujourd'hui, dans le silence de la loi, la jurispru-

dence, assimilant les titres au porteur aux meubles corporels, les soumet à l'application de la maxime « *en fait de
meubles possession vaut titre* »; en sorte que la tradition
qui en est faite même *à non domino* en transfère la propriété
à l'acquéreur de bonne foi. Il est vrai que l'article 2279 contient une exception à son principe pour les deux cas de
perte et de vol. Mais outre que l'exception, étroitement limitée par le texte de la loi, laisse sous l'empire de la règle
commune des cas de dépossession très-dignes d'être protégés,
ceux par exemple qui résultent de l'escroquerie et de l'abus
de confiance, on doit reconnaître que dans les limites
mêmes de son application, elle ne constitue pour les propriétaires dépossédés qu'une garantie insuffisante. Le propriétaire n'a que trois ans pour revendiquer son titre et s'il
se trouve en présence d'un possesseur de bonne foi qui l'a
acheté dans un marché public ou d'un marchand vendant
des choses semblables, il ne peut, aux termes de l'art. 2280,
se le faire rendre qu'en remboursant le prix qu'il a coûté.

On comprend que de telles restrictions apportées au droit
de revendication en rendent les effets à peu près illusoires.
Un titre qui a changé de mains, qui par l'effet d'une négociation, est entré dans les mains d'un tiers-porteur, est en
fait un titre perdu pour son propriétaire. Or il n'existe dans
l'état de la législation aucun moyen efficace de mettre
obstacle à la circulation des titres. Les propriétaires dépossédés ont souvent recours à une opposition notifiée soit d'une
manière individuelle à tous les agents de change de Paris,
soit collectivement à leur syndicat. Mais ce n'est là qu'un
expédient et un expédient coûteux, si l'opposition est individuellement notifiée. Les titres détournés peuvent se vendre
ailleurs qu'à la Bourse de Paris, et celui qui les a achetés
chez le premier changeur venu, a le droit de soutenir qu'il
les tient d'un marchand vendant des choses pareilles. Or,

l'opposition ne recevant aucune publicité, ne peut produire d'effets qu'à l'égard de ceux qu'elle a personnellement touchés.

Les propriétaires dépossédés n'ont donc guère d'autre ressource qu'une action en responsabilité contre les agents de négociation, action souvent intentée, parfois accueillie, qui se fonde sur le reproche d'imprudence ou de négligence et qui tend à obtenir des dommages-intérêts par application du texte si large de l'article 1382. Usant de leur pouvoir d'appréciation souverain, les tribunaux ont quelquefois prononcé des condamnations sévères contre les agents de change. Mais leur jurisprudence est incertaine, mobile et la responsabilité qui en découle inquiète d'autant plus ceux qui y sont exposés qu'elle n'a pas de caractère défini et ne se rattache à aucun principe fixe et nettement déterminé. On peut dire, en résumé, que, dans l'état actuel des choses, les propriétaires de valeurs au porteur ne sont que fort incomplètement protégés contre les dangers de perte et de soustraction; que l'industrie des voleurs de titres est encouragée par la facilité qu'ils trouvent à tirer profit de leurs larcins et que les agents de négociation sont placés sous le coup d'une responsabilité pour ainsi dire discrétionnaire, qui rend leur ministère fort périlleux.

C'est à cette situation que le Gouvernement propose de porter remède en organisant d'une manière très-large le système de la publicité de l'opposition. L'opposition cesse d'être individuelle, elle devient collective et la publicité qu'elle reçoit est si étendue qu'on peut, sans excès dans la fiction, supposer qu'elle parviendra à la connaissance de tous ceux qu'elle intéresse. L'article 11 indique les moyens pratiques d'exécution. Toutes les oppositions sont centralisées à Paris; elles sont notifiées par huissier au syndicat des agents de change qui les publie aussitôt dans un bulle-

tin quotidien dont un règlement d'administration déterminera les formes. La publication ainsi faite a un caractère
permanent et elle doit se continuer jusqu'à la main-levée de
l'opposition, à la condition toutefois que l'opposant verse
exactement d'avance, à la caisse du syndicat, le montant de
la rétribution annuelle due pour frais de publicité. De cette
manière, le public aura chaque jour sous les yeux la liste
entière des titres frappés d'opposition. Chaque intéressé,
acheteur ou intermédiaire, en parcourant le numéro du jour,
pourra s'assurer, en temps utile, si les titres qui lui sont
présentés sont placés en dehors de la libre circulation.

Ce système est incontestablement fort ingénieux et s'il ne
vient pas se heurter contre des difficultés matérielles trop
considérables, il est appelé à donner satisfaction aux divers
intérêts engagés dans la question. Il fut soumis à la commission de 1868 qui l'approuva, et, aux yeux des hommes
les plus compétents, il est préférable aux autres modes de
publicité qui ont été mis à l'étude et à ceux qu'ont adoptés
les législations étrangères. Cependant cette partie du projet de loi a soulevé des objections dans le sein de la commission. On s'est préoccupé des frais considérables qu'entraînerait nécessairement pour l'opposant une insertion permanente destinée à se continuer pendant plusieurs années. On
s'est demandé s'ils n'absorberaient pas souvent la valeur des
titres perdus. D'un autre côté, l'obligation de consulter le
Bulletin préalablement à toute transaction sur des valeurs
au porteur, a paru de nature à créer une entrave sérieuse
au commerce des titres, à restreindre singulièrement cette
facilité de transmission qui est une de leurs propriétés
essentielles.

Ces objections ont une gravité qui ne peut échapper à
personne ; toutefois, elles ne nous ont pas paru décisives, et
la majorité de la commission s'est ralliée à l'idée du bulle-

tin quotidien. Sans doute, les propriétaires dépossédés ne peuvent pas être condamnés aux frais d'une publicité ruineuse. Mais on doit espérer que le tarif de la rétribution annuelle pour chaque titre perdu sera très-modique, et que, par suite, la publication de l'opposition, quelle qu'en soit la durée, ne grèvera pas trop lourdement l'opposant. Quant à la crainte que le système du projet ne soit une gêne et une entrave considérables pour le commerce des titres, elle nous a paru empreinte d'exagération. Les agents de change, les personnes qui se livrent habituellement au commerce des titres, auront toujours le bulletin sous la main et pourront le consulter sans perte de temps. Il n'en sera pas ainsi, il est vrai, des particuliers traitant sans intermédiaire.

Mais sera-t-il difficile à l'acheteur, au cas où la personne du vendeur ne lui inspirerait pas toute confiance, d'exiger de lui, préalablement à la conclusion du marché ou du moins à la remise des fonds, qu'il lui représente le numéro du jour constatant que les titres à livrer ne sont pas placés en interdit. Il ne s'agit, en définitive, que d'une vérification simple et facile, qui peut se faire sans frais et sans dérangement. On peut donc croire que, sous le nouveau régime, le titre au porteur ne perdra rien de ses avantages essentiels de mobilité et de rapide transmission. Mais on doit reconnaître, en tous cas, qu'en retour des inconvénients qu'on redoute et qu'on exagère en les signalant, le système proposé par le Gouvernement réalise d'importantes améliorations.

Les porteurs de titres obtiennent une protection bien autrement efficace que celle que leur offre aujourd'hui la loi, puisqu'à l'égard du tiers-porteur qui a traité au mépris d'une opposition publiée, leur revendication cesse d'être limitée strictement aux seuls cas de perte et de vol, puisqu'elle ne se prescrit plus par trois ans et qu'elle n'est

jamais subordonnée au remboursement du prix d'achat.
D'un autre côté, en rendant difficile le placement des titres
perdus ou volés que le Bulletin met à l'index, la loi exerce,
au grand profit de la morale publique, une action préven-
tive excellente ; elle décourage l'industrie aujourd'hui trop
florissante du vol des titres, en fermant ses débouchés.
Enfin les agents de change mis à même de se renseigner
d'une manière facile et sûre au sujet de l'origine des titres
qui leur sont offerts en négociation, recouvrent dans l'exercice de leurs fonctions la sécurité qu'ils ont perdue par
suite des responsabilités assez mal définies que la jurisprudence tend à faire peser sur eux.

La forme et les conditions de publicité de l'opposition
étant réglées, l'art. 12 en détermine les effets. Sa disposition principale, celle du premier paragraphe, repose sur
cette donnée rationnelle, que les tiers qui ont traité depuis
la publication ont connu ou dû connaître l'opposition, et
que, par suite, ils sont coupables de négligence ou de mauvaise foi. Une telle présomption n'a rien d'excessif, puisqu'il sera toujours facile à l'acheteur de ne conclure qu'a-
près avoir consulté le numéro du Bulletin dernier paru au
lieu où s'opère la transaction. La conséquence qu'elle doit
entraîner et que l'article énonce, c'est que toute négociation
ou transmission postérieure au moment où l'opposition
publiée est réputée connue, n'a aucun effet vis-à-vis de
l'opposant. Les droits de ce dernier sont les mêmes que si le
titre n'avait pas changé de main depuis la publication.

Le tiers-porteur qui n'aura pas tenu compte d'une opposition qu'il a connue ou qu'il a pu connaître, ne pourra pas
invoquer contre le propriétaire dépossédé une exception
tirée de sa qualité personnelle. Mais il sera, bien entendu,
fondé à exercer tous les droits de son cédant, et si ce dernier, tiers-acquéreur lui-même, avait acheté les titres avant

là publication de l'opposition, son cessionnaire, bien que
n'ayant traité qu'à une époque où l'opposition pouvait être
connue, n'en sera pas moins recevable à combattre l'action
du revendiquant au même titre que son vendeur l'aurait
été lui-même. Ajoutons, et l'article l'énonce formellement,
que le tiers-porteur contre lequel on invoque une opposition
qu'il a dû connaître, a toujours le droit d'en contester
soit la régularité dans la forme, soit le mérite au fond.

Supposons l'éviction consommée. Le tiers-porteur qui a
dû rendre ses titres au propriétaire dépossédé, est armé
d'un double recours : recours contre son vendeur, en vertu
du principe ordinaire de la garantie, recours contre l'agent
de change par l'intermédiaire duquel la négociation a eu
lieu. L'agent de change est inexcusable d'avoir prêté son
ministère pour la négociation de titres frappés d'une opposition qu'il devait connaître parce qu'elle était publiée au
bulletin ou qu'elle lui avait été personnellement signifiée.
Mais s'il est juste de consacrer pour une telle hypothèse une
responsabilité de plein droit, il convient à l'inverse d'affranchir les agents de change de tout recours lorsque les titres
qu'ils ont négociés n'étaient pas portés au bulletin des oppositions. Que les agents de négociation consultent le bulletin au moment où des titres leur sont apportés par leurs
clients pour en opérer la vente, voilà ce que la loi a le droit
d'exiger d'eux. Mais on ne saurait aller plus loin et imposer
à ces officiers publics d'autres recherches, d'autres investigations, sans créer pour eux des obligations incompa-
tibles avec la rapidité du mouvement des affaires et la mul-
tiplicité des transactions.

Il fallait cependant faire exception pour un cas bien rare,
sans doute, mais qui pourtant ne devait pas échapper à la
prévision de la loi : celui dans lequel la connivence du vendeur et de l'intermédiaire chargé de la négociation serait

prouvée. Dans cette hypothèse, l'agent de change ne pourra pas invoquer à sa décharge le défaut de publication. Le concours prêté volontairement à la négociation de titres dont il connaissait les vices d'une manière certaine, donnera lieu contre lui au profit du propriétaire dépossédé à l'action en responsabilité, que la loi fait justement découler de tous les actes à la fois dommageables et illicites.

Par cela même que des négociations auxquelles procèdent les agents de change, il peut résulter le principe d'un recours contre eux, il était nécessaire d'en assurer l'exercice en exigeant que les numéros des titres qu'ils achètent ou qu'ils vendent soient inscrits sur leurs livres. C'est la disposition de l'article 13, qui donne le caractère d'une obligation générale à un usage de la corporation des agents de change de Paris. Mais cette prescription à elle seule serait insuffisante. Il faut que sur les bordereaux que reçoivent les clients au moment de la livraison des titres, les numéros soient également mentionnés. Cette indication sera fort utile, non seulement au point de vue de l'exercice de l'action en cours, mais encore en cas de revendication des titres pour établir leur provenance et la date de leur acquisition.

Toutefois, comme de l'obligation introduite par la loi il peut résulter un surcroît de responsabilité pour les agents de change, il a paru juste de leur accorder en compensation une rémunération spéciale qui sera déterminée par le règlement d'administration publique à intervenir.

L'article 12 ne détermine les effets de l'opposition que relativement aux négociations qui sont postérieures à sa publication. Or, il arrivera souvent que des titres perdus ou soustraits auront changé de mains avant que l'opposition n'ait été publiée. Pour prévenir toutes difficultés d'interprétation, la commission a cru devoir exprimer, dans un article spécial, que les négociations ou transmissions antérieures au moment où l'opposition a reçu la publicité légale, seront régies par les dispositions des articles 2279 et 2280 du code civil. Dans cette hypothèse, le droit actuel est maintenu sans changement ; il n'a paru possible ni de l'étendre ni de le limiter.

III. — Les valeurs au porteur sont ordinairement des créances à long terme. Pour la plupart d'entre elles, le remboursement se fait par voie de tirage au sort, et il s'échelonne sur une période de temps fort étendue. Mais, pour le porteur, l'éloignement et l'incertitude de l'échéance sont tempérés par cette facilité de négociation qui, au premier besoin d'argent ou dès qu'il entrevoit un mode de placement plus avantageux, lui permet de réaliser le titre sans formalités et sans frais. Cette ressource fait défaut au propriétaire dépossédé. Privé du titre qui est la condition *sine quâ non* de négociabilité de sa créance, il n'en peut réclamer un autre de la compagnie débitrice, forcée de compter avec les droits d'un porteur éventuel. La créance, séparée de l'instrument qui la constate, est souvent pour bien longtemps frappée d'indisponibilité entre ses mains.

Sur ce point encore, le projet de loi améliore la condition des porteurs dépossédés. Il leur donne le moyen d'obtenir de l'établissement débiteur, durant la période d'exigibilité, un titre nouveau qui remplacera exactement le titre perdu. Mais la délivrance du nouveau titre est, bien entendu, entourée de précautions et de garanties. La loi, en se montrant trop facile, aurait couru le risque de sacrifier des intérêts qu'elle a le devoir de sauvegarder.

Un délai de dix ans est tout d'abord imposé au propriétaire dépossédé avant qu'il puisse se pourvoir en délivrance d'un nouveau titre. Ce temps d'épreuve nécessaire a pour point de départ l'autorisation obtenue du président du tribunal civil, conformément à l'article 3, et la loi exige que, pendant toute sa durée, l'opposition reçoive la publicité du bulletin. Supposons que les dix ans s'écoulent sans que personne, pendant ce laps de temps, se soit présenté pour recevoir les intérêts ou dividendes ; l'hypothèse de l'existence d'un tiers-porteur saisi du titre avant l'opposition devient inadmissible.

Comment supposer que la négligence puisse être poussée au point de laisser passer dix échéances au moins, le plus souvent vingt, et davantage sans réclamer un seul paiement ? Quant aux tiers-porteurs qui n'auraient acquis le titre qu'à une date postérieure à l'opposition, comme ils ont eu le tort d'acheter au mépris d'une opposition publiée, il n'y a pas lieu de tenir compte de leurs droits qui, en aucun cas, ne doivent faire échec à ceux de l'opposant.

Aux conditions que nous venons de résumer, les établissements débiteurs doivent fournir un nouveau titre, aux frais de l'opposant, bien entendu. Ce duplicata portera le même numéro que le premier titre auquel il sera subrogé. D'après les renseignements fournis à la commission, les exigences de la comptabilité des compagnies et leurs obligations vis-à-vis de l'administration du timbre, n'auraient pas permis de donner au duplicata un numéro à la suite des émissions de l'établissement. Le titre nouveau mentionnera qu'il est délivré en duplicata.

Mais, dans la crainte qu'une telle mention ne pût être la source d'une certaine défaveur pour ces sortes de titres, la loi énonce formellement qu'ils conféreront les mêmes droits que les titres primitifs et seront négociables dans les mêmes conditions.

Cependant il est nécessaire de donner une sécurité complète aux compagnies qui ne peuvent être tenues de délivrer un titre en duplicata qu'à la condition qu'il n'en résulte pour elles aucun risque. L'article y pourvoit en disposant qu'à partir de la délivrance du titre nouveau, le titre primitif sera frappé de déchéance, et, par suite, ne donnera aucun droit contre l'établissement débiteur, quel que soit le tiers-porteur qui se présente. Cette disposition était nécessaire ; mais si on n'y avait pris garde, elle aurait pu avoir un grave inconvénient. Un titre frappé de déchéance ne pourrait-il pas reparaître sur le marché et se vendre à un tiers de bonne foi comme s'il avait conservé sa valeur ? En vue de ce danger, la loi oblige l'opposant qui réclame un duplicata à garantir que, pendant dix ans, le numéro du titre sera publié au bulletin avec mention expresse qu'il est frappé de déchéance.

Grâce à cette précaution, le danger s'éloigne et devient plus rare. Mais nous n'oserions pas dire qu'il est entièrement conjuré. Pour le rendre impossible, il eût fallu grever les propriétaires dépossédés des frais d'une publication indéfinie, ce que nous n'avons pas cru possible. Du reste, le plus souvent, après l'expiration des délais de publication, l'ancien titre ne pourra se présenter sur le marché que démuni de coupons ou avec des coupons échus depuis plus ou moins longtemps, c'est-à-dire dans un état matériel qui le signalera à la défiance des tiers. Il faut ajouter que l'éventualité qui a frappé notre attention ne peut pas se produire avant un délai de 21 ans, à compter de la mise en application de la loi, et que d'ici là rien n'empêchera de mettre à l'étude, de concert avec les compagnies, le moyen d'y remédier.

A la disposition de l'article 15 se rattache un amendement qui nous a été soumis par notre honorable collègue, M. de Marcère, dans les termes suivants :

« Dans le cas où le propriétaire de valeurs mobilières fournirait la preuve que ses titres ont péri dans un sinistre, il peut toujours réclamer de la compagnie ou de l'établissement débiteur un titre nouveau en duplicata. S'il y a contestation, les tribunaux peuvent ordonner la délivrance du nouveau titre. »

Après examen, il nous a semblé qu'il n'y avait pas lieu d'introduire dans la loi, comme article additionnel, l'amendement de l'honorable M. de Marcère. Le droit commun résultant du quatrième paragraphe de l'article 1348, suffit pour le cas qu'il prévoit. Si un propriétaire de valeurs mobilières prouvait d'une manière irréfragable que ses titres ont péri dans un sinistre, les tribunaux pourraient enjoindre à l'établissement débiteur, contradicteur intéressé de la demande, la délivrance de nouveaux titres en duplicata. Il est vrai que de telles décisions seront bien rares parce qu'elles seront subordonnées à des conditions de preuve très-difficiles à remplir. Mais il faut bien admettre que pour peu qu'il existe un doute raisonnable soit sur le fait même de destruction de titres allégué, soit sur l'identité des titres détruits, la prudence ne permet pas d'autoriser la délivrance des duplicatas réclamés à d'autres conditions que celles que détermine le projet de loi.

IV. — L'article 16 soumet aux dispositions de la loi les titres au porteur émis par les départements, les communes et les établissements publics ; mais il excepte de leur application les billets de la Banque de France et ceux de même nature émis par d'autres établissements autorisés, les rentes et autres titres au porteur émis par l'Etat.

Sur le premier point, aucune difficulté ne pouvait naître. Les billets de Banque ne sont pas des valeurs de placement, ce sont des valeurs de circulation. Ils remplissent l'office de monnaie, et pour qu'ils soient propres à une telle fonction, il faut qu'ils puissent se transmettre de main en

8

mais sans formalités, sans perte de temps, sans autre vérification que celle de leur forme matérielle. La seconde
disposition d'exception a soulevé au contraire des objections
sérieuses. Il est peu rationnel, a-t-on dit, de ne pas soumettre les rentes sur l'Etat au même régime que les autres
valeurs au porteur. De deux choses l'une : ou le système
de la loi est bon, et il convient alors de l'étendre à tous les
titres, à ceux même qui ont l'Etat pour débiteur, ou on
craint que dans l'application la loi nouvelle ne soit gênante,
incommode, et dans ce cas il ne faut pas plus l'imposer aux
valeurs des compagnies qu'à celles de l'Etat.

Malgré la force apparente de cet argument, la grande
majorité de la commission a pensé qu'il ne convenait pas
de s'écarter sur ce point du projet du Gouvernement. Les
rentes sur l'Etat sont depuis longtemps soumises à une législation spéciale d'après laquelle elles ne sont passibles
d'aucune opposition. A la faveur de cette législation, l'Etat
a pu décentraliser ses paiements et autoriser les porteurs
de rentes à se présenter à celle des caisses publiques où il
leur est le plus commode de se faire payer. Le nombre des
agents payeurs de la rente est ainsi devenu très-considéra-
ble, et si on imposait aux valeurs émises par le Trésor les
dispositions de la loi nouvelle, l'Etat aurait à se préoccuper
de la responsabilité qui pourrait résulter pour lui de leur
inaction ou de leur négligence. Peut-être serait-il amené à
retirer aux porteurs de rentes cette facilité fort précieuse
qu'il leur accorde aujourd'hui, d'être payés au lieu qu'il
leur convient de choisir.

Nous proposons donc de ne rien changer au régime de la
rente et des autres valeurs au porteur de l'Etat. Sur un
point toutefois il convient de créer une disposition nouvelle
dans l'intérêt des porteurs dépossédés. Si les rentes ne sont
pas susceptibles d'opposition, le Trésor n'en consent pas

moins, en cas de perte de titre, à prendre note d'une manière officieuse et sans responsabilité, des déclarations qui lui sont faites. Il consent même à délivrer des duplicatas, mais en exigeant alors la remise d'un cautionnement égal à la valeur du titre en principal, augmentée de cinq ans d'intérêts. Et comme la jurisprudence du conseil d'Etat admet l'imprescriptibilité de la rente, le cautionnement remis au moment de la délivrance du nouveau titre est retenu indéfiniment. De là résulte pour les propriétaires dépossédés une condition fort pénible qu'il est nécessaire d'améliorer. L'absence de réclamations contre l'Etat pendant vingt ans, alors qu'il s'agit de valeurs dont les intérêts se paient au moins deux fois par an, crée une telle présomption en faveur du porteur dépossédé, qu'on peut sans inconvénient ordonner la restitution du cautionnement. A partir de ce moment, le Trésor est libéré définitivement envers le porteur éventuel du titre primitif, et si, par impossible, ce titre venait à apparaitre, il ne conférerait qu'une action personnelle contre celui qui aurait obtenu la délivrance du duplicata.

En résumé, la loi soumise à l'Assemblée comble une lacune évidente de notre législation. Elle crée pour une catégorie importante de valeurs mobilières, arbitrairement confondues jusque là avec les meubles corporels, un régime spécial approprié à leur caractère.

Deux innovations principales se produisent :

1° Les porteurs dépossédés ne sont plus obligés d'attendre, pour se faire payer, l'expiration des délais si longs de la prescription. Ils peuvent même, avant l'exigibilité du capital de leur créance, se faire délivrer un nouveau titre.

2° La loi nouvelle organise un véritable droit de suite en dehors des conditions si étroites de l'article 2279.

Ce sont là des améliorations considérables, et on les

obtient sans porter atteinte à la sécurité des tiers, sans causer au marché des titres ni trouble ni inquiétude. Appelées depuis longtemps par les vœux des jurisconsultes et des hommes d'affaires, elles impriment au projet du Gouvernement un caractère d'utilité et d'opportunité incontestables, qui lui a rallié l'opinion de la commission et qui le recommande à l'approbation de l'Assemblée.

PROJET DE LA COMMISSION.

Art. 1er. — Le propriétaire de titres au porteur qui en est dépossédé par quelque événement que ce soit, peut se faire restituer contre cette perte, dans la mesure et sous les conditions déterminées par la présente loi.

Art. 2. — Le propriétaire dépossédé fera notifier par huissier à l'établissement débiteur un acte indiquant le nombre, la nature, la valeur nominative, le numéro, et, s'il y a lieu, la série des titres.

Il devra aussi, autant que possible, énoncer :

1º L'époque et le lieu où il est devenu propriétaire, ainsi que le mode de son acquisition ;

2º L'époque et le lieu où il a reçu les derniers dividendes ;

3º Les circonstances qui ont accompagné sa dépossession. Le même acte contiendra une élection de domicile dans la commune du siège de l'établissement débiteur.

Cette notification emportera opposition au paiement tant du capital que des intérêts ou dividendes échus ou à échoir.

Art. 3. — Lorsqu'il se sera écoulé une année depuis l'opposition sans qu'elle ait été contredite, et que, dans cet intervalle, deux termes au moins d'intérêts ou de dividendes auront été mis en distribution, l'opposant pourra se pourvoir auprès du président du tribunal civil du lieu de son domicile, afin d'obtenir l'autorisation de toucher les intérêts ou dividendes échus ou à échoir au fur et à mesure de leur exigibilité, et même le capital des titres frappés d'opposition, dans le cas où le dit capital serait ou deviendrait exigible.

Art. 4. — Si le président accorde l'autorisation, l'opposant devra, pour toucher les intérêts ou dividendes, fournir une caution solvable dont l'engagement s'étendra au montant des annuités exigibles et de plus à une valeur double de la dernière annuité échue. Après deux ans écoulés depuis l'autorisation sans que l'opposition ait été contredite, la caution sera de plein droit déchargée.

Si l'opposant ne veut ou ne peut fournir la caution requise, il pourra, sur le vu de l'autorisation, exiger de la compagnie le dépôt à la caisse des dépôts et consignations des intérêts ou dividendes échus et de ceux à échoir, au fur et à mesure de leur exigibilité. Après deux ans écoulés depuis l'autorisation sans que l'opposition ait été contredite, l'opposant pourra retirer de la caisse des dépôts et consignations les sommes ainsi déposées, et percevoir librement les intérêts et dividendes à échoir, au fur et à mesure de leur exigibilité.

Art. 5. — Si le capital des titres frappés d'opposition est devenu exigible, l'opposant qui aura obtenu l'autorisation ci-dessus pourra en toucher le montant à charge de fournir caution. Il pourra, s'il le préfère, exiger de la compagnie que le montant du dit capital soit déposé à la caisse des dépôts et consignations.

Lorsqu'il se sera écoulé dix ans depuis l'époque de l'exigibilité et cinq ans au moins à partir de l'autorisation sans que l'opposition ait été contredite, la caution sera déchargée, et, s'il y a eu dépôt, l'opposant pourra retirer de la caisse des dépôts et consignations les sommes en faisant l'objet.

Art. 6. — La solvabilité de la caution à fournir en vertu des dispositions des articles précédents sera appréciée comme en matière commerciale. S'il s'élève des difficultés, il sera statué en référé par le président du tribunal du domicile de l'établissement débiteur.

Il sera loisible à l'opposant de fournir un nantissement au lieu et place d'une caution. Ce nantissement pourra être constitué en titres de rente sur l'Etat. Il sera restitué à l'expiration des délais fixés pour la libération de la caution.

Art. 7. — En cas de refus de l'autorisation dont il est parlé en l'article 3, l'opposant pourra saisir, par voie de requête, le tribunal civil de son domicile, lequel statuera après avoir entendu le ministère public. Le jugement obtenu du dit tribunal produira les effets attachés à l'ordonnance d'autorisation.

Art. 8. — Quand il s'agira de coupons au porteur détachés du titre, si l'opposition n'a pas été contredite, l'opposant pourra, après trois années à compter de l'échéance et de l'opposition, réclamer le montant desdits coupons de l'établissement débiteur, sans être tenu de se pourvoir d'autorisation.

Art. 9. — Les paiements faits à l'opposant suivant les règles ci-dessus posées, libèrent l'établissement débiteur envers tout tiers-porteur qui se présenterait ultérieurement. Le tiers-porteur au préjudice duquel les dits paiements auraient été faits, conserve seulement une action personnelle contre l'opposant qui aurait formé son opposition sans cause.

Art. 10. — Si, avant que la libération de l'établissement débiteur ne soit accomplie, il se présente un tiers-porteur des titres frappés d'opposition, ledit établissement doit provisoirement retenir ces titres contre un récépissé remis au tiers-porteur ; il doit de plus avertir l'opposant, par lettre chargée, de la présentation du titre, en lui faisant connaître le nom et l'adresse du tiers-porteur. Les effets de l'opposition restent alors suspendus jusqu'à ce que la justice ait prononcé entre l'opposant et le tiers-porteur.

Art. 11. — L'opposant qui voudra prévenir la négociation ou la transmission des titres dont il a été dépossédé, devra notifier par exploit d'huissier au syndicat des agents de change de Paris une opposition renfermant les énonciations prescrites par l'article 2 de la présente loi ; l'exploit contiendra réquisition de faire publier les numéros des titres.

Cette publication sera faite un jour franc au plus tard par les soins et sous la responsabilité du syndicat des agents de change de Paris, dans un bulletin quotidien, établi et publié dans les formes et sous les conditions déterminées par un règlement d'administration publique.

Le même règlement fixera le coût de la rétribution annuelle due par l'opposant pour frais de publicité. Cette rétribution annuelle sera payée d'avance à la caisse du syndicat, faute de quoi la dénonciation de l'opposition ne sera pas reçue ou la publication ne sera pas continuée à l'expiration de l'année pour laquelle la rétribution aura été payée.

Art. 12. — Toute négociation ou transmission postérieure au jour où le bulletin est parvenu ou aurait pu parvenir par la voie de la poste dans le lieu où elle a été faite, sera sans effet vis-à-vis de l'opposant, sauf le recours du tiers-porteur contre son vendeur et contre l'agent de change par l'intermédiaire duquel la négociation aura eu lieu. Le tiers-porteur pourra également, au cas prévu par

le présent article, contester l'opposition faite irrégulièrement ou sans droit.

Sauf le cas où la mauvaise foi serait démontrée, les agents
de change ne seront responsables des négociations faites
par leur entremise qu'autant que les oppositions leur auront
été signifiées personnellement ou qu'elles auront été publiées
dans le bulletin par les soins du syndicat.

Art. 13. — Les agents de change doivent inscrire sur
leurs livres les numéros des titres qu'ils achètent ou qu'ils
vendent.

Ils mentionneront sur les bordereaux d'achat les numéros
livrés. Un règlement d'administration publique déterminera
le taux de la rémunération qui sera allouée à l'agent de
change pour cette inscription des numéros.

Art. 14. — A l'égard des négociations ou transmissions
de titres antérieures à la publication de l'opposition, il n'est
pas dérogé aux dispositions des articles 2279 et 2280 du
code civil.

Art. 15. — Lorsqu'il se sera écoulé dix ans depuis l'autorisation obtenue par l'opposant, conformément à l'article 3, et que, pendant le même laps de temps, l'opposition
aura été publiée sans que personne se soit présenté pour
recevoir les intérêts ou dividendes, l'opposant pourra exiger
de l'établissement débiteur qu'il lui soit remis un titre semblable et subrogé au premier. Ce titre devra porter le même
numéro que le titre originaire, avec la mention qu'il est
délivré par duplicata.

Le titre délivré en duplicata conférera les mêmes droits
que le titre primitif et sera négociable dans les mêmes conditions.

Le temps pendant lequel l'établissement n'aurait pas mis
en distribution de dividendes ou d'intérêts ne sera pas
compté dans le délai ci-dessus.

Dans le cas du présent article, le titre primitif sera frappé de déchéance, et le tiers-porteur qui le représentera après la remise du nouveau titre à l'opposant, n'aura qu'une action personnelle contre celui-ci dans le cas où l'opposition aurait été faite sans droit.

L'opposant qui réclamera de l'établissement un duplicata paiera les frais qu'il occasionnera. Il devra de plus garantir, par un dépôt ou par une caution, que le numéro du titre frappé de déchéance sera publié pendant dix ans, avec une mention spéciale au bulletin quotidien.

Art. 16. — Les dispositions de la présente loi sont applicables aux titres au porteur émis par les départements, les communes et les établissements publics, mais elles ne sont pas applicables aux billets de la Banque de France, ni aux billets de même nature émis par des établissements légalement autorisés, ni aux rentes et aux titres au porteur émis par l'Etat, lesquels continueront à être régis par les lois, décrets et règlements en vigueur.

Toutefois les cautionnements exigés par l'administration des finances pour la délivrance des duplicatas de titres perdus, volés ou détruits, seront restitués si, dans les vingt ans qui auront suivi, il n'a été formé aucune demande de la part des tiers-porteurs soit pour les arrérages, soit pour le capital. Le Trésor sera définitivement libéré envers le porteur des titres primitifs, sauf l'action personnelle de celui-ci contre la personne qui aura obtenu le duplicata.

DISCUSSION PUBLIQUE ET ADOPTION de la Loi sur les Titres au porteur. — Séance du 15 juin 1872 (*Journal officiel* du 16 juin 1872.)

M. LE PRÉSIDENT. — L'ordre du jour appelle la discussion du projet de loi sur les titres au porteur.

Un membre. — Il est trop tard !

M. LE PRÉSIDENT. — Je dois dire à l'Assemblée que s'il y a seize articles dans ce projet de loi, il n'y a qu'un seul amendement, et que l'auteur de cet amendement vient de me déclarer qu'il n'avait qu'un mot à dire.

Je fais remarquer à l'Assemblée la grande importance du projet de loi. Il s'agit des titres au porteur qui ont été incendiés pendant la Commune ou pendant la guerre, et il y a une foule d'intérêts qui attendent le vote de l'Assemblée sur cette question avec la plus vive impatience (Oui ! oui ! — Très-bien !)

Quelqu'un demande-t-il la parole sur la discussion générale ? (Non ! non !)

Je consulte l'Assemblée pour savoir si elle entend passer à la discussion des articles.

(L'Assemblée, consultée, décide qu'elle passe à la discussion des articles.)

« Art. 1er. — Le propriétaire de titres au porteur qui en est dépossédé par quelque événement que ce soit, peut se faire restituer contre cette perte dans la mesure et sous les conditions déterminées dans la présente loi. »

(L'article 1er est mis aux voix et adopté.)

« Art. 2. — Le propriétaire dépossédé fera notifier par huissier à l'établissement débiteur un acte indiquant : le nombre, la nature, la valeur nominale, le numéro, et, s'il y a lieu, la série des titres.

« Il devra aussi, autant que possible, énoncer :

« 1° L'époque et le lieu où il est devenu propriétaire, ainsi que le mode de son acquisition.

« 2° L'époque et le lieu où il a reçu les derniers intérêts ou dividendes.

« 3° Les circonstances qui ont accompagné sa dépossession. Le même acte contiendra une élection de domicile dans la commune du siège de l'établissement débiteur.

« Cette notification emportera opposition au paiement
tant du capital que des intérêts ou dividendes échus ou à
échoir. » — (Adopté.)

« Art. 3. — Lorsqu'il se sera écoulé une année depuis
l'opposition sans qu'elle ait été contredite, et que, dans cet
intervalle, deux termes au moins d'intérêts ou de dividendes auront été mis en distribution, l'opposant pourra se
pourvoir auprès du président du tribunal civil du lieu de
son domicile, afin d'obtenir l'autorisation de toucher les
intérêts ou dividendes échus ou à échoir, au fur et à mesure
de leur exigibilité, et même le capital des titres frappés
d'opposition dans le cas où ledit capital serait ou deviendrait
exigible. » — (Adopté.)

« Art. 4. — Si le président accorde l'autorisation, l'opposant devra, pour toucher les intérêts ou dividendes, fournir une caution solvable dont l'engagement étendra au
montant des annuités exigibles, et de plus à une valeur
double de la dernière annuité échue. Après deux ans écoulés depuis l'autorisation sans que l'opposition ait été contredite, la caution sera de plein droit déchargée.

« Si l'opposant ne veut ou ne peut fournir la caution
requise, il pourra, sur le vu de l'autorisation, exiger de
la compagnie le dépôt à la caisse des dépôts et consignations
des intérêts ou des dividendes échus et de ceux à échoir,
au fur et à mesure de leur exigibilité. Après deux ans écoulés depuis l'autorisation, sans que l'opposition ait été contredite, l'opposant pourra retirer de la caisse des dépôts
et consignations les sommes ainsi déposées, et percevoir
librement les intérêts et dividendes à échoir, au fur et à
mesure de leur exigibilité. »

M. LE PRÉSIDENT. — Je mets aux voix l'article 4...

M. LANGLOIS. — Pardon, Monsieur le Président, j'ai une
observation à faire.

J'ai entendu la lecture de l'article, et j'ai bien vu que la personne qui fera opposition devra donner caution pour les revenus à toucher. Mais dans l'article précédent, on dit que s'il y a un capital exigible, on aura le droit de le toucher. Il faut qu'on donne caution, aussi bien pour toucher le capital que pour toucher le revenu. Il me semble qu'il y a là une lacune.

M. GRIVART, *rapporteur*. — Messieurs, l'explication est infiniment simple. Si l'honorable M. Langlois avait lu l'article 5 de la loi qui pourvoit à la situation qui a fait l'objet de son observation, il n'aurait pas eu à la produire. Il est bien entendu que nous exigeons une caution, un nantissement, d'abord pour la garantie des intérêts qui sont perçus, mais ensuite et surtout pour la garantie du capital. Il est pourvu à cette seconde exigence par l'article 5 du projet de loi. (Oui ! oui ! — Très-bien !)

(L'article 4 est mis aux voix et adopté.)

« Art. 5. — Si le capital des titres frappés d'opposition est devenu exigible, l'opposant qui aura obtenu l'autorisation ci-dessus, pourra en toucher le montant à charge de fournir caution. Il pourra, s'il le préfère, exiger de la compagnie que le montant dudit capital soit déposé à la caisse des dépôts et consignations.

« Lorsqu'il se sera écoulé dix ans depuis l'époque de l'exigibilité et cinq ans au moins à partir de l'autorisation sans que l'opposition ait été contredite, la caution sera déchargée, et, s'il y a eu dépôt, l'opposant pourra retirer de la caisse des dépôts et consignations les sommes en faisant l'objet. » — (Adopté.)

« Art. 6. — La solvabilité de la caution à fournir, en vertu de la disposition des articles précédents, sera appréciée comme en matière commerciale. S'il s'élève des difficultés; il sera statué en référé par le président du tribunal du domicile de l'établissement débiteur.

« Il sera loisible à l'opposant de fournir un nantissement au lieu et place d'une caution. Ce nantissement pourra être constitué en titres de rentes sur l'Etat. Il sera restitué à l'expiration des délais fixés pour la libération de la caution. » — (Adopté.)

« Art. 7. — En cas de refus de l'autorisation dont il est parlé en l'article 3, l'opposant pourra saisir, par voie de requête, le tribunal civil de son domicile, lequel statuera après avoir entendu le ministère public. Le jugement obtenu dudit tribunal produira les effets attachés à l'ordonnance d'autorisation. » — (Adopté.)

« Art. 8. — Quand il s'agira de coupons au porteur détachés du titre, si l'opposition n'a pas été contredite, l'opposant pourra, après trois années à compter de l'échéance et de l'opposition, réclamer le montant desdits coupons de l'établissement débiteur, sans être tenu de se pourvoir d'autorisation. » — (Adopté.)

« Art. 9. — Les paiements faits à l'opposant suivant les règles ci-dessus posées, libèrent l'établissement débiteur envers tout tiers-porteur qui se présenterait ultérieurement. Le tiers-porteur au préjudice duquel lesdits paiements auront été faits, conserve seulement une action personnelle contre l'opposant qui aurait formé son opposition sans cause. » — (Adopté.)

« Art. 10. — Si, avant que la libération de l'établissement débiteur ne soit accomplie, il se présente un tiers-porteur de titres frappés d'opposition, ledit établissement doit provisoirement retenir ces titres contre un récépissé remis au tiers-porteur ; il doit de plus avertir l'opposant, par lettre chargée, de la présentation du titre en lui faisant connaître le nom et l'adresse du tiers-porteur. Les effets de l'opposition restent alors suspendus jusqu'à ce que la justice ait prononcé entre l'opposant et le tiers-porteur. » — (Adopté.)

« Art. 11. — L'opposant qui voudra prévenir la négociation ou la transmission des titres dont il a été dépossédé, devra notifier par exploit d'huissier au syndicat des agents de change de Paris une opposition renfermant les énonciations prescrites par l'article 2 de la présente loi ; l'exploit contiendra réquisition de faire publier les numéros des titres.

« Cette publication sera faite, un jour franc au plus tard, par les soins et sous la responsabilité du syndicat des agents de change de Paris, dans un bulletin quotidien, établi et publié dans les formes et sous les conditions déterminées par un règlement d'administration publique.

« Le même règlement fixera le coût de la rétribution annuelle due par l'opposant pour frais de publicité. Cette rétribution annuelle sera payée d'avance à la caisse du syndicat, faute de quoi la dénonciation de l'opposition ne sera pas reçue ou la publication ne sera pas continuée à l'expiration de l'année pour laquelle la rétribution aura été payée. » — (Adopté.)

« Art. 12. — Toute négociation ou transmission postérieure au jour où le bulletin est parvenu ou aurait pu parvenir par la voie de la poste dans le lieu où elle a été faite, sera sans effet vis-à-vis de l'opposant, sauf le recours du tiers-porteur contre son vendeur et contre l'agent de change par l'intermédiaire duquel la négociation aura eu lieu. Le tiers-porteur pourra également, au cas prévu par le présent article, contester l'opposition faite irrégulièrement ou sans droit.

« Sauf le cas où la mauvaise foi serait démontrée, les agents de change ne seront responsables des négociations faites par leur entremise qu'autant que les oppositions leur auront été signifiées personnellement ou qu'elles auront été publiées dans le bulletin par les soins du syndicat. » — (Adopté.)

« Art. 13. — Les agents de change doivent inscrire sur leurs livres les numéros des titres qu'ils achètent ou qu'ils vendent.

« Ils mentionneront sur les bordereaux d'achat les numéros livrés. Un règlement d'administration publique déterminera le taux de la rémunération qui sera allouée à l'agent de change pour cette inscription des numéros. » — (Adopté.)

« Art. 14. — A l'égard des négociations ou transmissions de titres antérieures à la publication de l'opposition, il n'est pas dérogé aux dispositions des articles 2279 et 2280 du code civil. » — (Adopté.)

« Art. 15. — Lorsqu'il se sera écoulé dix ans depuis l'autorisation obtenue par l'opposant, conformément à l'article 3, et que, pendant le même laps de temps, l'opposition aura été publiée, sans que personne se soit présenté pour recevoir les intérêts ou dividendes, l'opposant pourra exiger de l'établissement débiteur qu'il lui soit remis un titre semblable et subrogé au premier. Ce titre devra porter le même numéro que le titre originaire, avec la mention qu'il est délivré par duplicata.

« Le titre délivré en duplicata conférera les mêmes droits que le titre primitif, et sera négociable dans les mêmes conditions.

« Le temps pendant lequel l'établissement n'aurait pas mis en distribution de dividendes ou d'intérêts ne sera pas compté dans le délai ci-dessus.

« Dans le cas du présent article, le titre primitif sera frappé de déchéance, et le tiers-porteur qui le représentera après la remise du nouveau titre à l'opposant, n'aura qu'une action personnelle contre celui-ci, au cas où l'opposition aurait été faite sans droit.

« L'opposant qui réclamera de l'établissement un duplicata paiera les frais qu'il occasionnera. Il devra de plus garantir, par un dépôt ou par une caution, que le numéro du titre frappé de déchéance sera publié pendant dix ans, avec une mention spéciale, au bulletin quotidien. »

M. LE PRÉSIDENT. — Il y a, sur l'article 15, un amendement proposé par M. de Marcère.

Cet amendement est ainsi conçu :

« Dans le cas où le propriétaire de valeurs mobilières fournirait la preuve que ses titres ont péri dans un sinistre, il peut toujours réclamer de la compagnie ou de l'établissement débiteur un titre nouveau en duplicata. S'il y a contestation, les tribunaux peuvent ordonner la délivrance du nouveau titre. »

M. DE MARCÈRE. — Messieurs, je n'ai qu'un mot à adresser à la commission, afin d'obtenir d'elle une explication.

L'honorable organe de la commission expose dans son rapport que le cas que j'ai prévu est réglé par le quatrième paragraphe de l'article 1348 du code civil.

Il est vrai que l'article 1348 du code civil dispose que, dans le cas où un titre aura été détruit, il pourra en être fait la preuve devant les tribunaux. C'est un cas exceptionnel dans lequel la preuve, par témoins, de titres détruits peut être faite.

Il ajoute que les dispositions du code civil pourront s'appliquer au cas très-rare dont il s'agit ici, et qui concerne les titres au porteur détruits dans un sinistre, quelque difficile que soit la preuve à faire en pareille circonstance.

Je reconnais avec lui, que le cas sera très-rare et qu'il sera très-difficile de faire la preuve demandée ; mais enfin catte preuve peut être faite.

Eh bien, je lui demanderai une simple explication afin qu'il n'y eût pas de doute sur l'interprétation de son rapport, si, par hasard, une contestation de ce genre était portée devant la justice.

Dans le cas où un sinistre ayant éclaté, des titres au porteur auraient été détruits, le sinistré peut, en faisant la preuve nécessaire, obtenir des tribunaux un jugement qui ordonne qu'on lui délivrera un duplicata de ses titres détruits.

Voici l'article 1348.

Je demande à M. le rapporteur si, dans ce cas là, le sinistré jouira par son titre en duplicata de tous les avantages qui sont accordés au titre primitif ; s'il aura besoin de faire des notifications, de prendre toutes les précautions, toutes les mesures qui sont indiquées dans la loi pour que son titre puisse avoir toute sa valeur pour la négociation et pour que le paiement du titre puisse se faire à son échéance.

Cette observation a de la portée et voici pourquoi. L'article 1348 règle le cas d'un procès qui peut s'élever entre un créancier dont le titre a été détruit et son débiteur ; le jugement statue à l'égard de ce cas particulier entre les deux parties, mais il n'a aucune valeur à l'égard des tiers.

Lorsqu'il s'agit d'un titre au porteur détruit dans un sinistre, le titre obtenu en duplicata par un jugement aura-t-il toute sa valeur vis-à-vis des tiers et vis-à-vis de la compagnie ?

Voilà ce que je demande à la commission.

9

M. LE RAPPORTEUR. — Messieurs, la commission n'a pas cru devoir admettre l'amendement proposé par l'honorable M. de Marcère, parce qu'elle a été convaincue qu'il faisait double emploi avec une disposition déjà existante dans la loi, l'article 1348 du code civil.

Nous croyons, en effet, Messieurs, qu'il a été pourvu à la situation qui fait l'objet de l'observation particulière de l'honorable M. de Marcère, par le dernier paragraphe de cet article 1348.

Maintenant, je n'hésite pas à répondre à la demande d'explication qui nous est adressée par M. de Marcère.

Dans le cas où il serait démontré d'une manière irréfragable, sans qu'il pût y avoir sujet à erreur possible, que le titre a péri dans un sinistre, la compagnie serait tenue de remettre un duplicata de ce titre au réclamant, duplicata qui aurait tous les avantages que possédait le titre primitif vis-à-vis de la compagnie, soit au point de vue du paiement, soit au point de vue de la négociabilité. (Très-bien ! — C'est très-net !)

M. DE MARCÈRE. — En faisant mon observation, je désirais simplement obtenir cette explication, afin qu'elle fût insérée au *Journal officiel* et servît, le cas échéant, à la bonne interprétation de la loi.

Je retire mon amendement.

M. LE PRÉSIDENT. — M. de Marcère ayant retiré son amendement, je mets aux voix l'article 15.

(L'article 15 est mis aux voix et adopté.)

M. LE PRÉSIDENT. — Je donne lecture de l'article 16 :

« Art. 16. — Les dispositions de la présente loi sont applicables aux titres au porteur émis par les départements, les communes et les établissements publics, mais elles ne sont pas applicables aux billets de la Banque de France, ni aux billets de même nature émis par les établissements légalement autorisés, ni aux rentes et aux titres au porteur émis par l'Etat, lesquels continueront à être régis par les lois, décrets et règlements en vigueur.

« Toutefois les cautionnements exigés par l'administration des finances pour la délivrance des duplicatas de titres perdus, volés ou détruits, seront restitués si, dans les vingt ans qui auront suivi, il n'a été formé aucune demande de la part des tiers-porteurs soit pour les arrérages, soit pour le capital. Le Trésor sera définitivement libéré envers le porteur des titres primitifs, sauf l'action personnelle de celui-ci contre la personne qui aura obtenu le duplicata. »

(L'article 16 est mis aux voix et adopté.)

M. LE PRÉSIDENT. — Je mets aux voix l'ensemble du projet de loi.

M. HÈVRE. — Pardon, Monsieur le Président ; avant que l'Assemblée passe au vote sur l'ensemble du projet de loi, je demande la permission de faire à la commission une observation relative au deuxième paragraphe de l'article 6, afin d'éviter toute erreur dans l'application de cette disposition.

Le deuxième paragraphe de l'article 6 est ainsi conçu :

« Il sera loisible à l'opposant de fournir un nantissement au lieu et place d'une caution. Ce nantissement pourra être constitué en titres de rentes sur l'Etat. »

Je crois qu'il est dans la pensée de la commission que ce nantissement pourra être constitué en titres, quelle que soit leur nature ; par conséquent, sa pensée serait exprimée d'une façon beaucoup plus claire, à mon avis, et de manière à éviter toute erreur d'interprétation, si on modifiait la rédaction ainsi : « Ce nantissement pourra être constitué même en titres de rentes sur l'Etat. »

M. LANGLOIS. — Comment « même en titres de rentes

sur l'Etat » ! Cela n'est pas possible : il semblerait que ces titres sont inférieurs à d'autres !

M. Hévre. — Eh bien, je demande simplement à la commission si elle entend que le nantissement pourra être constitué en titres de quelque nature que ce soit.

Voix diverses. — Oui ! oui ! — Non ! non ! — C'est voté !

M. Hévre. — Vous voyez qu'il y a doute.

Un membre. — On acceptera toutes sortes de titres, pourvu qu'ils soient bons.

M. le Rapporteur. — La disposition qui fait l'objet de l'observation de l'honorable M. Hèvre, n'a pas, dans la pensée de la commission, de caractère limitatif. D'autres valeurs que les rentes sur l'Etat pourront être offertes et acceptées en nantissement. Sur ce point la commission est unanime.

Si nous avons mentionné spécialement les rentes sur l'Etat, c'est parce que l'un de nos honorables collègues nous a fait remarquer que, à raison de leur caractère d'insaisissabilité, un doute pourrait s'élever sur la question de savoir si cette espèce de titre était de nature à être un élément utile d'un nantissement. C'est pour ce motif que nous avons spécifié que le nantissement pourra être constitué en titres de rentes sur l'Etat ; mais nous n'avons pas entendu exclure d'autres valeurs qui seraient susceptibles d'être proposées et admises en nantissement. (Très-bien ! Très-bien !)

M. le Président. — Je mets aux voix l'ensemble du projet de loi.

(L'ensemble du projet de loi est mis aux voix et adopté.)

TEXTE DÉFINITIF DE LA LOI DU 15 JUIN-5 JUILLET 1872.

Art. 1er. — Le propriétaire de *titres au porteur* qui en est dépossédé par quelque événement que ce soit, peut se faire restituer contre cette perte, dans la mesure et sous les conditions déterminées dans la présente loi.

Art. 2. — Le propriétaire dépossédé fera notifier par huissier à l'établissement débiteur un acte indiquant : le nombre, la nature, la valeur nominale, le numéro et s'il y a lieu, la série des titres. — Il devra aussi, autant que possible, énoncer : 1º l'époque et le lieu où il est devenu propriétaire, ainsi que le mode de son acquisition ; 2º l'époque et le lieu où il a reçu les derniers intérêts ou dividendes ; 3º les circonstances qui ont accompagné sa dépossession. Le même acte contiendra une élection de domicile dans la commune du siège de l'établissement débiteur. Cette notification emportera opposition au paiement tant du capital que des intérêts ou dividendes échus ou à échoir.

Art. 3. — Lorsqu'il se sera écoulé une année depuis l'opposition sans qu'elle ait été contredite, et que, dans cet intervalle, deux termes au moins d'intérêts ou de dividendes auront été mis en distribution, l'opposant pourra se pourvoir auprès du *président du tribunal civil* du lieu de son domicile, afin d'obtenir l'autorisation de toucher les intérêts ou dividendes échus ou à échoir, au fur et à mesure de leur exigibilité, et même le capital des titres frappés d'opposition, dans le cas où ledit capital serait ou deviendrait exigible.

Art. 4. — Si le président accorde l'autorisation, l'opposant devra, pour toucher les intérêts ou dividendes, fournir une caution solvable dont l'engagement s'étendra au montant des annuités exigibles et de plus à une valeur double de la dernière annuité échue. Après deux ans écoulés depuis l'autorisation sans que l'opposition ait été contredite, la caution sera de plein droit déchargée. — Si l'opposant ne veut ou ne peut fournir la caution requise, il pourra, sur le vu de l'autorisation, exiger de la compagnie le dépôt à la Caisse des dépôts et consignations des intérêts ou dividendes échus et de ceux à échoir, au fur et à mesure de leur exigibilité. Après deux ans écoulés depuis l'autorisation, sans que l'opposition ait été contredite, l'opposant pourra retirer de la Caisse des dépôts et consignations les sommes ainsi déposées, et percevoir librement les intérêts et dividendes à échoir, au fur et à mesure de leur exigibilité.

Art. 5. — Si le capital des titres frappés d'opposition est devenu exigible, l'opposant qui aura obtenu l'autorisation ci-dessus pourra en *toucher le montant à charge de fournir caution*. Il pourra, s'il le préfère, exiger de la compagnie que le montant dudit capital soit déposé à la Caisse des dépôts et consignations. — Lorsqu'il se sera écoulé dix ans depuis l'époque de l'exigibilité, et cinq ans au moins à partir de l'autorisation sans que l'opposition ait été contredite, la caution sera déchargée, et s'il y a eu dépôt, l'opposant pourra retirer de la Caisse des dépôts et consignations les sommes en faisant l'objet.

Art. 6. — La solvabilité de la caution à fournir en vertu des dispositions des articles précédents sera appréciée comme en matière commerciale. S'il s'élève des difficultés, il sera statué en référé par le président du tribunal du domicile de l'établissement débiteur. — Il sera loisible à l'opposant de fournir un nantissement au lieu et place d'une caution. Ce nantissement pourra être constitué en titres de rentes sur l'Etat. Il sera restitué à l'expiration des délais fixés pour la libération de la caution.

Art. 7. — En cas de refus de l'autorisation dont il est

parlé en l'article 3, l'opposant pourra saisir, par voie de requête, le tribunal civil de son domicile, lequel statuera après avoir entendu le ministère public. Le jugement obtenu dudit tribunal produira les effets attachés à l'ordonnance d'autorisation.

Art. 8. — Quand il s'agira de coupons au porteur détachés du titre, si l'opposition n'a pas été contredite, l'opposant pourra, après trois années à compter de l'échéance et de l'opposition, réclamer le montant desdits coupons de l'établissement débiteur, sans être tenu de se pourvoir d'autorisation.

Art. 9. — Les paiements faits à l'opposant suivant les règles ci-dessus posées, libèrent l'établissement débiteur envers tout tiers-porteur qui se présenterait ultérieurement. Le tiers-porteur, au préjudice duquel lesdits paiements auraient été faits, conserve seulement une action personnelle contre l'opposant qui aurait formé son opposition sans cause.

Art. 10. — Si, avant que la libération de l'établissement débiteur ne soit accomplie, il se présente un tiers-porteur des titres frappés d'opposition, ledit établissement doit provisoirement retenir ces titres contre un récépissé remis au tiers-porteur ; il doit de plus avertir l'opposant, par lettre chargée, de la présentation du titre, en lui faisant connaître le nom et l'adresse du tiers-porteur. Les effets de l'opposition restent alors suspendus jusqu'à ce que la justice ait prononcé entre l'opposant et le tiers-porteur.

Art. 11. — L'opposant qui voudra prévenir la négociation ou la transmission des titres dont il a été dépossédé, devra notifier, par exploit d'huissier, au syndicat des agents de change de Paris, une opposition renfermant les énonciations prescrites par l'article 2 de la présente loi ; l'exploit contiendra réquisition de faire publier les numéros des titres. Cette publication sera faite un jour franc au plus tard, par les soins et sous la responsabilité du syndicat des agents de change de Paris, dans un bulletin quotidien établi et publié dans les formes et sous les conditions déterminées par un réglement d'administration publique. — Le même réglement fixera le coût de la rétribution annuelle due par l'opposant pour frais de publicité. Cette rétribution annuelle sera payée d'avance à la caisse du syndicat, faute de quoi la dénonciation de l'opposition ne sera pas reçue ou la publication ne sera pas continuée à l'expiration de l'année pour laquelle la rétribution aura été payée.

Art. 12. — Toute négociation ou transmission postérieure au jour où le bulletin est parvenu ou aurait pu parvenir par la voie de la poste dans le lieu où elle a été faite sera sans effet vis-à-vis de l'opposant, sauf le recours du tiers-porteur contre son vendeur et contre l'agent de change par l'intermédiaire duquel la négociation aura eu lieu. Le tiers-porteur pourra également, au cas prévu par le précédent article, contester l'opposition faite irrégulièrement ou sans droit. — Sauf le cas où la mauvaise foi serait démontrée, les agents de change ne seront responsables des négociations faites par leur entremise, qu'autant que les oppositions leur auront été signifiées personnellement ou qu'elles auront été publiées dans le bulletin par les soins du syndicat.

Art. 13. — Les agents de change doivent inscrire sur leurs livres les numéros des titres qu'ils achètent ou qu'ils vendent.—Ils mentionneront sur les bordereaux d'achat les numéros livrés. Un réglement d'administration publique déterminera le taux de la rémunération qui sera allouée à l'agent de change pour cette inscription des numéros.

Art. 14. — A l'égard des négociations ou transmissions de titres antérieures à la publication de l'opposition, il n'est pas dérogé aux dispositions des articles 2279 et 2280 du Code civil.

Art. 15. — Lorsqu'il se sera écoulé dix ans depuis l'autorisation obtenue par l'opposant, conformément à l'article 3, et que, pendant le même laps de temps, l'opposition aura été publiée sans que personne se soit présenté pour recevoir les intérêts ou dividendes, l'opposant pourra exiger de l'établissement débiteur qu'il lui soit remis un titre semblable et subrogé au premier. Ce titre devra porter le même numéro que le titre originaire, avec la mention qu'il est délivré par duplicata. — Le titre délivré en duplicata conférera les mêmes droits que le titre primitif et sera négociable dans les mêmes conditions. — Le temps pendant lequel l'établissement n'aurait pas mis en distribution de dividendes ou d'intérêts ne sera pas compté dans le délai ci-dessus. — Dans le cas du présent article, le titre primitif sera frappé de déchéance, et le tiers-porteur qui le représentera après la remise du nouveau titre à l'opposant n'aura qu'une action personnelle contre celui-ci, au cas où l'opposition aurait été faite sans droit. — L'opposant qui réclamera de l'établissement un duplicata paiera les frais qu'il occasionnera. Il devra de plus garantir par un dépôt ou par une caution que le numéro du titre sera publié pendant dix ans, avec une mention spéciale au bulletin quotidien.

Art. 16. — Les dispositions de la présente loi sont applicables aux titres au porteur émis par les départements, les communes et les établissements publics, mais elles ne sont pas applicables aux billets de la Banque de France, ni au billets de même nature, émis par des établissements légalement autorisés, ni aux rentes, ni aux autres titres au porteur émis par l'Etat, lesquels continueront à être régis par les lois, décrets et règlements en

vigueur. — Toutefois, les cautionnements exigés par l'administration des finances pour la délivrance des duplicatas de
titres perdus, volés ou détruits, seront restitués si, dans les
vingt ans qui auront suivi, il n'a été formé aucune demande
de la part du tiers-porteur, soit pour les arrérages, soit
pour le capital. Le Trésor sera définitivement libéré envers
le porteur des titres primitifs, sauf l'action de celui-ci contre
la personne qui aura obtenu le duplicata.

RÈGLEMENT D'ADMINISTRATION PUBLIQUE
des 10-11 avril 1873, relatif aux *oppositions sur les titres au porteur.*

Le Président de la République française,

Sur le rapport du Garde des sceaux, Ministre de la
Justice,

Vu les articles 11 et 13 de la loi du 15 juin 1872, ainsi
conçus :

« Art. 11. — L'opposant qui voudra prévenir la négociation ou la transmission des titres dont il a été dépossédé
devra notifier par exploit d'huissier au syndicat des agents
de change de Paris une opposition renfermant les énonciations prescrites par l'article 2 de la présente loi ; l'exploit contiendra réquisition de faire publier les numéros des
titres.

« Cette publication sera faite un jour franc au plus tard,
par les soins et sous la responsabilité du syndicat des
agents de change de Paris, dans un bulletin quotidien
établi et publié dans les formes et sous les conditions déterminées par un règlement d'administration publique.

« Le même règlement fixera le coût de la rétribution
annuelle due par l'opposant pour frais de publicité. Cette
rétribution annuelle sera payée d'avance à la caisse du
syndicat, faute de quoi la dénonciation de l'opposition ne

sera pas reçue ou la publication ne sera pas continuée à l'expiration de l'année pour laquelle la rétribution aura été payée.

« Art. 13. — Les agents de change doivent inscrire sur leurs livres les numéros des titres qu'ils achètent ou qu'ils vendent.

« Ils mentionneront sur les bordereaux d'achat les numéros livrés. Un règlement d'administration publique déterminera le taux de la rémunération qui sera allouée à l'agent de change pour cette inscription des numéros. »

Le conseil d'Etat entendu,

Décrète :

Art. 1er. — L'exploit signifié au syndicat des agents de change de Paris, en exécution de l'article 11 de la loi du 15 juin 1872, mentionnera en toutes lettres et en chiffres les numéros des titres dont la publication sera requise.

Art. 2. — Le recueil quotidien que publiera la compagnie des agents de change de Paris, conformément au même article de loi, portera pour titre : *Bulletin officiel des oppositions sur les titres au porteur, publié par le syndicat des agents de change de Paris.*

Art. 3. — Le prix de l'insertion sera de cinquante centimes par numéro de valeur et par an.

En cas de main-levée de l'opposition avant l'échéance de l'année, le prix payé restera acquis au syndicat.

Art. 4. — Le bulletin publiera les oppositions par catégories de valeurs.

Tous les numéros d'une même valeur seront inscrits à la suite les uns des autres, par ordre augmentatif et en chiffres.

Art. 5. — Il ne pourra être inséré dans le bulletin ni annonce ni réclame ni article quelconque.

Art. 6. — Les parties intéressées ne pourront faire cesser la publication des numéros frappés d'opposition qu'en justifiant de la main-levée de l'opposition dans l'une des trois formes suivantes :

1° Par acte notarié ;

2° Par la remise de l'original de l'opposition ou de sa notification au syndicat, avec mention de la main-levée, ladite mention légalisée soit par un agent de change près la Bourse de Paris, soit par le président du tribunal civil, par le préfet ou le juge de paix du domicile de l'opposant.

3° Par la signification d'une décision judiciaire devenue définitive.

Néanmoins, lorsqu'il s'agira d'une main-levée partielle, l'opposant pourra arrêter la publication partielle de son opposition par un simple acte extrajudiciaire, mais à la condition de représenter au syndicat l'original de l'opposition à restreindre ou de sa notification et d'inscrire sur ledit original, qui continuera de rester en ses mains, mention de la main-levée partielle par lui consentie.

Art. 7. — Le prix de l'abonnement au Bulletin ne pourra dépasser 70 francs par an ; le prix du numéro ne pourra dépasser 50 centimes.

Ces deux maxima sont fixés pour toute la France continentale, les droits de poste compris. Pour les colonies et l'étranger, les droits de poste seront perçus en sus.

Art. 8. — Le syndicat sera tenu de donner à tout requérant communication gratuite, sans déplacement, des numéros du Bulletin dont le tirage serait épuisé.

Art. 9. — L'opposant et les tiers-porteurs successifs du titre frappé d'opposition ou leurs ayants-cause pourront obtenir du syndicat une copie certifiée ou un extrait des actes d'opposition ou de main-levée les intéressant, moyennant un droit de un franc en sus du timbre.

Art. 10. — Toute personne pourra obtenir, moyennant un droit de cinquante centimes, l'indication du nom et du domicile de l'opposant, ainsi que la date de l'opposition.

Art. 11.—Le taux de la rémunération allouée aux agents de change pour mentionner sur les bordereaux d'achat les numéros livrés est fixé à cinq centimes par titre.

Art. 12.—Les prix et les tarifs fixés par le présent réglement seront révisés, s'il y a lieu, après la première année de leur mise à exécution.

Art. 13. — Le garde des sceaux, ministre de la justice, est chargé de l'exécution du présent décret, qui sera inséré au *Bulletin des lois.*

Fait à Paris, le 10 avril 1873,

A. THIERS.

Par le Président de la République :

Le garde des sceaux, ministre de la justice,

J. DUFAURE.

FIN DU DEUXIÈME APPENDICE.

OBSERVATION

Cet essai sur la vente de la chose d'autrui est extrait de la *Revue pratique de Droit français*, tomes 32, 33, 34 et 35. Au milieu des tirages à part successifs qui ont eu lieu, il s'est glissé un défaut de pagination entre les pages 110 et 113. Bien qu'il n'y ait aucune interruption dans les matières traitées, ainsi qu'en fait foi la correspondance exacte des numéros 124 et 125, les deux pages 111 et 112 manquent. Le lecteur voudra bien voir là une simple inadvertance de numérotage. Il n'y a pas d'ailleurs la moindre lacune dans le texte.

TABLE DES MATIERES

Numéros de l'essai.		Pages du volume
1 à 3	Généralités et division du sujet.	5 et 6
4 à 18	PARTIE PREMIÈRE. — Origine et base rationnelle de la nullité qui frappe aujourd'hui la vente de la chose d'autrui par application de l'art. 1599.	6 à 16
19 à 50	PARTIE DEUXIÈME. — Dans quel cas s'applique l'art. 1599, et quelles sont les ventes qui tombent sous le coup de la prohibition édictée par ce texte ?	16 à 52
51 à 125	PARTIE TROISIÈME. — Quel est le caractère et quels sont les effets pratiques de la nullité qui s'attache, aux termes de l'art. 1599, à la vente de la chose d'autrui,	53 à 121
126 à 140	PARTIE QUATRIÈME. — Sous quelles conditions et dans quels cas l'acheteur de la chose d'autrui peut-il réclamer des dommages et intérêts ?	122 à 143
141 à 177	PARTIE CINQUIÈME. — Quels sont les principes particuliers qui régissent la vente de la chose d'autrui, puisque cette vente a pour objet un meuble,	143 à 178

ADDITIONS

PREMIER APPENDICE.	179 à 251
SECOND APPENDICE.	251 à 319

Rouen. — Imp. E. Cagniard, rues Jeanne-d'Arc, 88, et des Basnage, 5.

AUTRES OUVRAGES DU MÊME AUTEUR

Des Caractères distinctifs des associations commerciales en participation (1865). DURAND. Une brochure in-8°.
— Epuisée. . . . . 3 »

Etude sur la Possession des meubles et sur la Revendication des titres au porteur perdus ou volés (1869). MARESCQ aîné. 1 vol. in-8°. — Epuisée. 4 50

Considérations générales sur l'acquisition ou la libération par l'effet du temps (1869). THORIN. 1 vol grand in-8°. . . . . 3 »

De l'Interdiction considérée comme cause de séparation de biens judiciaire (1870). COTILLON. Une brochure in-8°. 1 50

Etude sur le paiement avec subrogation; ses caractères distinctifs (1871). THORIN. Une brochure in-8°. . »

Programme sommaire du cours de Code civil (Deuxième examen) (1871). THORIN. 1 vol. in-8°. . . . . . . 8 »

Etude sur la Jonction des possessions (Art. 2,235 du Code civil) (1871). MARESCQ aîné. Une brochure in-8°. 2 50

De la Revendication des titres au porteur en matière de faillite (1871). MARESCQ aîné. Une brochure in-8°. . 1 »

De la Publicité des contrats pécuniaires de mariage, d'après la loi du 10 juillet 1850. MARESCQ aîné (1870). Une brochure in-8°. g »

La loi du 12 août 1870 et le cours forcé des billets de la Banque de France (1872). MARESCQ aîné. Une brochure in-8°. » 50

Sommaire des Prolégomènes du cours de Code civil (1873). THORIN. Une brochure in-8°. . . . . » 50

Notion du Droit et de l'Obligation (quatre premières leçons d'un cours triennal de Code civil). Une brochure in-8°. 2 5

De la Légitimation des enfants incestueux (simple note extraite du Recueil spécial de Jurisprudence de la Cour de Douai, t. 31, pag. 109) (1873). THORIN. Une brochure in-8°. » 50

De la Délégation des fonctions de l'Instruction aux juges suppléants (1873). THORIN. Une brochure in-8°. » 50